Johann Wolfgang von Goethe

Werke

Johann Wolfgang von Goethe

Werke

ISBN/EAN: 9783744626880

Hergestellt in Europa, USA, Kanada, Australien, Japan

Cover: Foto ©Thomas Meinert / pixelio.de

Weitere Bücher finden Sie auf **www.hansebooks.com**

Goethes Werke

Herausgegeben

im

Auftrage der Großherzogin Sophie von Sachsen

II. Abtheilung
2. Band

———————

Weimar

Hermann Böhlau

1890.

Goethes

Naturwissenschaftliche Schriften

2. Band

Zur Farbenlehre

Polemischer Theil

Weimar

Hermann Böhlau

1890.

Enthüllung

der

Theorie Newtons.

Dico ego, tu dicis, sed denique dixit et ille,
Dictaque post toties non nisi dicta rides.

Des

Ersten Bandes

Zweiter, polemischer Theil.

Inhalt
des polemischen Theils.

Der Newtonischen Optik
Erstes Buch. Erster Theil. 13

Der Newtonischen Optik

Erstes Buch. Zweiter Theil. . 171

—   —

Einleitung.

1.

Wenn wir in dem ersten Theile den didaktischen Schritt so viel als möglich gehalten und jedes eigentlich Polemische vermieden haben, so konnte es doch hie und da an mancher Mißbilligung der bis jetzt herrschenden Theorie nicht fehlen. Auch ist jener Entwurf unserer Farbenlehre, seiner innern Natur nach, schon polemisch, indem wir eine Vollständigkeit der Phänomene zusammenzubringen und diese dergestalt zu ordnen gesucht haben, daß jeder genöthigt sei, sie in ihrer wahren Folge und in ihren eigentlichen Verhältnissen zu betrachten, daß ferner künftig denjenigen, denen es eigentlich nur darum zu thun ist, einzelne Erscheinungen herauszuheben, um ihre hypothetischen Aussprüche dadurch aufzustutzen, ihr Handwerk erschwert werde.

2.

Denn so sehr man auch bisher geglaubt, die Natur der Farbe gefaßt zu haben, so sehr man sich einbildete, sie durch eine sichre Theorie auszusprechen; so

war dieß doch keinesweges der Fall, sondern man
hatte Hypothesen an die Spitze gesetzt, nach welchen
man die Phänomene künstlich zu ordnen wußte, und
eine wunderliche Lehre kümmerlichen Inhalts mit
großer Zuversicht zu überliefern verstand.   5

3.

Wie der Stifter dieser Schule, der außerordent=
liche Newton, zu einem solchen Vorurtheile gelangt,
wie er es bei sich festgesetzt und andern verschiedent=
lich mitgetheilt, davon wird uns die Geschichte künf=
tig unterrichten. Gegenwärtig nehmen wir sein Werk   10
vor, das unter dem Titel der Optik bekannt ist,
worin er seine Überzeugungen schließlich niederlegte,
indem er dasjenige, was er vorher geschrieben, anders
zusammenstellte und aufführte. Dieses Werk, welches
er in späten Jahren herausgab, erklärt er selbst für   15
eine vollendete Darstellung seiner Überzeugungen. Er
will davon kein Wort ab, keins dazu gethan wissen,
und veranstaltet die lateinische Übersetzung desselben
unter seinen Augen.

4.

Der Ernst, womit diese Arbeit unternommen, die   20
Umständlichkeit, womit sie ausgeführt war, erregte
das größte Zutrauen. Eine Überzeugung, daß dieses
Buch unumstößliche Wahrheit enthalte, machte sich
nach und nach allgemein; und noch gilt es unter den

Menschen für ein Meisterstück wissenschaftlicher Be=
handlung der Naturerscheinungen.

5.

Wir finden daher zu unserm Zwecke dienlich und
nothwendig, dieses Werk theilweise zu übersetzen, aus=
5 zuziehen und mit Anmerkungen zu begleiten, damit
denjenigen, welche sich künftig mit dieser Angelegen=
heit beschäftigen, ein Leitfaden gesponnen sei, an dem
sie sich durch ein solches Labyrinth durchwinden können.
Ehe wir aber das Geschäft selbst antreten, liegt uns
10 ob, einiges vorauszuschicken.

6.

Daß bei einem Vortrag natürlicher Dinge der
Lehrer die Wahl habe, entweder von den Erfahrungen
zu den Grundsätzen, oder von den Grundsätzen zu den
Erfahrungen seinen Weg zu nehmen, versteht sich von
15 selbst; daß er sich beider Methoden wechselsweise be=
diene, ist wohl auch vergönnt, ja manchmal noth=
wendig. Daß aber Newton eine solche gemischte Art
des Vortrags zu seinem Zweck advocatenmäßig miß=
braucht, indem er das, was erst eingeführt, abgeleitet,
20 erklärt, bewiesen werden sollte, schon als bekannt an=
nimmt, und sodann aus der großen Masse der Phäno=
mene nur diejenigen heraussucht, welche scheinbar und
nothdürftig zu dem einmal Ausgesprochenen passen,
dieß liegt uns ob, anschaulich zu machen, und zugleich

darzuthun, wie er diese Versuche, ohne Ordnung, nach
Belieben anstellt, sie keineswegs rein vorträgt, ja sie
vielmehr nur immer vermannichfaltigt und über ein=
ander schichtet, so daß zuletzt der beste Kopf ein sol=
ches Chaos lieber gläubig verehrt, als daß er sich zur   5
unabsehlichen Mühe verpflichtete, jene streitenden Ele=
mente versöhnen und ordnen zu wollen. Auch würde
dieses völlig unmöglich sein, wenn man nicht vorher,
wie von uns mit Sorgfalt geschehen, die Farben=
phänomene in einer gewissen natürlichen Verknüpfung   10
nach einander aufgeführt und sich dadurch in den
Stand gesetzt hätte, eine künstliche und willkürliche
Stellung und Entstellung derselben anschaulicher zu
machen. Wir können uns nunmehr auf einen natür=
lichen Vortrag sogleich beziehen, und so in die größte   15
Verwirrung und Verwicklung ein heilsames Licht ver=
breiten. Dieses ganz allein ist's, wodurch die Ent=
scheidung eines Streites möglich wird, der schon über
hundert Jahre dauert, und so oft er erneuert worden,
von der triumphirenden Schule als verwegen, frech,   20
ja als lächerlich und abgeschmackt weggewiesen und
unterdrückt wurde.

7.

Wie nun eine solche Hartnäckigkeit möglich war,
wird sich unsern Lesern nach und nach aufklären.
Newton hatte durch eine künstliche Methode seinem   25
Werk ein dergestalt strenges Ansehn gegeben, daß
Kenner der Form es bewunderten und Laien davor

erstaunten. Hiezu kam noch der ehrwürdige Schein
einer mathematischen Behandlung, womit er das
Ganze aufzustutzen wußte.

8.

An der Spitze nämlich stehen Definitionen und
Axiome, welche wir künftig durchgehen werden, wenn
sie unsern Lesern nicht mehr imponiren können. So=
dann finden wir Propositionen, welche das immer
wiederholt festsetzen, was zu beweisen wäre; Theoreme,
die solche Dinge aussprechen, die niemand schauen
kann; Experimente, die unter veränderten Bedingungen
immer das Vorige wiederbringen, und sich mit gro=
ßem Aufwand in einem ganz kleinen Kreise herum=
drehen; Probleme zuletzt, die nicht zu lösen sind, wie
das alles in der weiteren Ausführung umständlich
darzuthun ist.

9.

Im Englischen führt das Werk den Titel: Opticks,
or a Treatise of the Reflections, Refractions, Inflec-
tions and Colours of Light. Obgleich das englische
Wort Optics ein etwas naiveres Ansehen haben mag,
als das lateinische Optice und das deutsche Optik; so
drückt es doch, ohne Frage, einen zu großen Umfang
aus, den das Werk selbst nicht ausfüllt. Dieses han=
delt ausschließlich von Farbe, von farbigen Erschei=
nungen. Alles übrige, was das natürliche oder künst=
liche Sehen betrifft, ist beinahe ausgeschlossen, und

man darf es nur in diesem Sinne mit den opti=
schen Lectionen vergleichen, so wird man die große
Masse eigentlich mathematischer Gegenstände, welche
sich dort findet, vermissen.

10.

Es ist nöthig, hier gleich zu Anfang diese Be=
merkung zu machen: denn eben durch den Titel ist
das Vorurtheil entstanden, als wenn der Stoff und
die Ausführung des Werkes mathematisch sei, da jener
bloß physisch ist und die mathematische Behandlung
nur scheinbar; ja, bei'm Fortschritt der Wissenschaft
hat sich schon längst gezeigt, daß, weil Newton als
Physiker seine Beobachtungen nicht genau anstellte,
auch seine Formeln, wodurch er die Erfahrungen aus=
sprach, unzulänglich und falsch befunden werden muß=
ten; welches man überall, wo von der Entdeckung der
achromatischen Fernröhre gehandelt wird, umständ=
lich nachlesen kann.

11.

Diese sogenannte Optik, eigentlicher Chromatik,
besteht aus drei Büchern, von welchen wir gegen=
wärtig nur das erste, das in zwei Theile getheilt ist,
polemisch behandeln. Wir haben uns bei der Über=
setzung meistens des englischen Originals in der vier=
ten Ausgabe, London 1730, bedient, das in einem
natürlichen naiven Stil geschrieben ist. Die lateinische
Übersetzung ist sehr treu und genau, wird aber durch

die römische Sprachweise etwas pomphafter und dog=
matischer.

12.

Da wir jedoch nur Auszüge liefern, und die
sämmtlichen Newtonischen Tafeln nachstechen zu las=
sen keinen Beruf fanden, so sind wir genöthigt, uns
öfters auf das Werk selbst zu beziehen, welches die=
jenigen unserer Leser, die bei der Sache wahrhaft in=
teressirt sind, entweder im Original oder in der Über=
setzung zur Seite haben werden.

13.

Die wörtlich übersetzten Stellen, in denen der
Gegner selbst spricht, haben wir mit kleinerer Schrift,
unsre Bemerkungen aber mit der größern, die unsre
Leser schon gewohnt sind, abdrucken lassen.

14.

Übrigens haben wir die Sätze, in welche unsre
Arbeit sich theilen ließ, mit Nummern bezeichnet.
Es geschieht dieses hier, so wie im Entwurf der Far=
benlehre, nicht um dem Werke einen Schein höherer
Consequenz zu geben, sondern bloß um jeden Bezug,
jede Hinweisung zu erleichtern, welches dem Freunde
sowohl als dem Gegner angenehm sein kann. Wenn
wir künftig den Entwurf citiren, so setzen wir ein E.
vor die Nummer des Paragraphen.

.

Zwischenrede.

15.

Vorstehendes war geschrieben und das Nachstehende zum größten Theil, als die Frage entstand, ob es nicht räthlich sei, mit wenigem gleich hier anzugeben, worin sich denn die Meinung, welcher wir zugethan sind, von derjenigen unterscheidet, die von Newton herstammend sich über die gelehrte und ungelehrte Welt verbreitet hat.

16.

Wir bemerken zuerst, daß diejenige Denkweise, welche wir billigen, uns nicht etwa eigenthümlich angehört, oder als eine neue nie vernommene Lehre vorgetragen wird. Es finden sich vielmehr von derselben in den frühern Zeiten deutliche Spuren, ja sie hat sich immer, durch alle schwankenden Meinungen hindurch, so manche Jahrhunderte her lebendig erhalten, und ist von Zeit zu Zeit wieder ausgesprochen worden, wovon uns die Geschichte weiter unterrichten wird.

17.

Newton behauptet, in dem weißen farblosen Lichte überall, besonders aber in dem Sonnenlicht, seien mehrere farbige (die Empfindung der Farbe erregende),

verschiedene Lichter wirklich enthalten, deren Zusammen=
setzung das weiße Licht (die Empfindung des weißen
Lichts) hervorbringe.

18.

Damit aber diese Lichter zum Vorschein kommen,
setzt er dem weißen Licht gar mancherlei Bedingungen
entgegen, durchsichtige Körper, welche das Licht von
seiner Bahn ablenken, undurchsichtige, die es zurück=
werfen, andre, an denen es hergeht; aber diese Be=
bingungen sind ihm nicht einmal genug. Er gibt
den brechenden Mitteln allerlei Formen, den Raum,
in dem er operirt, richtet er auf mannichfaltige Weise
ein, er beschränkt das Licht durch kleine Öffnungen,
durch winzige Spalten, und bringt es auf hunderterlei
Art in die Enge. Dabei behauptet er nun, daß alle
diese Bedingungen keinen andern Einfluß haben, als
die Eigenschaften, die Fertigkeiten (fits) des Lichtes
rege zu machen, so daß dadurch sein Inneres aufge=
schlossen werde, und was in ihm liegt, an den Tag
komme.

19.

Jene farbigen Lichter sind die integrirenden Theile
seines weißen Lichtes. Es kommt durch alle obgemel=
deten Operationen nichts zu dem Licht hinzu, es wird
ihm nichts genommen, sondern es werden nur seine
Fähigkeiten, sein Inhalt geoffenbart. Zeigt es nun
bei der Refraction verschiedene Farben, so ist es divers
refrangibel; auch bei der Reflexion zeigt es Farben,

deßwegen ist es divers reflexibel, u. s. w. Jede neue
Erscheinung deutet auf eine neue Fähigkeit des Lichtes,
sich aufzuschließen, seinen Inhalt herzugeben.

20.

Die Lehre dagegen, von der wir überzeugt sind,
und von der wir dießmal nur insofern sprechen, als
sie der Newtonischen entgegensteht, beschäftigt sich auch
mit dem weißen Lichte. Sie bedient sich auch äuße=
rer Bedingungen, um farbige Erscheinungen hervor=
zubringen. Sie gesteht aber diesen Bedingungen Werth
und Würde zu, sie bildet sich nicht ein, Farben aus
dem Licht zu entwickeln, sie sucht uns vielmehr zu
überzeugen, daß die Farbe zugleich von dem Lichte
und von dem, was sich ihm entgegenstellt, hervorge=
bracht werde.

21.

Also, um nur des Refractionsfalles, mit dem sich
Newton in der Optik vorzüglich beschäftigt, hier zu
gedenken, so ist es keineswegs die Brechung, welche
die Farben aus dem Licht hervorlockt, vielmehr bleibt
eine zweite Bedingung unerläßlich, daß die Brechung
auf ein Bild wirke, und solches von der Stelle weg=
rücke. Ein Bild entsteht nur durch Gränzen, diese
Gränzen übersieht Newton ganz, ja er läugnet ihren
Einfluß. Wir aber schreiben dem Bilde sowohl als
seiner Umgebung, der hellen Mitte sowohl als der
dunkeln Gränze, der Thätigkeit sowohl als der Schranke,

in diesem Falle vollkommen gleiche Wirkung zu. Alle
Versuche stimmen uns bei, und je mehr wir sie ver=
mannichfaltigen, desto mehr wird ausgesprochen, was
wir behaupten, desto planer, desto klarer wird die
5 Sache. Wir gehen vom Einfachen aus, indem wir
einen sich wechselseitig entsprechenden Gegensatz zuge=
stehen, und durch Verbindung desselben die farbige
Welt hervorbringen.

22.

Newton scheint vom Einfacheren auszugehen, indem
10 er sich bloß an's Licht halten will; allein er setzt ihm
auch Bedingungen entgegen so gut wie wir, nur daß
er denselben ihren integrirenden Antheil an dem Her=
vorgebrachten abläugnet. Seine Lehre hat nur den
Schein, daß sie monadisch oder unitarisch sei. Er
15 legt in seine Einheit schon die Mannichfaltigkeit, die
er heraus bringen will, welche wir aber viel besser
aus der eingestandenen Dualität zu entwickeln und
zu construiren glauben.

23.

Wie er nun zu Werke geht, um das Unwahre
20 wahr, das Wahre unwahr zu machen, das ist jetzt
unser Geschäft zu zeigen und der eigentliche Zweck
des gegenwärtigen polemischen Theils.

Der Newtonischen Optik
erstes Buch.
Erster Theil.

Erste Proposition. Erstes Theorem.

5 Lichter welche an Farbe verschieden sind, dieselben sind auch an Refrangibilität verschieden und zwar gradweise.

24.

Wenn wir gleich von Anfang willig zugestehen,
daß Werk, welches wir behandeln, sei völlig aus einem
10 Gusse, so dürfen wir auch bemerken, daß in den vorstehenden ersten Worten, in dieser Proposition, die
uns zum Eintritt begegnet, schon die ganze Lehre wie
in einer Nuß vorhanden sei, und daß auch zugleich
jene captiöse Methode völlig eintrete, wodurch uns
15 der Verfasser das ganze Buch hindurch zum Besten
hat. Dieses zu zeigen, dieses anschaulich und deutlich
zu machen, dürfen wir ihm nicht leicht ein Wort,
eine Wendung hingehen lassen; und wir ersuchen unsre

Leſer um die vollkommenſte Aufmerkſamkeit, dafür ſie
ſich denn aber auch von der Knechtſchaft dieſer Lehre
auf ewige Zeiten befreit fühlen ſollen.

25.

Lichter — Mit dieſem Plural kommt die Sub=
und Obreption, deren ſich Newton durch das ganze
Werk ſchuldig macht, gleich recht in den Gang. Lich=
ter, mehrere Lichter! und was denn für Lichter?

welche an Farbe verſchieden ſind — In dem
erſten und zweiten Verſuche, welche zum Beweis die=
nen ſollen, führt man uns farbige Papiere vor, und
diejenigen Wirkungen, die von dorther in unſer Auge
kommen, werden gleich als Lichter behandelt. Offen=
bar ein hypothetiſcher Ausdruck: denn der gemeine
Sinn beobachtet nur, daß uns das Licht mit ver=
ſchiedenen Eigenſchaften der Oberflächen bekannt macht;
daß aber dasjenige, was von dieſen zurückſtrahlt, als
ein verſchiedenartiges Licht angeſehen werden könne,
darf nicht vorausgeſetzt werden.

Genug wir haben ſchon farbige Lichter fertig, ehe
noch von einem farbloſen die Rede geweſen. Wir
operiren ſchon mit farbigen Lichtern, und erſt hinter=
drein vernehmen wir, wie und wo etwa ihr Urſprung
ſein möchte. Daß aber hier von Lichtern die Rede
nicht ſein könne, davon iſt jeder überzeugt, der den
Entwurf unſerer Farbenlehre wohl erwogen hat.
Wir haben nämlich genugſam dargethan, daß alle

Farbe einem Licht und Nicht=Licht ihr Dasein schul=
dig sei, daß die Farbe sich durchaus zum Dunkeln
hinneige, daß sie ein σκιερὸν sei, daß wenn wir eine
Farbe auf einen hellen Gegenstand hinwerfen, es sei
auf welche Weise es wolle, wir denselben nicht be=
leuchten, sondern beschatten.   Mit solchem Schatten=
licht, mit solcher Halbfinsterniß fängt Newton sehr
künstlich seinen ganzen Vortrag an, und kein Wunder,
daß er diejenigen, die ihm sein Erstes zugeben, von
nun an im Dunkeln oder Halbdunkeln zu erhalten
weiß.

26.

dieselben sind auch an Refrangibilität — Wie
springt doch auf einmal dieses abstracte Wort hervor!
Freilich steht es schon in den Axiomen, und der auf=
merksam gläubige Schüler ist bereits von diesen Wun=
dern durchdrungen, und hat nicht mehr die Freiheit,
dasjenige, was ihm vorgeführt wird, mit einigem
Mißtrauen zu untersuchen.

27.

verschieden — Die Refrangibilität macht uns
also mit einem großen Geheimniß bekannt. Das Licht,
jenes Wesen, das wir nur als eine Einheit, als ein=
fach wirkend gewahr werden, wird uns nun als ein
Zusammengesetztes, aus verschiedenartigen Theilen Be=
stehendes, auf eine verschiedene Weise Wirkendes dar=
gestellt.

Wir geben gern zu, daß sich aus einer Einheit,
an einer Einheit ein Diverses entwickeln, eine Diffe=
renz entstehen könne; allein es gibt gar verschiedene
Arten, wie dieses geschehen mag. Wir wollen hier
nur zweier gedenken: Erstens daß ein Gegensatz her= 5
vortritt, wodurch die Einheit sich nach zwei Seiten
hin manifestirt und dadurch großer Wirkungen fähig
wird; zweitens daß die Entwickelung des Unterschie=
denen stätig in einer Reihe vorgeht. Ob jener erste
Fall etwa bei den prismatischen Erscheinungen ein= 10
treten könne, davon hat Newton nicht die mindeste
Vermuthung, ob ihn gleich das Phänomen oft genug
zu dieser Auslegungsart hindrängt. Er bestimmt sich
vielmehr ohne Bedenken für den zweiten Fall. Es
ist nicht nur eine diverse Refrangibilität, sondern sie 15
wirkt auch

28.

grabweise — Und so ist denn gleich ein auf und
aus einander folgendes Bild, eine Scala, ein aus
verschiedenen Theilen, aber aus unendlichen bestehen=
des, in einander fließendes und doch separables, zu= 20
gleich aber auch inseparables Bild fertig, ein Gespenst,
das nun schon hundert Jahre die wissenschaftliche
Welt in Ehrfurcht zu erhalten weiß.

29.

Sollte in jener Proposition etwas Erfahrungsge=
mäßes ausgesprochen werden, so konnte es allenfalls 25

heißen: Bilder, welche an Farbe verschieden sind, er=
scheinen durch Refraction auf verschiedene Weise von
der Stelle bewegt. Indem man sich dergestalt aus=
drückte, spräche man denn doch das Phänomen des
5 ersten Versuchs allenfalls aus. Man könnte die Er=
scheinung eine diverse Refraction nennen, und alsdann
genauer nachforschen, wie es denn eigentlich damit aus=
sehe. Aber daß wir sogleich zu den Ibilitäten, zu
den Keiten geführt werden, daß wir den Beweis der=
10 selben mit Gefallen aufnehmen sollen, ja daß wir
nur darauf eingehen sollen, sie uns beweisen zu lassen,
ist eine starke Forderung.

Beweis durch Experimente.

30.

Wir möchten nicht gern gleich von Anfang unsre
15 Leser durch irgend eine Paradoxie scheu machen, wir
können uns aber doch nicht enthalten, zu behaupten,
daß sich durch Erfahrungen und Versuche eigentlich
nichts beweisen läßt. Die Phänomene lassen sich sehr
genau beobachten, die Versuche lassen sich reinlich an=
20 stellen, man kann Erfahrungen und Versuche in einer
gewissen Ordnung aufführen, man kann eine Er=
scheinung aus der andern ableiten, man kann einen

gewissen Kreis des Wissens darstellen, man kann seine
Anschauungen zur Gewißheit und Vollständigkeit er=
heben, und das, dächte ich, wäre schon genug. Fol=
gerungen hingegen zieht jeder für sich daraus; beweisen
läßt sich nichts dadurch, besonders keine Ibilitäten ⁵
und Keiten. Alles, was Meinungen über die Dinge
sind, gehört dem Individuum an, und wir wissen nur
zu sehr, daß die Überzeugung nicht von der Einsicht,
sondern von dem Willen abhängt; daß niemand etwas
begreift, als was ihm gemäß ist und was er deß= 10
wegen zugeben mag. Im Wissen wie im Handeln
entscheidet das Vorurtheil alles, und das Vorurtheil
wie sein Name wohl bezeichnet, ist ein Urtheil vor der
Untersuchung. Es ist eine Bejahung oder Verneinung
dessen, was unsre Natur anspricht oder ihr wider= 15
spricht; es ist ein freudiger Trieb unsres lebendigen
Wesens nach dem Wahren wie nach dem Falschen, nach
allem was wir mit uns im Einklang fühlen.

31.

Wir bilden uns also keinesweges ein, zu beweisen,
daß Newton Unrecht habe; denn jeder atomistisch Ge= 20
sinnte, jeder am Hergebrachten Festhaltende, jeder vor
einem großen alten Namen mit heiliger Scheu Zurück=
tretende, jeder Bequeme wird viel lieber die erste Pro=
position Newtons wiederholen, darauf schwören, ver=
sichern, daß alles erwiesen und bewiesen sei und unsere 25
Bemühungen verwünschen.

Ja wir gestehen es gerne, daß wir seit mehreren
Jahren oft mit Widerwillen dieses Geschäft auf's neue
vorgenommen haben. Denn man könnte sich's wirklich zur Sünde rechnen, die selige Überzeugung der
5 Newtonischen Schule, ja überhaupt die himmlische Ruhe
der ganzen halb unterrichteten Welt in und an dem
Credit dieser Schule zu stören und in Unbehaglichkeit
zu setzen. Denn wenn die sämmtlichen Meister die
alte starre Confession immer auf ihren Lehrstühlen
10 wiederholen, so imprimiren sich die Schüler jene kurzen
Formeln sehr gerne, womit das Ganze abgethan und
bei Seite gebracht wird; indessen das übrige Publicum
diese selige Überzeugung gleichsam aus der Luft auf-
schnappt; wie ich denn die Anekdote hier nicht ver-
15 schweigen kann, daß ein solcher Glücklicher, der von
den neueren Bemühungen etwas vernahm, versicherte:
Newton habe das alles schon gesagt und besser; er
wisse nur nicht wo.

32.

Indem wir uns nun also zu den Versuchen wen-
20 den, so bitten wir unsre Leser, auf den ersten sogleich
alle Aufmerksamkeit zu richten, den der Verfasser durch
einen Salto mortale gleich zu Anfang wagt, und uns
ganz unerwartet in medias res hineinreißt; wobei wir,
wenn wir nicht wohl Acht haben, überrascht werden,
25 uns verwirren und sogleich die Freiheit des Urtheils
verlieren.

33.

Diejenigen Freunde der Wissenschaft, die mit den subjectiven dioptrischen Versuchen der zweiten Classe, die wir umständlich genug vorgetragen und abgeleitet, gehörig bekannt sind, werden sogleich einsehen, daß Newton hier nicht auf eine Weise verfährt, die dem Mathematiker geziemt. Denn dieser setzt, wenn er belehren will, das Einfachste voraus, und baut aus den begreiflichsten Elementen sein bewundernswürdiges Gebäude zusammen. Newton hingegen stellt den complicirtesten subjectiven Versuch, den es vielleicht gibt, an die Spitze, verschweigt seine Herkunft, hütet sich, ihn von mehreren Seiten darzustellen, und überrascht den unvorsichtigen Schüler, der wenn er einmal Beifall gegeben, sich in dieser Schlinge gefangen hat, nicht mehr weiß, wie er zurück soll.

Dagegen wird es demjenigen, der die wahren Verhältnisse dieses ersten Versuchs einsieht, leicht sein, sich auch vor den übrigen Fesseln und Banden zu hüten, und wenn sie ihm früher durch Überlieferung umgeworfen worden, sie mit freudiger Energie abzuschütteln.

Erster Versuch.

34.

Ich nahm ein schwarzes, länglichtes, steifes Papier, das von parallelen Seiten begränzt war, und theilte es durch

eine perpendiculare Linie, die von einer der längern Seiten
zu der andern reichte, in zwei gleiche Theile. Einen dieser
Theile strich ich mit einer rothen, den andern mit einer
blauen Farbe an; das Papier war sehr schwarz und die
5 Farben stark und satt aufgetragen, damit die Erscheinung
besto lebhafter sein möchte.

35.

Daß hier das Papier schwarz sein müsse, ist eine
ganz unnöthige Bedingung. Denn wenn das Blaue
und Rothe stark und dick genug aufgetragen ist, so
10 kann der Grund nicht mehr durchblicken, er sei von
welcher Farbe er will. Wenn man jedoch die Newtonische Hypothese kennt, so sieht man ungefähr, was
es heißen soll. Er fordert hier einen schwarzen Grund,
damit ja nicht etwas von seinem supponirten unzer-
15 legten Licht durch die aufgetragenen Farben als durch-
fallend vermuthet werden könne. Allein, wie schon
gezeigt ist, steht die Bedingung hier ganz unnütz, und
nichts verhindert mehr die wahre Einsicht in ein Phänomen, oder einen Versuch, als überflüssige Bedin-
20 gungen. Eigentlich heißt alles nichts weiter, als man
verschaffe sich zwei gleiche Vierecke von rothem und
blauem steifen Papier und bringe sie genau neben
einander.

Wollte nun der Verfasser fortfahren, seinen Ver-
25 such richtig zu beschreiben, so mußte er vor allen
Dingen die Lage, Stellung, genug die Localität dieses
zweifarbigen Papiers genau angeben, anstatt daß sie

jetzt der Leser erst aus dem später Folgenden nach und
nach, mühsam und nicht ohne Gefahr sich zu ver=
greifen, einzeln zusammen suchen muß.

36.

Dieses Papier betrachtete ich durch ein gläsernes massives
Prisma, dessen zwei Seiten, durch welche das Licht zum
Auge gelangte, glatt und wohl polirt waren, und in einem
Winkel von ungefähr sechzig Graden zusammenstießen, den
ich den brechenden Winkel nenne. Und indem ich also nach
dem Papier schaute, hielt ich das Prisma gegen das Fenster
dergestalt, daß die langen Seiten des Papiers und das
Prisma sich parallel gegen den Horizont verhielten, da denn
jene Durchschnittslinie, welche die beiden Farben trennte,
gegen denselben rechtwinklicht gerichtet war.

37.

Im Englischen steht anstatt rechtwinklicht paral=
lel, welches offenbar ein Druckfehler ist. Denn die
langen Seiten des farbigen Papiers und die Durch=
schnittslinie können nicht zugleich parallel mit dem
Horizont sein. Im Lateinischen steht perpendicular,
welches an sich ganz richtig ist; da aber nicht von
einem Grundrisse, sondern einem räumlichen Verhält=
nisse die Rede ist, so versteht man leicht vertical dar=
unter: wodurch der Versuch in Confusion geriethe.
Denn das farbige Papier muß flach liegen, und die
kurzen Seiten müssen, wie wir angeben, mit dem Hori=
zont, oder wenn man will, mit der Fensterbank, einen
rechten Winkel machen.

38.

Und das Licht, das von dem Fenster auf das Papier fiel, einen Winkel mit dem Papier machte, demjenigen gleich, in welchem das Papier das Licht nach dem Auge zurückwarf.

39.

Wie kann man sagen, daß das allgemeine Tages= licht, denn hier scheint nicht vom Sonnenlichte die Rede zu sein, einen Winkel mit dem Papier mache, da es von allen Enden her darauf fällt? Auch ist die Bedingung ganz unnöthig; denn man könnte die Vorrichtung eben so gut an der Seite des Fensters machen.

40.

Jenseits des Prismas war die Fensterbrüstung mit schwarzem Tuche beschlagen, welches also sich im Dunkeln befand, damit kein Licht von daher kommen konnte, das etwa an den Kanten des Papiers vorbei zu dem Auge ge= langt wäre, sich mit dem Lichte des Papiers vermischt und das Phänomen unsicher gemacht hätte.

41.

Warum sagt er nicht lieber jenseits des farbigen Papiers? Denn dieses kommt ja näher an das Fenster zu stehen, und das schwarze Tuch soll nur dazu dienen, um dem farbigen Papier einen dunkeln Hintergrund zu verschaffen. Wollte man diese Vorrichtung gehörig und deutlich angeben, so würde es auf folgende Weise geschehen: man beschlage den Wandraum unter einer

Fensterbank bis an den Fußboden mit schwarzem Tuche;
man verschaffe sich ein Parallelogramm von Pappe,
und überziehe es zur Hälfte mit rothem, zur Hälfte
mit blauem Papier, welche beide an der kurzen Durch=
schnittslinie zusammenstoßen. Diese Pappe bringe man 5
flachliegend, etwa in der halben Höhe der schwarz=
beschlagenen Fensterbrüstung vor derselben dergestalt
an, daß sie dem etwas weiter abstehenden Beobachter
wie auf schwarzem Grunde erscheine, ohne daß von
dem Gestell, worauf man sie angebracht, etwas zu 10
sehen sei. Ihre längeren Seiten sollen sich zur Fenster=
wand parallel verhalten, und in derselben Richtung
halte der Beobachter auch das Prisma, wodurch er
nach gedachtem Papier hinblickt, einmal den brechenden
Winkel aufwärts und sodann denselben unterwärts 15
gekehrt.

Was heißt nun aber diese umständliche Vorrich=
tung anders, als man bringe das oben beschriebene
doppelfarbige Papier auf einen schwarzen Grund, oder
man klebe ein rothes und ein blaues Viereck hori= 20
zontal neben einander auf eine schwarzgrundirte Tafel,
und stelle sie vor sich hin; denn es ist ganz gleich=
gültig, ob dieser schwarze Grund auch einigermaßen
erleuchtet sei, und allenfalls ein dunkles Grau vor=
stelle, das Phänomen wird immer dasselbe sein. Durch 25
die sämmtlichen Newtonischen Versuche jedoch geht eine
solche pedantische Genauigkeit, alles nach seiner Hypo=
these unzerlegte Licht zu entfernen, und dadurch seinen

Experimenten eine Art von Reinlichkeit zu geben, welche, wie wir noch genugsam zeigen werden, durchaus nichtig ist, und nur zu unnützen Forderungen und Bedingungen die Veranlassung gibt.

42.

Als diese Dinge so geordnet waren, fand ich, indem ich den brechenden Winkel des Prismas aufwärts kehrte, und das farbige Papier scheinbar in die Höhe hob, daß die blaue Hälfte durch die Brechung höher gehoben wurde, als die rothe Hälfte. Wenn ich dagegen den brechenden Winkel unterwärts kehrte, so daß das Papier durch die Brechung herabgezogen schien; so war die blaue Hälfte tiefer heruntergeführt als die rothe.

43.

Wir haben in unserm Entwurf der Farbenlehre die dioptrischen Farben der zweiten Classe und besonders die subjectiven Versuche umständlich genug ausgeführt, besonders aber im 18. Capitel von Paragraph 258 bis 284, auf das genaueste dargethan, was eigentlich vorgeht, wenn farbige Bilder durch Brechung verrückt werden. Es ist dort auf das klärste gezeigt, daß an farbigen Bildern, eben wie an farblosen, farbige Ränder entstehen, welche mit der Fläche entweder gleichnamig oder ungleichnamig sind, in dem ersten Falle aber die Farbe der Fläche begünstigen, in dem andern sie beschmutzen und unscheinbar machen; und dieses ist es, was einem leichtsinnigen oder von Vorurtheilen benebelten Beobachter entgeht, und was auch den Autor zu der übereilten Folgerung verführte, wenn er ausruft:

44.

Deßhalb in beiden Fällen das Licht, welches von der blauen Hälfte des Papiers durch das Prisma zum Auge 5 kommt, unter denselben Umständen eine größere Refraction erleidet, als das Licht, das von der rothen Hälfte kommt, und folglich refrangibler ist als dieses.

45.

Dies ist nun der Grund= und Eckstein des Newto= nischen optischen Werks; so sieht es mit einem Ex= 10 periment aus, das dem Verfasser so viel zu bedeuten schien, daß er es aus hunderten heraushob, um es an die Spitze aller chromatischen Erfahrungen zu setzen. Wir haben schon (S. 268) bemerkt, wie captiös und taschenspielerisch dieser Versuch angegeben worden: denn 15 wenn die Erscheinung einigermaßen täuschen soll, so muß das Rothe ein Zinnoberroth, und das Blaue sehr dunkelblau sein. Nimmt man Hellblau, so wird man die Täuschung gleich gewahr. Und warum ist denn niemanden eingefallen, noch eine andre verfängliche 20 Frage zu thun? Nach der Newtonischen Lehre ist das Gelbroth am wenigsten refrangibel, das Blauroth am meisten; warum nimmt er denn also nicht ein vio= lettes Papier neben das rothe, sondern ein dunkel= blaues? Wäre die Sache wahr, so müßte die Ver= 25 schiedenheit der Refrangibilität bei Gelbroth und Vio=

lett weit stärker sein, als bei Gelbroth und Blau.
Allein hier findet sich der Umstand, daß ein violettes
Papier die prismatischen Ränder weniger versteckt, als
ein dunkelblaues; wovon sich jeder Beobachter nun=
5　mehr, nach unsrer umständlichen Anleitung, leicht
überzeugen kann. Wie es dagegen um die Newtonische
Beobachtungsgabe und um die Genauigkeit seiner Ex=
perimente stehe, wird jeder, der Augen und Sinn hat,
mit Verwunderung gewahr werden; ja man darf dreist
10　sagen, wer hätte einen Mann von so außerordentlichen
Gaben, wie Newton war, durch ein solches Hocus=
pocus betrügen können, wenn er sich nicht selbst be=
trogen hätte? Nur derjenige, der die Gewalt des Selbst=
betruges kennt, und weiß, daß er ganz nahe an die
15　Unredlichkeit gränzt, wird allein das Verfahren New=
tons und seiner Schule sich erklären können.

46.

Wir wollen nur noch mit wenigem auf die New=
tonische Figur, die eilfte seiner zweiten Tafel, welche
bei ihm selbst nachzusehen wäre, die Aufmerksamkeit
20　erregen. Sie ist perspectivisch confus gezeichnet, und
hat nebenher noch etwas merkwürdig Captiöses. Die
zweifarbige Pappe ist hier durch Dunkel und Hell
unterschieden, die rechtwinklichte Lage ihrer Fläche gegen
das Fenster ist ziemlich deutlich angegeben; allein das
25　durch's Prisma bewaffnete Auge steht nicht an der
rechten Stelle; es müßte in Einer Linie mit der Durch=

schnittslinie der gefärbten Pappe stehen. Auch ist die
Verrückung der Bilder nicht glücklich angegeben, denn
es sieht aus, als wenn sie in der Diagonale verrückt
würden, welches doch nicht ist: denn sie werden nur,
je nachdem der brechende Winkel gehalten wird, vom
Beobachter ab, oder zum Beobachter zu gerückt. Was
aber höchst merkwürdig ist, darf niemanden entgehen.
Die verrückten, nach der Newtonischen Lehre divers
refrangirten Bilder sind mit Säumen vorgestellt, die
im Original an dem dunkeln Theil undeutlich, an dem
hellen Theil sehr deutlich zu sehen sind, welches letzte
auch die Tafeln zur lateinischen Übersetzung zeigen.
Wenn also bei diesem Experimente nichts weiter ge=
schieht, als daß ein Bild weiter gerückt werde, als
das andre, warum läßt er denn die Bilder nicht in
ihren Linien eingeschlossen, warum macht er sie breiter,
warum gibt er ihnen verfließende Säume? Er hat
also diese Säume wohl gesehen; aber er konnte sich
nicht überzeugen, daß diesen Säumen, und keineswegs
einer diversen Refrangibilität, das Phänomen zuzu=
schreiben sei. Warum erwähnt er denn im Texte
dieser Erscheinung nicht, die er doch sorgfältig, ob=
gleich nicht ganz richtig, in Kupfer stechen läßt?
Wahrscheinlich wird ein Newtonianer darauf ant=
worten: das ist eben noch von dem undecomponirten
Lichte, das wir niemals ganz los werden können und
das hier sein Unwesen treibt.

Zweiter Versuch.

47.

Inwiefern auch dieser Versuch auf einer Täuschung beruhe, wie der vorige, ist nunmehr unsre Pflicht klar zu machen. Wir finden aber dießmal gerathener, den Verfasser nicht zu unterbrechen, sondern ihn ausreden zu lassen, alsdann aber unsre Gegenrede im Zusammen= hange vorzutragen.

48.

Um das vorgemeldete Papier, dessen eine Hälfte blau, die andre roth angestrichen und welches steif wie Pappe war, wickelte ich einen Faden schwarzer Seide mehrmals um, dergestalt, daß es aussah, als wenn schwarze Linien über die Farbe gezogen wären, oder als wenn schmale schwarze Schatten darauf fielen. Ich hätte eben so gut schwarze Linien mit einer Feder ziehen können, aber die Seide bezeichnete feinere Striche.

49.

Dieses so gefärbte und liniirte Papier befestigte ich an eine Wand, so daß eine Farbe zur rechten, die andere zur linken Hand zu stehen kam. Genau vor das Papier, unten wo die beiden Farben zusammentrafen, stellte ich ein Licht, um das Papier stark zu beleuchten, denn das Experiment war bei Nacht angestellt.

50.

Die Flamme der Kerze reichte bis zum untern Rande des Papiers, oder um ein weniges höher. Dann, in der

Entfernung von sechs Fuß und ein oder zwei Zoll von dem
Papier an der Wand, richtete ich eine Glaslinse auf, welche
vier und einen Viertelzoll breit war, welche die Strahlen,
die von den verschiedenen Puncten des Papiers herkämen,
auffaßen und, in der Entfernung von sechs Fuß, ein oder   5
zwei Zoll auf der andern Seite der Linse, in so viel andern
Puncten zusammenbringen, und das Bild des farbigen Papiers auf einem weißen Papier, das dorthin gestellt war,
abbilden sollte, auf die Art, wie die Linse in einer Laden-
öffnung die Bilder der Objecte draußen auf einen weißen 10
Bogen Papier in der dunkeln Kammer werfen mag.

51.

Das vorgedachte weiße Papier stand vertical zu dem
Horizont und parallel mit der Linse. Ich bewegte dasselbe
manchmal gegen die Linse, manchmal von ihr weg, um die
Plätze zu finden, wo die Bilder der blauen und rothen   15
Theile des Papiers am deutlichsten erscheinen würden. Diese
Plätze konnte ich leicht erkennen an den Bildern der schwarzen Linien, die ich hervorgebracht hatte, indem ich die Seide
um das Papier wand. Denn die Bilder dieser feinen und
zarten Linien, die sich wegen ihrer Schwärze wie ein Schat- 20
ten auf der Farbe absetzten, waren dunkel und kaum sichtbar, außer wenn die Farbe an jeder Seite einer jeden Linie
ganz deutlich begränzt war. Deßwegen bezeichnete ich so
genau als möglich die Plätze, wo die Bilder der blauen
und rothen Hälfte des farbigen Papiers am deutlichsten   25
erschienen. Ich fand, daß wo die rothe Hälfte ganz deutlich war, die blaue Hälfte verworren erschien, so daß ich
die darauf gezogenen schwarzen Linien kaum sehen konnte;
im Gegentheil, wo man die blaue Hälfte deutlich unterscheiden konnte, erschien die rothe verworren, so daß die   30

schwarzen Linien darauf kaum sichtbar waren. Zwischen den beiden Orten aber, wo diese Bilder sich deutlich zeigten, war die Entfernung ein und ein halber Zoll. Denn die Entfernung des weißen Papiers von der Linse, wenn das Bild der rothen Hälfte sehr deutlich erschien, war um einen und einen halben Zoll größer, als die Entfernung des weißen Papiers von der Linse, wenn das Bild der blauen Hälfte sehr deutlich war. Daraus folgern wir, daß indem das Blaue und Rothe gleichmäßig auf die Linse fiel, doch das Blaue mehr durch die Linse gebrochen wurde, als das Rothe, so daß es um anderthalb Zoll früher convergirte, und daß es deßwegen refrangibler sein müsse.

52.

Nachdem wir den Verfasser angehört, seine Vorrichtung wohl kennen gelernt, und das, was er dadurch zu bewirken glaubt, vernommen haben, so wollen wir unsre Bemerkungen zu diesem Versuche unter verschiedenen Rubriken vorbringen, und denselben in seine Elemente zu zerlegen suchen, worin der Hauptvortheil aller Controvers mit Newton bestehen muß.

53.

Unsre Betrachtungen beziehen sich also 1) auf das Vorbild, 2) auf die Beleuchtung, 3) auf die Linse, 4) auf das gewirkte Abbild und 5) auf die aus den Erscheinungen gezogene Folgerung.

54.

1) Das Vorbild. Ehe wir mit der aus dem vorigen Versuch uns schon bekannten doppelfarbigen

Pappe weiter operiren, so müssen wir sie und ihre
Eigenschaften uns erst näher bekannt machen.

55.

Man bringe mennigrothes und sattblaues Papier
neben einander, so wird jenes hell, dieses aber dunkel
und, besonders bei Nacht, dem Schwarzen fast ähnlich ⁵
erscheinen. Wickelt man nun schwarze Fäden um
beide, oder zieht man schwarze Linien darüber her,
so ist offenbar, daß man mit bloßem Auge die
schwarzen Linien auf dem hellrothen in ziemlicher
Entfernung erkennen wird, wo man eben diese Linien ¹⁰
auf dem blauen noch nicht erkennen kann. Man
denke sich zwei Männer, den einen im scharlachrothen,
den andern im dunkelblauen Rocke, beide Kleider
mit schwarzen Knöpfen; man lasse sie beide neben
einander eine Straße heran gegen den Beobachter ¹⁵
kommen; so wird dieser die Knöpfe des rothen Rocks
viel eher sehen, als die des blauen, und die beiden
Personen müssen schon nahe sein, wenn beide Kleider
mit ihren Knöpfen gleich deutlich dem Auge erscheinen
sollen. ²⁰

56.

Um daher das richtige Verhältniß jenes Versuches
einzusehen, vermannichfaltige man ihn. Man theile
eine viereckte Fläche in vier gleiche Quadrate, man
gebe einem jeden eine besondre Farbe, man ziehe
schwarze Striche über sie alle hin, man betrachte sie ²⁵

in gewisser Entfernung mit bloßem Auge, oder mit
einer Lorgnette, man verändre die Entfernung und
man wird durchaus finden, daß die schwarzen Fäden
dem Sinne des Auges früher oder später erscheinen,
5 keineswegs weil die verschiedenen farbigen Gründe
besondre Eigenschaften haben, sondern bloß insofern
als der eine heller ist als der andre. Nun aber, um
keinen Zweifel übrig zu lassen, wickle man weiße
Fäden um die verschiedenen farbigen Papiere, man
10 ziehe weiße Linien darauf und die Fälle werden nun=
mehr umgekehrt sein. Ja, um sich völlig zu über=
zeugen, so abstrahire man von aller Farbe und
wiederhole das Experiment mit weißen, schwarzen,
grauen Papieren; und immer wird man sehen, daß
15 bloß der Abstand des Hellen und Dunkeln Ursache
der mehrern oder wenigern Deutlichkeit sei. Und so
werden wir es auch bei dem Versuche, wie Newton
ihn vorschlägt, durchaus antreffen.

57.

2) Die Beleuchtung. Man kann das aufge=
20 stellte Bild durch eine Reihe angezündeter Wachs=
kerzen, welche man gegen die Linse zu verdeckt, sehr
stark beleuchten, oder man bringt drei Wachskerzen
unmittelbar an einander, so daß ihre drei Dochte
gleichsam nur Eine Flamme geben. Diese verdeckt
25 man gegen die Linse zu und läßt, indem man be=
obachtet, einen Gehülfen die Flamme ganz nahe

an dem Bilde sachte hin= und wiederführen, daß
alle Theile desselben nach und nach lebhaft erleuchtet
werden. Denn eine sehr starke Erleuchtung ist
nöthig, wenn der Versuch einigermaßen deutlich wer=
den soll.

58.

3) Die Linse. Wir sehen uns hier genöthigt,
einiges Allgemeine vorauszuschicken, was wir sowohl
an diesem Orte, als auch künftig zur richtigen Ein=
sicht in die Sache bedürfen.

59.

Jedes Bild bildet sich ab auf einer entgegenge=
setzten glatten Fläche, wohin seine Wirkung in gerader
Linie gelangen kann. Auch erscheint es auf einer
rauhen Fläche, wenn die einzelnen Theile des Bildes
ausschließlich von einzelnen Theilen der entgegen=
gesetzten Fläche zurückgesendet werden. Bei einer
kleinen Öffnung in der Camera obscura bilden sich
die äußern Gegenstände auf einer weißen Tafel um=
gekehrt ab.

60.

Bei einer solchen Abbildung wird der Zwischen=
raum als leer gedacht; der ausgefüllte, aber durch=
sichtige Raum verrückt die Bilder. Die Phänomene,
welche, bei Verrückung der Bilder durch Mittel, sich
aufbringen, besonders die farbigen Erscheinungen, sind
es, die uns hier besonders interessiren.

61.

Durch Prismen von dreiseitiger Base und durch Linsen werden diejenigen Operationen vollbracht, mit denen wir uns besonders beschäftigen.

62.

Die Linsen sind gleichsam eine Versammlung un=
enblicher Prismen; und zwar convexe eine Versamm=
lung von Prismen, die mit dem Rücken aneinander=
stehen; concave eine Versammlung von Prismen, die
mit der Schneide aneinanderstehen, und in beiden
Fällen um ein Centrum versammelt mit krumm=
linigen Oberflächen.

63.

Das gewöhnliche Prisma, mit dem brechenden
Winkel nach unten gekehrt, bewegt die Gegenstände
nach dem Beobachter zu; das Prisma mit dem
brechenden Winkel nach oben gekehrt, rückt die Gegen=
stände vom Beobachter ab. Wenn man sich diese
beiden Operationen im Kreise herumdenkt, so verengt
das erste den Raum um den Beobachter her, das
zweite erweitert ihn. Daher muß ein convexes Glas
im subjectiven Fall vergrößern, ein concaves ver=
kleinern; bei der Operation hingegen, die wir die
objective nennen, geschieht das Gegentheil.

64.

Die convexe Linse, mit der wir es hier eigentlich
zu thun haben, bringt die Bilder, welche durch sie

3*

hineinfallen, in's Enge. Das bedeutendste Bild ist
das Sonnenbild. Läßt man es durch die Linse
hindurchfallen, und fängt es bald hinter derselben
mit einer Tafel auf; so sieht man es zuerst bei
wachsender Entfernung der Tafel immer mehr sich
verkleinern, bis es auf eine Stelle kommt, wo es nach
Verhältniß der Linse seine größte Kleinheit erreicht
und am deutlichsten gesehen wird.

65.

Schon früher zeigt sich bei diesen Versuchen eine
starke Hitze und eine Entzündung der entgegengehalte=
nen Tafel, besonders einer schwarzen. Diese Wirkung
äußert sich eben so gut hinter dem Bildpuncte der
Sonne als vor demselben; doch kann man sagen, daß
ihr Bildpunct und der mächtigste Brennpunct zu=
sammenfalle.

66.

Die Sonne ist das entfernteste Bild, das sich bei
Tage abbilden kann. Darum kommt es auch zuerst
durch die Operation der Linse entschieden und genau
begränzt zusammen. Will man die Wolken auf
der Tafel deutlich sehen, so muß man schon weiter
rücken. Die Berge und Wälder, die Häuser, die
zunächst stehenden Bäume, alle bilden sich stufen=
weise später ab, und das Sonnenbild hat sich hinter
seiner Bildstelle schon wieder sehr stark ausgedehnt,
wenn die nahen Gegenstände sich erst an ihrer Bild=

stelle zusammendrängen. So viel sagt uns die Er=
fahrung in Absicht auf Abbildung äußerer Gegen=
stände durch Linsen.

67.

Bei dem Versuche, den wir gegenwärtig be=
5 leuchten, sind die verschiedenfarbigen Flächen, welche
mit ihren schwarzen Fäden hinter der Linse abge=
bildet werden sollen, neben einander. Sollte nun
eine früher als die andre deutlich erscheinen, so kann
die Ursache nicht in der verschiedenen Entfernung ge=
10 sucht werden.

68.

Newton wünscht seine diverse Refrangiblität da=
durch zu beweisen; wir haben aber schon oben, bei
Betrachtung des Vorbildes, auseinandergesetzt, daß
eigentlich nur die verschiedene Deutlichkeit der auf
15 verschiedenfarbigen Gründen angebrachten Bilder die
Ursache der verschiedenen Erscheinungen hinter der
Linse sei. Daß dieses sich also verhalte, haben wir
näher zu zeigen.

69.

Wir beschreiben zuerst die Vorrichtung, welche
20 wir gemacht, um bei dem Versuche ganz sicher zu
gehen. Auf einem horizontalgelegten Gestelle findet
sich an einem Ende Gelegenheit, das Vorbild einzu=
schieben. Vor demselben in einer Vertiefung können
die Lichter angebracht werden. Die Linse ist in
25 einem verticalen Brett befestigt, welches sich auf dem

Gestelle hin und wieder bewegen läßt. Innerhalb des
Gestells ist ein beweglicher Rahmen, an dessen Ende
eine Tafel aufgerichtet ist, worauf die Abbildung vor
sich geht. Auf diese Weise kann man die Linse gegen
das Vorbild, oder gegen die Tafel, und die Tafel ent= 5
weder gegen beide zu, oder von beiden ab rücken,
und die drei verschiedenen Theile, Vorbild, Linse und
Tafel.stehn vollkommen parallel gegen einander. Hat
man den Punct, der zur Beobachtung günstig ist,
gefunden; so kann man durch eine Schraube den 10
innern Rahmen festhalten. Diese Vorrichtung ist
bequem und sicher, weil alles zusammensteht und
genau auf einander paßt. Man sucht nun den Punct,
wo das Abbild am deutlichsten ist, indem man Linse
und Tafel hin und her bewegt. Hat man diesen ge= 15
funden; so fängt man die Beobachtung an.

70.

4) Das Abbild. Newton führt uns mit seiner
hellrothen und dunkelblauen Pappe, wie er pflegt, in
medias res; und wir haben schon oben bemerkt, daß
erst das Vorbild vermannichfaltigt und untersucht 20
werden müsse, um zu erfahren, was man von dem
Abbild erwarten könne. Wir gehen daher folgender=
maßen zu Werke. Wir bringen auf eine Pappe vier
Vierecke in ein größeres Viereck zusammen, ein
schwarzes, ein weißes, ein dunkelgraues und ein hell= 25
graues. Wir ziehen schwarze und weiße Striche

darüber hin und bemerken sie schon mit bloßem Auge
nach Verschiedenheit des Grundes mehr oder weniger.
Doch da Newton selbst seine schwarzen Fäden Bilder
nennt, warum macht er denn den Versuch nicht mit
5 wirklichen kleinen Bildern? Wir bringen daher auf
die vier oben benannten Vierecke helle und dunkle
kleine Bilder, gleichfalls Vierecke, oder Scheiben, oder
Figuren wie die der Spielkarten an, und diese so
ausgerüstete Pappe machen wir zum Vorbilde. Nun
10 können wir zuerst zu einer sichern Prüfung des-
jenigen fortschreiten, was wir von dem Abbilde zu
erwarten haben.

71.

Ein jedes von Kerzen erleuchtetes Bild zeigt sich
weniger deutlich, als es beim Sonnenschein geschehen
15 würde, und ein solches von Kerzen erleuchtetes Bild
soll hier gar noch durch eine Linse gehen, soll ein
Abbild hergeben, das deutlich genug sei, um eine bedeutende Theorie darauf zu gründen.

72.

Erleuchten wir nun jene unsere bemeldete Pappe
20 so stark als möglich, und suchen ihr Abbild auch
möglichst genau durch die Linse auf die weiße Tafel
zu bringen, so sehen wir immer doch nur eine stumpfe
Abbildung. Das Schwarze erscheint als ein dunkles
Grau, das Weiße als ein helles Grau, das dunkle
25 und helle Grau der Pappe sind auch weniger zu

unterscheiden als mit bloßem Auge. Eben so verhält
es sich mit den Bildern. Diejenigen, welche sich, dem
Hellen und Dunkeln nach, am stärksten entgegensetzen,
diese sind auch die deutlichsten. Schwarz auf Weiß,
Weiß auf Schwarz läßt sich gut unterscheiden; Weiß 5
und Schwarz auf Grau erscheint schon matter, ob=
gleich noch immer in einem gewissen Grade von
Deutlichkeit.

73.

Bereiten wir uns nun ein Vorbild von farbigen
Quadraten an einander, so muß uns zum voraus 10
gegenwärtig bleiben, daß wir im Reich der halb=
beschatteten Flächen sind, und daß das farbige Papier
sich gewissermaßen verhalten wird wie das graue.
Dabei haben wir uns zu erinnern, daß die Farben
bei'm Kerzenlicht anders als bei Tage erscheinen. 15
Das Violette wird grau, das Hellblaue grünlich, das
Dunkelblaue fast schwarz, das Gelbe nähert sich dem
Weißen, weil auch das Weiße gelb wird, und das
Gelbrothe wächs't auch nach seiner Art, so daß also
die Farben der activen Seite auch hier die helleren 20
und wirksameren, die der passiven hingegen die dunk=
leren und unwirksameren bleiben. Man hat also
bei diesem Versuch besonders die Farben der passiven
Seite hell und energisch zu nehmen, damit sie bei
dieser Nachtoperation etwas verlieren können. Bringt 25
man nun auf diese farbigen Flächen kleine schwarze,
weiße und graue Bilder, so werden sie sich verhalten,

wie es jene angezeigten Eigenschaften mit sich bringen. Sie werden deutlich sein, insofern sie als Hell und Dunkel von den Farben mehr oder weniger abstechen. Eben dasselbe gilt, wenn man auf die schwarzen, weißen und grauen, so wie auf die farbigen Flächen, farbige Bilder bringt.

74.

Wir haben diesen Apparat der Vorbilder, um zur Gewißheit zu gelangen, bis in's Überflüssige verviel= fältigt. Denn dadurch unterscheidet sich ja bloß der Experimentirende von dem, der zufällige Erscheinungen, als wären's unzusammenhängende Begebenheiten, an= blickt und anstaunt. Newton sucht dagegen seinen Schüler immer nur an gewissen Bedingungen festzu= halten, weil veränderte Bedingungen seiner Meinung nicht günstig sind. Man kann daher die Newtonische Darstellung einer perspectivisch gemahlten Theater= decoration vergleichen, an der nur aus einem ein= zigen Standpuncte alle Linien zusammentreffend und passend gesehen werden. Aber Newton und seine Schüler leiden nicht, daß man ein wenig zur Seite trete, um in die offnen Coulissen zu sehen. Dabei versichern sie dem Zuschauer, den sie auf seinem Stuhle festhalten, es sei eine wirklich geschlossene und undurch= dringliche Wand.

75.

Wir haben bisher referirt, wie wir die Sache bei genauer Aufmerksamkeit gefunden; und man sieht

wohl, daß einerseits die Täuschung dadurch möglich
ward, daß Newton zwei farbige Flächen, eine helle
und eine dunkle mit einander vergleicht, und verlangt,
daß die dunkle leisten soll, was die helle leistet. Er
führt sie uns vor, nur als an Farbe verschieden, und
macht uns nicht aufmerksam, daß sie auch am Hell=
dunkel verschieden sind. Wie er aber andrerseits sagen
kann, Schwarz auf Blau sei alsdann sichtbar gewesen,
wenn Schwarz auf Roth nicht mehr erschien, ist uns
ganz und gar unbegreiflich.

76.

Wir haben zwar bemerkt, daß, wenn man für die
weiße Tafel die Stelle gefunden hat, wo sich das Ab=
bild am deutlichsten zeigt, man mit derselben noch
etwas weniges vor= und rückwärts gehen kann, ohne
der Deutlichkeit merklich Abbruch zu thun. Wenn
man jedoch etwas zu weit vor= oder zu weit zurück=
geht, so nimmt die Deutlichkeit der Bilder ab, und
wenn man sie unter sich vergleicht, geschieht es in
der Maße, daß die stark vom Grunde abstechenden
sich länger als die schwach abstechenden erhalten. So
sieht man Weiß auf Schwarz noch ziemlich deutlich,
wenn Weiß auf Grau undeutlich wird. Man sieht
Schwarz auf Mennigroth noch einigermaßen, wenn
Schwarz auf Indigblau schon verschwindet, und so
verhält es sich mit den übrigen Farben durch alle
Bedingungen unserer Vorbilder. Daß es aber für

das Abbild eine Stelle geben könne, wo das weniger
abstechende deutlich, das mehr abstechende undeutlich
sei, davon haben wir noch keine Spur entdecken können,
und wir müssen also die Newtonische Assertion bloß
5 als eine beliebige, aus dem vorgefaßten Vorurtheil
entsprungene, bloß mit den Augen des Geistes ge=
sehene Erscheinung halten und angeben. Da der
Apparat leicht ist, und die Versuche keine großen
Umstände erfordern, so sind andre vielleicht glück=
10 licher, etwas zu entdecken, was wenigstens zu des
Beobachters Entschuldigung dienen könne.

. 77.

5) Folgerung. Nachdem wir gezeigt, wie es
mit den Prämissen stehe, so haben wir unsres Be=
dünkens das vollkommenste Recht, die Folgerung ohne
15 weiteres zu läugnen. Ja wir ergreifen diese Gelegen=
heit, den Leser auf einen wichtigen Punct aufmerksam
zu machen, der noch öfters zur Sprache kommen wird.
Es ist der, daß die Newtonische Lehre durchaus zu
viel beweis't. Denn wenn sie wahr wäre, so könnte
20 es eigentlich gar keine dioptrischen Fernröhre geben;
wie denn auch Newton aus seiner Theorie die Un=
möglichkeit ihrer Verbesserung folgerte: ja selbst unserm
bloßen Auge müßten farbige Gegenstände neben ein=
ander durchaus verworren erscheinen, wenn sich die
25 Sache wirklich so verhielte. Denn man denke sich ein
Haus, das in vollem Sonnenlicht stünde; es hätte ein

rothes Ziegeldach, wäre gelb angestrichen, hätte grüne
Schaltern, hinter den offnen Fenstern blaue Vor=
hänge, und ein Frauenzimmer ginge im violetten
Kleide zur Thüre heraus. Betrachteten wir nun das
Ganze mit seinen Theilen aus einem gewissen Stand= 5
puncte, wo wir es auf einmal in's Auge fassen könn=
ten, und die Ziegel wären uns recht deutlich, wir
wendeten aber das Auge sogleich auf das Frauen=
zimmer, so würden wir die Form und die Falten ihres
Kleides keineswegs bestimmt erblicken, wir müßten 10
vorwärts treten, und sähen wir das Frauenzimmer
deutlich, so müßten uns die Ziegel wie im Nebel er=
scheinen, und wir hätten dann auch, um die Bilder
der übrigen Theile ganz bestimmt im Auge zu haben,
immer etwas vor= und etwas zurückzutreten, wenn die 15
prätendirte, im zweiten Experiment erwiesen sein sol=
lende diverse Refrangibilität statt fände. Ein Gleiches
gilt von allen Augengläsern, sie mögen einfach oder
zusammengesetzt sein, nicht weniger von der Camera
obscura.   20

78.

Ja daß wir eine dem zweiten Newtonischen Ex=
periment unmittelbar verwandte Instanz beibringen,
so erinnern wir unsre Leser an jenen optischen Kasten,
in welchem stark erleuchtete Bilder von Hauptstädten,
Schlössern und Plätzen durch eine Linse angesehen und 25
verhältnißmäßig vergrößert, zugleich aber auch sehr
klar und deutlich erblickt werden. Man kann sagen,

es sei hier der Newtonische Versuch selbst, nur in
größerer Mannichfaltigkeit subjectiv wiederholt. Wäre
die Newtonische Hypothese wahr, so könnte man un=
möglich den hellblauen Himmel, das hellgrüne Meer,
5 die gelb= und blaugrünen Bäume, die gelben Häuser,
die rothen Ziegeldächer, die bunten Kutschen, Livreen
und Spaziergänger neben einander zugleich deutlich
erblicken.

79.

Noch einiger andern wunderlichen Consequenzen,
10 die aus der Newtonischen Lehre herfließen, müssen wir
erwähnen. Man gedenke der schwarzen Bilder auf
verschiedenfarbigen, an Hellung nicht allzusehr von
einander unterschiedenen Flächen. Nun fragen wir,
ob das schwarze Bild denn nicht auch das Recht habe,
15 seine Gränze zu bestimmen, wenn es durch die Linse
durchgegangen ist? Zwei schwarze Bilder, eins auf
rothem, das andre auf blauem Grunde, werden beide
gleich gebrochen: denn dem Schwarzen schreibt man
doch keine diverse Refrangibilität zu. Kommen aber
20 beide schwarze Bilder mit gleicher Deutlichkeit auf der
entgegengehaltenen weißen Tafel an, so möchten wir
doch wissen, wie sich der rothe und blaue Grund ge=
bärden wollten, um ihnen die einmal scharfbezeich=
neten Gränzen streitig zu machen. Und so stimmt
25 denn auch die Erfahrung mit dem, was wir behaupten,
vollkommen überein; so wie das Unwahre und Unge=
hörige der Newtonischen Lehre immer mächtiger in die

Augen springt, je länger man sich damit, es sei nun
experimentirend oder nachdenkend, beschäftigt.

80.

Fragt man nun gar nach farbigen Bildern auf
farbigem Grund, so wird der prätendirte Versuch und
die daraus gezogene Folgerung ganz lächerlich: denn   5
ein rothes Bild auf blauem Grunde könnte niemals
erscheinen und umgekehrt.   Denn wenn es der rothen
Gränze beliebte, deutlich zu werden, so hätte die blaue
keine Lust, und wenn diese sich endlich bequemte, so
wär' es jener nicht gelegen.   Fürwahr, wenn es mit   10
den Elementen der Farbenlehre so beschaffen wäre, so
hätte die Natur dem Sehen, dem Gewahrwerden der
sichtbaren Erscheinungen, auf eine saubre Weise vor=
gearbeitet.

81.

So sieht es also mit den beiden Experimenten aus,   15
auf welche Newton einen so großen Werth legte, daß
er sie als Grundpfeiler seiner Theorie an die erste
Stelle des Werkes brachte, welches zu ordnen er sich
über dreißig Jahre Zeit nahm.   So beschaffen sind
zwei Versuche, deren Ungrund die Naturforscher seit   20
hundert Jahren nicht einsehn wollten, obgleich das,
was wir vorgebracht und eingewendet haben, schon
öfters in Druckschriften dargelegt, behauptet und ein=
geschärft worden, wie uns davon die Geschichte um=
ständlicher belehren wird.   25

Zweite Proposition. Zweites Theorem.

Das Licht der Sonne besteht aus Strahlen von verschiedener Refrangibilität.

82.

Nachdem wir also schon farbige Lichter kennen ge=
lernt, welche sogar durch das matte Kerzenlicht aus
den Oberflächen farbiger Körper herausgelockt werden,
nachdem man uns das Abgeleitete oder erst Abzu=
leitende schon bekannt gemacht; so wendet sich der
Verfasser an die rechte Quelle, zur Sonne nämlich,
als demjenigen Lichte, das wir gern für ein Urlicht
annehmen.

83.

Das Licht der Sonne also, heißt es, besteht aus
Strahlen von verschiedener Refrangibilität. Warum
wird denn aber hier der Sonne vorzüglich erwähnt?
Das Licht des Mondes, der Sterne, einer jeden Kerze,
eines jeden hellen Bildes auf dunklem Grunde ist in
dem Fall, uns die Phänomene zu zeigen, die man
hier der Sonne als eigenthümlich zuschreibt. Sei es
auch, daß man sich der Sonne zu den Versuchen, welche
wir die objectiven genannt haben, wegen ihrer mäch=
tigen Wirkung bediene, so ist dieß ein Umstand, der
für den Experimentator günstig ist, aber keinesweges

eine Grunderscheinung, an die man eine Theorie an-
lehnen könnte.

84.

Wir haben deßwegen in unserm Entwurfe, bei den
dioptrischen Versuchen der zweiten Classe, die subjectiven vorangestellt, weil sich aus denselben deutlich
machen läßt, daß hier keineswegs von Licht, noch
Lichtern, sondern von einem Bilde und dessen Gränzen
die Rede sei; da denn die Sonne vor keinem andern
Bilde, ja nicht vor einem hell- oder dunkelgrauen auf
schwarzem Grunde, den mindesten Vorzug hat.

85.

Jedoch, nach der Newtonischen Lehre, sollen ja die
Farben im Lichte stecken, sie sollen daraus entwickelt
werden. Schon der Titel des Werkes deutet auf diesen
Zweck hin. Schon dort werden wir auf die Colours
of Light hingewiesen, auf die Farben des Lichtes, wie
sie denn auch die Newtonianer bis auf den heutigen
Tag zu nennen pflegen. Kein Wunder also, daß dieser
Satz auch hier also gestellt wird. Lasset uns jedoch
untersuchen, wie der Verfasser dieses Fundament seiner
chromatischen Lehre mit acht Experimenten zu beweisen
denkt, indem er das dritte bis zum zehnten diesem
Endzwecke widmet, welche wir nunmehr der Reihe nach
durchgehen.

Dritter Versuch.

86.

Wir verfolgen des Verfassers Vortrag hier nicht
von Wort zu Wort: denn es ist dieses der allgemein
bekannte Versuch, da man durch eine kleine Öffnung
des Fensterladens das Sonnenbild in eine dunkle
Kammer fallen läßt, solches durch ein horizontal ge=
stelltes Prisma, dessen brechender Winkel nach unten
gerichtet ist, auffängt; da denn das Bild an die ent=
gegengesetzte Wand in die Höhe gebrochen nicht mehr
farblos und rund, sondern länglich und farbig er=
scheint.

87.

Wie es eigentlich mit diesem Phänomen beschaffen
sei, wissen alle Theilnehmende nunmehr genau, welche
dasjenige wohl inne haben, was von uns über die
bioptrischen Farben der zweiten Classe überhaupt, vor=
züglich aber über die objectiven vom 20. bis 24. Capitel
umständlich vorgetragen worden; so wie wir uns deß=
halb noch besonders auf unsre zweite, fünfte und
sechste Tafel berufen. Es ist daraus klar, daß die Er=
scheinung, wie sie aus dem Prisma tritt, keinesweges
eine fertige sei, sondern daß sie, je näher und je weiter
man die Tafel hält, worauf sie sich abbilden soll,
immer neue Verhältnisse zeigt. Sobald man dieses
eingesehen hat, so bedarf es gegen dieses dritte Experi=

ment, ja gegen die ganze Newtonische Lehre, keines
Streites mehr: denn der Meister sowohl als die Schüler
stellen den Versuch, auf den sie ihr größtes Gewicht
legen, völlig falsch vor, wie wir solches auf unserer
Tafel, welche mit VI a bezeichnet ist, vor die Augen   5
bringen.

88.

Sie geben nämlich, der Wahrheit ganz zuwider,
vor, das Phänomen sei, wie es aus dem Prisma her=
auskomme, fertig, man sehe die Farben in dem ver=
längerten Bilde gleich in derselben Ordnung und Pro=   10
portion; in dieser Ordnung und Proportion wachse
nun das Bild, bei mehr entfernter Tafel, immer an
Länge, bis es, da wo sie es endlich fest zu halten be=
lieben, ungefähr um fünfmal länger ist als breit.
Wenn sie nun dieß Bild auf diese Stelle fixirt, be=   15
obachtet, gemessen und auf allerlei Weise gehandhabt
haben, so ziehen sie den Schluß, wenn in dem run=
den Bilde, das sie den Abglanz eines Strahls nennen,
alle Theile gleich refrangibel wären, so müßten sie
nach der Refraction alle an dem gleichen Orte an=   20
langen und das Bild also noch immer erscheinen wie
vorher. Nun aber ist das Bild länglicht, es bleiben
also einige Theile des sogenannten Strahls zurück,
andre eilen vor, und also müssen sie in sich eine ver=
schiedene Determinabilität durch Refraction und folg=   25
lich eine diverse Refrangibilität haben. Ferner ist
dieses Bild nicht weiß, sondern vielfarbig und läßt

eine aufeinander folgende bunte Reihe sehen; daher sie
denn auch schließen, daß jene angenommenen divers
refrangiblen Strahlen auch diverse Farben haben
müssen.

89.

Hierauf antworten wir gegenwärtig nichts weiter,
als daß das ganze Räsonnement auf einen falsch dargestellten Versuch gebaut ist, der sich in der Natur
anders zeigt als im Buche; wobei hauptsächlich in
Betrachtung kommt, daß das prismatische Bild, wie
es aus dem Prisma tritt, keinesweges eine stätige
farbige Reihe, sondern eine durch ein weißes Licht getrennte farbige Erscheinung darstellt. Indem nun
also Newton und seine Schüler dieses Phänomen
keinesweges, wie sie es hätten thun sollen, entwickelten,
so mußte ihnen auch seine eigentliche Natur verborgen
bleiben und Irrthum über Irrthum sich anhäufen.
Wir machen besonders auf das, was wir jetzt vortragen werden, den Leser aufmerksam.

90.

Newton, nachdem er die Erscheinung sorgfältig gemessen und mancherlei dabei vorkommende Umstände,
nur die rechten nicht, beobachtet, fährt fort:

> Die verschiedene Größe der Öffnung in dem Fenster-
> laden und die verschiedene Stärke der Prismen, wodurch
> die Strahlen hindurchgehen, machen keine merkliche Ver-
> änderung in der Länge des Bildes.

91.

Diese beiden Assertionen sind völlig unwahr, weil
gerade die Größe des Bildes, so wie die Größe des
Winkels des gebrauchten Prismas, vorzüglich die Aus=
dehnung der Länge des Bildes gegen seine Breite be=
stimmt und verschieden macht. Wir werden der ersten
dieser beiden Wirkungen eine Figur auf unsern Tafeln
widmen, und hier das Nöthige zur näheren Einsicht
des Verhältnisses aussprechen.

92.

Unsern aufmerksamen Lesern ist bekannt, daß wenn
ein helles Bild verrückt wird, der gelbrothe Rand und
der gelbe Saum in das Bild hinein, der blaue Rand
und der violette Saum hingegen aus dem Bilde hin=
aus strebe. Der gelbe Saum kann niemals weiter
gelangen als bis zum entgegengesetzten blauen Rande,
mit dem er sich zum Grün verbindet; und hier ist
eigentlich das Ende des innern Bildes. Der violette
Saum geht aber immer seiner Wege fort und wird
von Schritt zu Schritt breiter. Nimmt man also eine
kleine Öffnung und verrückt das Lichtbild so lange,
daß es nunmehr um fünf Theile länger als breit er=
scheint, so ist dieß keineswegs die Normallänge für
größere Bilder unter gleicher Bedingung. Denn man
bereite sich eine Pappe oder ein Blech, in welchem
mehrere Öffnungen von verschiedener Größe oben an
einer Horizontallinie anstehen; man schiebe diese Vor=

richtung vor das Wasserprisma und lasse auf diese
sämmtlichen Öffnungen nun das Sonnenlicht fallen,
und die durch das Prisma gebrochenen Bilder werden
sich an der Wand in jeder beliebigen Entfernung zeigen,
5 jedoch so, daß weil sie alle an einer Horizontallinie
oben anstehen, der violette Saum bei keinem Bilde
länger sein kann als bei'm andern. Ist nun das Bild
größer, so hat es ein andres Verhältniß zu diesem
Saume, und folglich ist seine Breite nicht so oft in
10 der Länge enthalten, als am kleinen Bilde. Man
kann diesen Versuch auch subjectiv sehr bequem machen,
wenn man auf eine schwarze Tafel weiße Scheiben
von verschiedener Größe neben einander klebt, die aber,
weil man gewöhnlich den brechenden Winkel unter=
15 wärts hält, unten auf einer Horizontallinie aufstehen
müssen.

93.

Daß ferner die Stärke des Prismas, d. h. die
Vergrößerung seines Winkels, eine Differenz in der
Länge des Bildes zur Breite machen müsse, wird
20 jedermann deutlich sein, der das, was wir im 210.
und 324. Paragraph und zwar im dritten Puncte an=
gedeutet, und im Gange des Vortrags weiter ausge=
führt haben, gegenwärtig hat, daß nämlich eine Haupt=
bedingung einer stärkern Färbung sei, wenn das Bild
25 mehr verrückt werde. Da nun ein Prisma von einem
größern Winkel das Bild stärker verrückt, als ein
anderes von einem kleinern, so wird auch die Farben=

erscheinung, unter übrigens gleichen Bedingungen, sehr
verschieden sein.　Wie es also mit diesem Experiment
und seiner Beweiskraft beschaffen sei, werden unsre
Leser nun wohl ohne weitres vollkommen einsehen.

Vierter Versuch.

94.

Der Beobachter blickt nun durch das Prisma gegen
das einfallende Sonnenbild, oder gegen die bloß durch
den Himmel erleuchtete Öffnung, und kehrt also den
vorigen objectiven Versuch in einen subjectiven um;
wogegen nichts zu sagen wäre, wenn wir dadurch nur
einigermaßen gefördert würden.　Allein das subjective
Bild wird hier so wenig auf seine Anfänge zurück=
geführt, als vorher das objective.　Der Beobachter sieht
nur das verlängerte stätig gefärbte Bild, an welchem
der violette Theil abermals der längste bleibt.

95.

Leider verhehlt uns der Verfasser bei dieser Gelegen=
heit abermals einen Hauptpunct, daß nämlich die Er=
scheinung geradezu die umgekehrte sei von der, die wir
bisher an der Wand erblickten.　Bemerkt man dieses,
so kann man die Frage aufwerfen, was würde denn
geschehen, wenn das Auge sich an die Stelle der Tafel

setze? würde es denn die Farben in eben der Ordnung
sehen, wie man sie auf der Tafel erblickt, oder um=
gekehrt? und wie ist denn eigentlich im Ganzen das
Verhältniß?

96.

Diese Frage ist schon zu Newtons Zeiten aufge=
worfen worden, und es fanden sich Personen, die gegen
ihn behaupteten, das Auge sehe gerade die entgegen=
gesetzte Farbe, wenn es hinwärts blicke, von der, welche
herwärts auf die Tafel oder auch auf ein Auge falle,
das sich an die Stelle der Tafel setzte. Newton lehnt
nach seiner Weise diesen Einwurf ab, anstatt ihn zu
heben.

97.

Das wahre Verhältniß aber ist dieses. Beide
Bilder haben nichts mit einander gemein. Es sind
zwei ganz verschiedene Bilder, das eine heraufwärts,
das andere herunterwärts bewegt, und also gesetzmäßig
verschieden gefärbt.

98.

Von der Coexistenz dieser zwei verschiedenen Bilder,
wovon das objective heraufwärts, das subjective her=
unterwärts gefärbt ist, kann man sich auf mancherlei
Weise überzeugen. Jedoch ist folgender Versuch wohl
der bequemste und vollkommenste. Man lasse mittelst
einer Öffnung des Fensterladens von etwa zwei bis
drei Zoll das Sonnenbild durch das große Wasser=
prisma auf ein weißes, feines, über einen Rahmen ge=

spanntes Papier hinaufwärts gebrochen in der Ent=
fernung anlangen, daß die beiden gefärbten Ränder
noch von einander abstehen, das Grün noch nicht
entstanden, sondern die Mitte noch weiß sei. Man
betrachte dieses Bild hinter dem Rahmen; man wird 5
das Blaue und Violette ganz deutlich oben, das
Gelbrothe und Gelbe unten sehen. Nun schaue man
neben dem Rahmen hervor, und man wird durch das
Prisma das hinuntergerückte Bild der Fensteröffnung
umgekehrt gefärbt sehen.   10

Damit man aber beide Bilder über und mit ein=
ander erblicke, so bediene man sich folgenden Mittels.
Man mache das Wasser im Prisma durch einige
Tropfen Seifenspiritus dergestalt trübe, daß das Bild
auf dem Papierrahmen nicht undeutlich, das Sonnen= 15
licht aber dergestalt gemäßigt werde, daß es dem Auge
erträglich sei. Man mache alsdann, indem man sich
hinter den Rahmen stellt, an dem Ort, wo sich das
gebrochene und gefärbte Bild abbildet, in's Papier
eine kleine Öffnung, und schaue hindurch; und man 20
wird wie vorher das Sonnenbild hinabgerückt sehen.
Nun kann man, wenn die in das Papier gemachte
Öffnung groß genug ist, etwas zurücktreten, und zu=
gleich das objective, durchscheinende, aufwärts gefärbte
Bild und das subjective, das sich im Auge darstellt, 25
erblicken; ja man kann mit einiger Auf= und Ab=
bewegung des Papiers die gleichnamigen und un=
gleichnamigen Ränder beider Erscheinungen zusammen=

bringen, wie es beliebig ist; und indem man sich von
der Coexistenz der beiden Erscheinungen überzeugt,
überzeugt man sich zugleich von ihrem ewig beweg=
lichen und werdend wirksamen Wesen.   Man erin=
nere sich hierbei jenes höchst merkwürdigen Versuchs
(S. 350—354) und familiarisire sich mit demselben,
weil wir noch öfters auf ihn zurückkommen müssen.

Fünfter Versuch.

99.

Auch diesen Versuch betrachtet Newton nur durch
den Nebel des Vorurtheils.   Er weiß nicht recht, was
er sieht, noch was aus dem Versuche folgt.   Doch ist
ihm die Erscheinung zum Behuf seiner Beweise außer=
ordentlich willkommen, und er kehrt immer wieder
auf dieselbe zurück.   Es wird nämlich das Spectrum,
das heißt jenes verlängerte farbige Bild der Sonne,
welches durch ein horizontales Prisma im dritten
Experiment hervorgebracht worden, durch ein vertical=
stehendes Prisma aufgefangen, und durch selbiges nach
der Seite gebrochen, da es denn völlig wie vorher,
nur etwas vorwärts gebogen, erscheint, so nämlich,
daß der violette Theil vorausgeht.

100.

Newton schließt nun daraus folgendermaßen:

Läge die Ursache der Verlängerung des Bildes in der Brechung etwa dergestalt, daß die Sonnenstrahlen durch sie zerstreut, zersplittert und ausgeweitet würden, so müßte ein solcher Effect durch eine zweite Refraction abermals hervor- 5 gebracht und das lange Bild, wenn man seine Länge durch ein zweites Prisma, parallel mit dessen Axe auffängt, aber- mals in die Breite gezogen, und wie vorher aus einander geworfen werden. Allein dieses geschieht nicht, sondern das Bild geht lang, wie es war, heraus und neigt sich nur 10 ein wenig; daher sich folgern läßt, daß die Ursache der Erscheinung auf einer Eigenschaft des Lichtes beruhe, und daß diese Eigenschaft, da sie sich nun in so viel farbigen Lichtern einmal manifestirt, nun keine weitere Einwirkung annehme, sondern daß das Phänomen nunmehr unveränder- 15 lich bleibe, nur daß es sich bei einer zweiten Refraction etwas niederbückt, jedoch auf eine der Natur sehr gemäße Weise, indem auch hier die mehr refrangibeln Strahlen, die violetten, vorausgehen und also auch ihre Eigenheit vor den übrigen sehen lassen. 20

101.

Newton begeht hierbei den Fehler, den wir schon früher gerügt haben, und den er durch sein ganzes Werk begeht, daß er nämlich das prismatische Bild als ein fertiges unveränderliches ansieht, da es doch eigentlich immer nur ein werdendes und immer ab= 25 änderliches bleibt. Wer diesen Unterschied wohl gefaßt hat, der kennt die Summe des ganzen Streites und wird unsre Einwendungen nicht allein einsehen und

ihnen beipflichten, sondern er wird sie sich selbst entwickeln. Auch haben wir schon in unserm Entwurfe
dafür gesorgt (205—207), daß man das Verhältniß
dieses gegenwärtigen Phänomens bequem einsehen könne;
5 wozu auch unsre zweite Tafel das ihrige beitragen
wird. Man muß nämlich Prismen von wenigen
Graden, z. B. von funfzehn anwenden; wobei man
das Werden des Bildes deutlich beobachten kann.
Verrückt man subjectiv nun durch ein Prisma das Bild
10 dergestalt, daß es in die Höhe gehoben erscheint, so
wird es in dieser Richtung gefärbt. Man sehe nun
durch ein andres Prisma, daß das Bild im rechten
Winkel nach der Seite gerückt erscheint, so wird es in
dieser Richtung gefärbt sein; man bringe beide Pris-
15 men nunmehr kreuzweise übereinander, so muß das
Bild nach einem allgemeinen Gesetze sich in der Diagonale verrücken und sich in dieser Richtung färben:
denn es ist, in einem wie in dem andern Falle, ein
werdendes erst entstehendes Gebilde. Denn die Ränder
20 und Säume entstehen bloß in der Linie des Ver-
rückens. Jenes gebückte Bild Newtons aber ist keinesweges das aufgefangene erste, das nach der zweiten
Refraction einen Reverenz macht, sondern ein ganz
neues, das nunmehr in der ihm zugenöthigten Richtung
25 gefärbt wird. Man kehre übrigens zu unsern angeführten Paragraphen und Tafeln nochmals zurück,
und man wird die völlige Überzeugung dessen, was
wir sagen, zum Gewinn haben.

Und auf diese Weise vorbereitet, gehe man nun
bei Newton selbst die sogenannte Illustration dieses
Experiments und die derselben gewidmeten Figuren
und Beschreibungen durch, und man wird einen Fehl=
schluß nach dem andern entdecken, und sich überzeugen,
daß jene Proposition keinesweges durch dieses Experi=
ment irgend ein Gewicht erhalten habe.

102.

Indem wir nun, ohne unsre Leser zu begleiten,
ihnen das Geschäft für einen Augenblick selbst über=
lassen, müssen wir auf die sonderbaren Wege aufmerk=
sam machen, welche der Verfasser nunmehr einzu=
schlagen gedenkt.

103.

Bei dem fünften Versuche erscheint das prismatische
Bild nicht allein gesenkt, sondern auch verlängert.
Wir wissen dieses aus unsern Elementen sehr gut ab=
zuleiten: denn indem wir, um das Bild in der Diago=
nale erscheinen zu lassen, ein zweites Prisma nöthig
haben, so heißt das eben so viel, als wenn die Er=
scheinung durch ein gedoppeltes Prisma hervorgebracht
wäre. Da nun eine der vorzüglichsten Bedingungen
der zu verbreiternden Farbenerscheinung das verstärkte
Maß des Mittels ist (S. 210), so muß also auch
dieses Bild, nach dem Verhältniß der Stärke der an=
gewendeten Prismen, mehr in die Länge gedehnt er=
scheinen. Man habe diese Ableitung beständig im

Auge, indem wir deutlich zu machen suchen, wie künst=
lich Newton es anlegt, um zu seinem Zwecke zu ge=
langen.

Unsern Lesern ist bekannt, wie man das bei der
5 Refraction entstehende farbige Bild immer mehr ver=
längern könne, da wir die verschiedenen Bedingungen
hierzu umständlich ausgeführt. Nicht weniger sind
sie überzeugt, daß, weil bei der Verlängerung des
Bildes die farbigen Ränder und Säume immer breiter
10 werden und die gegen einander gestellten sich immer
inniger zusammendrängen, daß durch eine Verlänge=
rung des Bildes zugleich eine größere Vereinigung
seiner entgegengesetzten Elemente vorgehe. Dieses er=
zählen und behaupten wir gerne, ganz einfach, wie
15 es der Natur gemäß ist.

Newton hingegen muß sich mit seiner ersonnenen
Unnatur viel zu schaffen machen, Versuche über Ver=
suche, Fictionen über Fictionen häufen, um zu blen=
den, wo er nicht überzeugen kann.

20 Seine zweite Proposition, mit deren Beweis er
sich gegenwärtig beschäftigt, lautet doch, das Sonnen=
licht bestehe aus verschiedenrefrangiblen Strahlen.
Da diese verschiedenen Lichtstrahlen und Lichter inte=
grirende Theile des Sonnenlichtes sein sollen, so be=
25 greift der Verfasser wohl, daß die Forderung entstehen
könne und müsse, diese verschiedenen Wesen doch auch
abgesondert und deutlich vereinzelt neben einander
zu sehen.

Schon wird das Phänomen des dritten Experi=
ments, das gewöhnliche Spectrum, so erklärt, daß es
die auseinandergeschobenen verschiedenen Lichter des
Sonnenlichts, die auseinandergezogenen verschieden=
farbigen Bilder des Sonnenbildes zeige und mani= 5
festire. Allein bis zur Absonderung ist es noch weit
hin. Eine stätige Reihe in einander greifender, aus
einander gleichsam quellender Farben zu trennen, zu
zerschneiden, zu zerreißen, ist eine schwere Aufgabe;
und doch wird Newton in seiner vierten Proposition 10
mit dem Problem hervortreten: Man solle die hete=
rogenen Strahlen des zusammengesetzten Lichtes von
einander absondern. Da er sich hierdurch etwas Un=
mögliches aufgibt, so muß er freilich bei Zeiten an=
fangen, um den unaufmerksamen Schüler nach und 15
nach überlisten zu können. Man gebe wohl Acht,
wie er sich hierbei benimmt.

104.

Aber daß man den Sinn dieses Experiments desto deutlicher einsehe, muß man bedenken, daß die Strahlen, welche
von gleicher Brechbarkeit sind, auf einen Cirkel fallen, der 20
der Sonnenscheibe entspricht, wie es im dritten Experiment
bewiesen worden.

105.

Wenn es bewiesen wäre, ließe sich nichts dagegen
sagen: denn es wäre natürlich, wenn die Theile, die
von der Sonne herfließen, verschieden refrangibel 25
wären, so müßten einige, ob sie gleich von einer und

derselben Sonnenscheibe herkommen, nach der Refrac=
tion zurückbleiben, wenn die andern vorwärts gehen.
Daß die Sache sich aber nicht so verhalte, ist uns
schon bekannt. Nun höre man weiter.

106.

Unter einem Cirkel verstehe ich hier nicht einen voll=
kommenen geometrischen Cirkel, sondern irgend eine Kreis=
figur, deren Länge der Breite gleich ist, und die den
Sinnen allenfalls wie ein Cirkel vorkommen könnte.

107.

Diese Art von Vor= und Nachklage, wie man es
nennen möchte, geht durch die ganze Newtonische Optik.
Denn erst spricht er etwas aus, und setzt es fest; weil
es aber mit der Erfahrung nur scheinbar zusammen=
trifft, so limitirt er seine Proposition wieder so lange,
bis er sie ganz aufgehoben hat. Diese Verfahrungs=
art ist schon oft von den Gegnern relevirt worden;
doch hat sie die Schule weder einsehen können, noch
eingestehen wollen. Zu mehrerer Einsicht der Frage
nehme man nun die Figuren 4, 5, 6, 7 unserer sie=
benten Tafel vor sich.

In der vierten Figur wird das Spectrum dar=
gestellt, wie es Newton und seine Schüler, oft captiös
genug, als eine zwischen zwei Parallellinien einge=
faßte, oben und unten abgerundete lange Figur vor=
stellen, ohne auf irgend eine Farbe Rücksicht zu nehmen.

Figur 5 ist dagegen die Figur, welche zu der gegen=
wärtigen Darstellung gehört.

108.

Man lasse also den obern Kreis für die brechbarsten
Strahlen gelten, welche von der ganzen Scheibe der Sonne
herkommen und auf der entgegengesetzten Wand sich also er= 5
leuchtend abmahlen würden, wenn sie allein wären. Der
untre Kreis bestehe aus den wenigst brechbaren Strahlen,
wie er sich, wenn er allein wäre, gleichfalls erleuchtend ab=
bilden würde. Die Zwischenkreise mögen sobann diejenigen
sein, deren Brechbarkeit zwischen die beiden äußern hinein= 10
fällt, und die sich gleichfalls an der Wand einzeln zeigen
würden, wenn sie einzeln von der Sonne kämen, und auf=
einander folgen könnten, indem man die übrigen auffinge.
Nun stelle man sich vor, daß es noch andre Zwischencirkel
ohne Zahl gebe, die vermöge unzähliger Zwischenarten der 15
Strahlen sich nach und nach auf der Wand zeigen würden,
wenn die Sonne nach und nach jede besondre Art herunter=
schickte. Da nun aber die Sonne sie alle zusammen von
sich sendet, so müssen sie zusammen als unzählige gleiche
Cirkel sich auf der Wand erleuchtend abbilden, aus welchen, 20
indem sie nach den verschiedenen Graden der Refrangibilität
ordnungsgemäß in einer zusammenhängenden Reihenfolge
ihren Platz einnehmen, jene länglichte Erscheinung zusammen=
gesetzt ist, die ich in dem dritten Versuche beschrieben habe.

109.

Wie der Verfasser diese hypothetische Darstellung, 25
die Hieroglyphe seiner Überzeugung, keinesweges aber
ein Bild der Natur, benutzt, um die Bücklinge seines

Spectrums deutlicher zu machen, mag der wißbegierige
Leser bei ihm selbst nachsehen. Uns ist gegenwärtig
nur darum zu thun, das Unstatthafte dieser Vor=
stellung deutlich zu machen. Hier sind keineswegs
5 Kreise, die in einander greifen; eine Art von Täu=
schung kann bloß entstehen, wenn das refrangirte
Bild rund ist; wodurch denn auch die Gränzen des
farbigen Bildes, als eines Nebenbildes, rundlich er=
scheinen, da doch eigentlich der Fortschritt der ver=
10 schiedenen Abtheilungen des farbigen Bildes bei den
prismatischen Versuchen immer in Parallellinien ge=
schieht, welche die Linie des Vorschreitens jederzeit in
einem rechten Winkel durchschneiden. Wir haben, um
dieses deutlich zu machen, auf unserer fünften und
15 sechsten Tafel angenommen, daß ein vierecktes Bild
verrückt werde; da man sich denn von dem parallelen
Vorrücken der verschiedenen farbigen Reihen einen
deutlichen Begriff machen kann. Wir müssen es da=
her abermals wiederholen, hier kann weder von in=
20 einandergreifenden fünf, noch sieben, noch unzähligen
Kreisen die Rede sein; sondern an den Gränzen des
Bildes entstehet ein rother Rand, der sich in den
gelben verliert, ein blauer Rand, der sich in den
violetten verliert. Erreicht bei der Schmäle des Bil=
25 des, oder der Stärke der Refraction, der gelbe Saum
den blauen Rand über das weiße Bild, so entsteht
Grün; erreicht der violette Saum den gelbrothen
Rand über das schwarze Bild, so entsteht Purpur.

Das kann man mit Augen sehen, ja man möchte sagen, mit Händen greifen.

110.

Nicht genug aber, daß Newton seine verschieden refrangibeln Strahlen zwar auseinander zerrt, aber doch ihre Kreise noch ineinander greifen läßt; er will sie, weil er wohl sieht, daß die Forderung entsteht, noch weiter auseinander bringen. Er stellt sie auch wirklich in einer zweiten Figur abgesondert vor, läßt aber immer noch die Gränzlinien stehen, so daß sie getrennt und doch zusammenhängend sind. Man sehe die beiden Figuren, welche Newton auf seiner dritten Tafel mit 15 bezeichnet. Auf unsrer siebenten gibt die sechste Figur die Vorstellung dieser vorgeblichen Auseinanderzerrung der Kreise, worauf wir künftig abermals zurückkommen werden.

111.

Worauf wir aber den Forscher aufmerksam zu machen haben, ist die Stelle, womit der Autor zu dem folgenden Experiment übergeht. Er hatte nämlich zwei Prismen übereinander gestellt, ein Sonnenbild durch jedes durchfallen lassen, um beide zugleich durch ein verticales Prisma aufzufangen und nach der Seite zu biegen. Wahrscheinlich war dieses letztere nicht lang genug, um zwei vollendete Spectra aufzufassen; er rückte also damit nahe an die ersten

Prismen heran, und findet, was wir lange kennen und wissen, auch nach der Refraction zwei runde und ziemlich farblose Bilder. Dieß irrt ihn aber gar nicht: denn anstatt einzusehen und einzugestehen, daß
5 seine bisherige Darstellung durchaus falsch sei, sagte er ganz naiv und unbewunden:

112.

Übrigens würde dieses Experiment einen völlig gleichen Erfolg haben, man mag das dritte Prisma gleich hinter die beiden ersten, oder auch in größere Entfernung stellen,
10 so daß das Licht im ersten Falle, nachdem es durch die beiden vordern Prismen gebrochen worden, von dem dritten entweder weiß und rund, oder gefärbt und länglicht aufgenommen werde.

113.

Wir haben also hier auf einmal ein durch das
15 Prisma durchgegangenes und gebrochenes Farbenbild, das noch weiß und rund ist, da man uns doch bisher dasselbe durchaus als länglicht auseinander gezogen und völlig gefärbt dargestellt hatte. Wie kommt nun auf einmal das Weiße durch die Hinterthür herein?
20 wie ist es abgeleitet? ja, wie ist es, nach dem bisher Vorgetragenen, nur möglich? Dieß ist einer von den sehr schlimmen Advocatenstreichen, wodurch sich die Newtonische Optik so sehr auszeichnet. Ein gebrochnes und doch weißes, ein zusammengesetztes und durch
25 Brechung in seine Elemente nicht gesondertes Licht

haben wir nun auf einmal durch eine beiläufige Er=
wähnung erhalten. Niemand bemerkt, daß durch die
Erscheinung dieses Weißen der ganze bisherige Vor=
trag zerstört ist, daß man ganz wo anders ausgehen,
ganz wo anders anfangen müsse, wenn man zur   5
Wahrheit gelangen will. Der Verfasser fährt viel=
mehr auf seinem einmal eingeschlagenen Wege ganz
geruhig fort, und hat nun außer seiner grünen Mitte
des fertigen Gespenstes auch noch eine weiße Mitte
des erst werdenden noch unfarbigen Gespenstes, er hat   10
ein langes Gespenst, er hat ein rundes, und operirt
nun mit beiden wechselsweise, wie es ihm beliebt,
ohne daß die Welt, die hundert Jahre seine Lehre
nachbetet, den Taschenspielerstreich gewahr wird, viel=
mehr diejenigen, die ihn an's Licht bringen wollen,   15
verfolgt und übel behandelt.

Denn sehr künstlich ist diese Bemerkung hier an=
gebracht, indem der Verfasser diese weiße Mitte,
welche hier auf einmal in den Vortrag hereinspringt,
bei dem nächsten Versuch höchst nöthig braucht, um   20
sein Hocuspocus weiter fortzusetzen.

Sechster Versuch.

114.

Haben wir uns bisher lebhaft, ja mit Heftigkeit,
vorgesehen und verwahrt, wenn uns Newton zu solchen

Versuchen berief, die er vorsätzlich und mit Bewußt=
sein ausgesucht zu haben schien, um uns zu täuschen,
und zu einem übereilten Beifall zu verführen; so
haben wir es gegenwärtig noch weit ernstlicher zu
5 nehmen, indem wir an jenen Versuch gelangen, durch
welchen sich Newton selbst zuerst von der Wahrheit
seiner Erklärungsart überzeugte, und welcher auch
wirklich unter allen den meisten Schein vor sich hat.
Es ist dieses das sogenannte Experimentum crucis,
10 wobei der Forscher die Natur auf die Folter spannte,
um sie zu dem Bekenntniß dessen zu nöthigen, was
er schon vorher bei sich festgesetzt hatte. Allein die
Natur gleicht einer standhaften und edelmüthigen
Person, welche selbst unter allen Qualen bei der
15 Wahrheit verharrt. Steht es anders im Protocoll,
so hat der Inquisitor falsch gehört, der Schreiber
falsch niedergeschrieben. Sollte darauf eine solche
untergeschobene Aussage für eine kleine Zeit gelten,
so findet sich doch wohl in der Folge noch jemand,
20 welcher sich der gekränkten Unschuld annehmen mag;
wie wir uns denn gegenwärtig gerüstet haben, für
unsere Freundin diesen Ritterdienst zu wagen. Wir
wollen nun zuerst vernehmen, wie Newton zu
Werke geht.

115.

25 In der Mitte zweier dünnen Bretter machte ich runde
Öffnungen, ein drittel Zoll groß, und in den Fensterladen
eine viel größere. Durch letztere ließ ich in mein dunkles

Zimmer einen breiten Strahl des Sonnenlichtes herein, ich
setzte ein Prisma hinter den Laden in den Strahl, damit
er auf die entgegengesetzte Wand gebrochen würde, und nahe
hinter das Prisma befestigte ich eines der Bretter der=
gestalt, daß die Mitte des gebrochnen Lichtes durch die 5
kleine Öffnung hindurchging und das übrige von dem Rande
aufgefangen wurde.

116.

Hier verfährt Newton nach seiner alten Weise.
Er gibt Bedingungen an, aber nicht die Ursache der=
selben. Warum ist denn hier auf einmal die Öff= 10
nung im Fensterladen groß? und wahrscheinlich das
Prisma auch groß, ob er es gleich nicht meldet. Die
Größe der Öffnung bewirkt ein großes Bild, und ein
großes Bild fällt, auch nach der Refraction, mit
weißer Mitte auf eine nah hinter das Prisma ge= 15
stellte Tafel. Hier ist also die weiße Mitte, die er
am Schluß des vorigen Versuches (112) heimlich
hereingebracht. In dieser weißen Mitte operirt er;
aber warum gesteht er denn nicht, daß sie weiß ist?
warum läßt er diesen wichtigen Umstand errathen? 20
Doch wohl darum, weil seine ganze Lehre zusammen=
fällt, sobald dieses ausgesprochen ist.

117.

Dann in einer Entfernung von zwölf Fuß von dem
ersten Brett befestigte ich das andre dergestalt, daß die
Mitte des gebrochenen Lichtes, welche durch die Öffnung des 25
ersten Brettes hindurch fiel, nunmehr auf die Öffnung dieses

zweiten Brettes gelangte, das übrige aber, welches von der
Fläche des Brettes aufgefangen wurde, das farbige Spectrum der Sonne daselbst zeichnete.

118.

Wir haben also hier abermals eine Mitte des
gebrochenen Lichtes und diese Mitte ist, wie man aus
dem Nachsatz deutlich sieht, grün: denn das übrige
soll ja das farbige Bild darstellen. Uns werden
zweierlei Mitten, eine farblose und eine grüne, ge=
geben, in denen und mit denen wir nach Belieben
operiren, ohne daß man uns den Unterschied im min=
desten anzeigt, und einen so bedeutenden Unterschied,
auf den alles ankommt. Wem hier über die Newo=
tonische Verfahrungsweise die Augen nicht aufgehn,
dem möchten sie wohl schwerlich jemals zu öffnen
sein. Doch wir brechen ab: denn die angegebene
genaue Vorrichtung ist nicht einmal nöthig, wie wir
bald sehen werden, wenn wir die Illustration dieses
Versuchs durchgehen, zu welcher wir uns sogleich hin=
wenden und eine Stelle des Textes überschlagen, deren
Inhalt ohnehin in dem Folgenden wiederholt wird.
Dem bessern Verständniß dieser Sache widmen wir
unsre zwölfte Tafel, welche daher unsere Leser zur
Hand nehmen werden. Sie finden auf derselben unter
andern zwei Figuren, die eine falsch, wie sie Newton
angibt, die andre wahr, so daß sie das Experiment
rein darstellt. Beiden Figuren geben wir einerlei

Buchstaben, damit man sie unmittelbar vergleichen könne.

119.

Es soll F eine etwas große Öffnung im Fensterladen vorstellen, wodurch das Sonnenlicht zu dem ersten Prisma ABC gelange, worauf denn das gebrochne Licht auf den mittlern Theil der Tafel DE fallen wird. Dieses Lichtes mittlerer Theil gehe durch die Öffnung G durch und falle auf die Mitte der zweiten Tafel de und bilde dort das länglichte Sonnenbild, wie wir solches oben im dritten Experimente beschrieben haben.

120.

Das erstemal ist also, wie oben schon bemerkt worden, der mittlere Theil weiß, welches hier abermals vom Verfasser nicht angezeigt wird. Nun fragen wir, wie geht es denn zu, daß jener auf der Tafel DE anlangende weiße Theil, indem er durch die Öffnung G durchgeht, auf der zweiten Tafel de ein völlig gefärbtes Bild hervorbringt? Darauf müßte man denn doch antworten: es geschähe durch die Beschränkung, welche nach der Refraction das Lichtbild in der kleinen Öffnung G erleidet. Dadurch aber wäre auch zugleich schon eingestanden, daß eine Beschränkung, eine Begränzung zur prismatischen Farbenerscheinung nothwendig sei; welches jedoch in dem zweiten Theile dieses Buches hartnäckig geläugnet werden soll. Diese Verhältnisse, diese nothwendigen und unerläßlichen Bedingungen muß Newton ver-

schweigen, er muß den Leser, den Schüler im Dun=
keln erhalten, damit ihr Glaube nicht wankend werde.
Unsre Figur setzt dagegen das Factum auf's deut=
lichste auseinander, und man sieht recht wohl, daß
so gut durch Wirkung des Randes der ersten Öffnung
als des Randes der zweiten gefärbte Säume entstehen,
welche, da die zweite Öffnung klein genug ist, indem
sie sich verbreitern, sehr bald übereinander greifen und
das völlig gefärbte Bild darstellen. Nach dieser Vor=
richtung schreitet Newton zu seinem Zweck.

121.

Nun kann man jenes farbige Bild, wenn man das erste
Prisma ABC langsam auf seiner Achse hin und her be=
wegt, auf der Tafel d e nach Belieben herauf und herab
führen, und wenn man auf derselben gleichfalls eine Öffnung g anbringt, jeden einzelnen farbigen Theil des gedachten Bildes der Ordnung nach hindurchlassen. Inzwischen
stelle man ein zweites Prisma a b c hinter die zweite
Öffnung g und lasse das durchgehende farbige Licht dadurch abermals in die Höhe gebrochen werden. Nachdem
dieses also gethan war, bezeichnete ich an der aufgestellten
Wand die beiden Orte M und N, wohin die verschiedenen
farbigen Lichter geführt wurden, und bemerkte, daß, wenn
die beiden Tafeln und das zweite Prisma fest und unbe-
weglich blieben, jene beiden Stellen, indem man das erste
Prisma um seine Achse drehte, sich immerfort veränderten.
Denn wenn der untre Theil des Bildes, das sich auf der
Tafel d e zeigte, durch die Öffnung g geführt wurde, so
gelangte er nach einer untern Stelle der Wand M; ließ

man aber den obern Theil desselben Lichtes durch gedachte
Öffnung g fallen, so gelangte derselbe nach einer obern
Stelle der Wand N; und wenn ein mittlerer Theil hindurch ging, so nahm er auf der Wand gleichfalls die Mitte
zwischen M und N ein; wobei man zu bemerken hat, daß,   5
da an der Stellung der Öffnungen in den Tafeln nichts
verändert wurde, der Einfallswinkel der Strahlen auf das
zweite Prisma in allen Fällen derselbige blieb.   Dem ungeachtet wurden bei gleicher Incidenz einige Strahlen mehr
gebrochen als die andern, und die im ersten Prisma durch 10
eine größere Refraction weiter vom Wege abgenöthigt waren,
auch diese wurden durch das zweite Prisma abermals am
meisten gebrochen.   Da das nun auf eine gewisse und beständige Weise geschah, so muß man die einen für refrangibler als die andern ansprechen.   15

122.

Die Ursache, warum sich Newton bei diesem Versuche zweier durchlöcherten Bretter bedient, spricht er
selbst aus, indem er nämlich dadurch zeigen will, daß
der Einfallswinkel der Strahlen auf das zweite
Prisma, bei jeder Bewegung des ersten, derselbige   20
blieb; allein er übersieht oder verbirgt uns, was wir
schon oben bemerkt, daß das farbige Bild erst hinter
der Öffnung des ersten Brettes entstehe, und daß man
seinen verschiedenen Theilen, indem sie durch die Öffnung des zweiten Brettes hindurchgehen, immer noch   25
den Vorwurf einer verschiedenen Incidenz auf das
zweite Prisma machen könne.

123.

Allein wir gehören nicht zu denjenigen, welche der
Incidenz bei diesen Versuchen bedeutende Wirkung zu=
schreiben, wie es mehrere unter Newtons frühern Geg=
nern gethan haben; wir erwähnen dieses Umstands
nur, um zu zeigen, daß man sich bei diesem Versuche,
wie bei andern, gar wohl von ängstlichen Bedin=
gungen losmachen könne. Denn die doppelten Bretter
sind in gegenwärtigem Falle sehr beschwerlich; sie
geben ein kleineres schwächeres Bild, mit welchem
nicht gut noch scharf zu operiren ist. Und ob gleich
das Resultat zuletzt erscheint, so bleibt es doch oft,
wegen der Complication der Vorrichtung, schwankend,
und der Experimentirende ist nicht leicht im Fall,
die ganze Anstalt mit vollkommener Genauigkeit ein=
zurichten.

124.

Wir suchen daher der Erscheinung, welche wir
nicht läugnen, auf einem andern Wege beizukommen,
um sowohl sie als das, was uns der folgende Ver=
such darstellen wird, an unsere früher begründeten
Erfahrungen anzuknüpfen; wobei wir unsre Leser um
besondre Aufmerksamkeit bitten, weil wir uns zu=
nächst an der Achse befinden, um welche sich der ganze
Streit umdreht, weil hier eigentlich der Punct ist,
wo die Newtonische Lehre entweder bestehen kann,
oder fallen muß.

125.

Die verschiedenen Bedingungen, unter welchen das prismatische Bild sich verlängert, sind unsern Lesern, was sowohl subjective als objective Fälle betrifft, hinlänglich bekannt (E. 210, 324). Sie lassen sich meist unter eine Hauptbedingung zusammenfassen, daß nämlich das Bild immer mehr von der Stelle ge= rückt werde.

126.

Wenn man nun das durch das erste Prisma ge= gangene, und auf der Tafel farbig erscheinende Bild, ganz, mit allen seinen Theilen auf einmal, durch ein zweites Prisma im gleichen Sinne hindurchläßt und es auf dem Wege abermals verrückt; so hebt man es in die Höhe und zugleich verlängert man es. Was geschieht aber bei Verlängerung des Bildes? Die Distanzen der verschiedenen Farben erweitern sich, die Farben ziehen sich in gewissen Proportionen weiter auseinander.

127.

Da bei Verrückung des hellen Bildes der gelb= rothe Rand keinesweges in der Maße nachfolgt, in welcher der violette Saum vorausgeht; so ist es eigent= lich dieser, der sich von jenem entfernt. Man messe das ganze, durch das erste Prisma bewirkte Spectrum; es habe z. B. drei Zoll, und die Mitte der gelbrothen Farbe sei etwa von der Mitte der violetten um zwei Zoll entfernt; man refrangire nun dieses ganze

Spectrum abermals durch das zweite Prisma, und es wird eine Länge von etwa neun Zoll gewinnen. Daher wird die Mitte der gelbrothen und violetten Farbe auch viel weiter von einander abstehen, als vorher.

128.

Was von dem ganzen Bilde gilt, das gilt auch von seinen Theilen. Man fange das durch's erste Prisma hervorgebrachte farbige Bild mit einer durch= löcherten Tafel auf, und lasse dann die aus verschie= denen farbigen isolirten Bildern bestehende Erscheinung auf die weiße Tafel fallen; so werden diese einzelnen Bilder, welche ja nur ein unterbrochenes ganzes Spectrum sind, den Platz einnehmen, den sie vorher in der Folge des Ganzen behauptet hatten.

129.

Nun fange man dieses unterbrochene Bild gleich hinter der durchlöcherten Tafel mit einem Prisma auf, und refrangire es zum zweitenmal; so werden die einzelnen Bilder, indem sie weiter in die Höhe steigen, ihre Distanzen verändern, und besonders das Violette, als der vorstrebende Saum, sich in stärkerer Proportion als die andern entfernen. Es ist aber weiter nichts, als daß das ganze Bild gesetzmäßig verlängert worden, von welchem im letztern Fall nur die Theile gesehen werden.

130.

Bei der Newtonischen Vorrichtung ist dieses nicht
so deutlich; doch bleiben Ursache und Resultat immer
dieselbigen, er mag die Bilder einzeln, indem er das
erste Prisma bewegt, durch's zweite hindurchführen;
es sind immer Theile des ganzen farbigen Bildes,
die ihrer Natur getreu bleiben.

131.

Hier ist also keine diverse Refrangibilität, es ist
nur eine wiederholte Refraction, eine wiederholte Ver=
rückung, eine vermehrte Verlängerung, nichts mehr
und nichts weniger.

132.

Zu völliger Überzeugung mache man den Versuch
mit einem dunklen Bilde. Bei demselben ist der gelbe
Saum vorstrebend und der blaue Rand zurückbleibend.
Alles, was bisher vom violetten Theile prädicirt
worden, gilt nunmehr vom gelben, was vom gelb=
rothen gesagt worden, gilt vom blauen. Wer dieses
mit Augen gesehen und recht erwogen hat, dem wird
nun wohl die vermeinte Bedeutsamkeit dieses Haupt=
versuches wie ein Nebel verschwinden. Wir wollen
auf unsrer zwölften Tafel, und bei Erläuterung der=
selben noch alles nachholen, was zu mehrerer Deut=
lichkeit nöthig scheinen möchte; so wie wir auch den
zu diesem Versuche nöthigen Apparat noch besonders
beschreiben werden.

133.

Wir fügen hier nur noch die Bemerkung hinzu, wie captiös Newton die Sache vorträgt (121), wenn er sagt: bei der zweiten Refraction sei das rothe Bildchen nach dem untern Theil der Wand, das violette nach dem obern gelangt. (Im Englischen steht went, im Lateinischen pergebat.) Denn es verhält sich keinesweges also. Sowohl der gelbrothe Theil als der violette steigen beide nach der zweiten Refraction in die Höhe, nur entfernt sich der letzte von dem ersten in der Maße, wie das Bild gewachsen wäre, wenn man es ganz und nicht in seinen Theilen refrangirt hätte.

134.

Da nun aber dieser Versuch gar nichts im Hinterhalte hat, nichts beweist, nicht einmal abgeleitet oder erklärt zu werden braucht, sondern nichts als ein schon bekanntes Phänomen selbst ist; da die Sache sich nach dem, was wir in unserm Entwurfe dargelegt, leicht abthun läßt: so könnte man uns den Einwurf machen und die Frage erregen, warum wir denn nicht direct auf diesen eingebildeten Haupt= und Grundversuch zugegangen, das Unstatthafte der daraus gezogenen Argumente nachgewiesen, anstatt mit so vielen Umständen der Newtonischen Deduction Schritt vor Schritt zu folgen und den Verfasser durch seine Irrwege zu begleiten. Hierauf antworten wir, daß, wenn davon die Rede ist, ein eingewurzeltes Vor=

urtheil zu zerstören, man keineswegs seinen Zweck
erreicht, indem man bloß das Hauptaperçu überliefert.
Es ist nicht genug, daß man zeigt, das Haus sei
baufällig und unbewohnbar: denn es könnte doch
immer noch gestützt und nothdürftig eingerichtet wer= 5
den; ja es ist nicht genug, daß man es einreißt und
zerstört, man muß auch den Schutt wegschaffen, den
Platz abräumen und ebnen. Dann möchten sich allen=
falls wohl Liebhaber finden, einen neuen kunstgemäßen
Bau aufzuführen. 10

135.

In diesem Sinne fahren wir fort, die Versuche
zu vermannichfaltigen. Will man das Phänomen,
von welchem die Rede ist, recht auffallend machen, so
bediene man sich folgender Anstalt. Man bringe
zwei gleiche Prismen hart nebeneinander und stelle 15
ihnen eine Tafel entgegen, auf welcher zwei kleine
runde Öffnungen horizontal neben einander in einiger
Entfernung eingeschnitten sind; man lasse aus dem
einen Prisma auf die eine Öffnung den gelbrothen
Theil des Bildes, und aus dem andern Prisma den 20
violetten Theil auf die andere Öffnung fallen; man
fange die beiden verschiedenfarbigen Bilder auf einer
dahinter stehenden weißen Tafel auf, und man wird
sie horizontal nebeneinander sehen. Nun ergreife
man ein Prisma, das groß und lang genug ist, beide 25
Bildchen aufzufassen, und bringe dasselbe horizontal
nahe hinter die durchlöcherte Tafel, und breche beide

Bildchen zum zweitenmal, so daß sie sich auf der
weißen Tafel abermals abbilden. Beide werden in
die Höhe gerückt erscheinen, aber ungleich, das violette
weit höher als das gelbrothe; wovon uns die Ursache
5 aus dem Vorigen bekannt ist. Wir empfehlen diesen
Versuch allen übrig bleibenden Newtonianern, um
ihre Schüler in Erstaunen zu setzen und im Glauben
zu stärken. Wer aber unserer Darstellung ruhig ge=
folgt ist, wird erkennen, daß hier an einzelnen
10 Theilen auch nur das geschehe, was an den ganzen
Bildern geschehen würde, wenn zwei derselben, wo=
von das eine tiefer als das andere stünde, eine zweite
Refraction erlitten. Es ist dieses Letzte ein Versuch,
den man mit dem großen Wasserprisma recht gut
15 anstellen kann.

136.

Genöthigt finden wir uns übrigens, noch eines
Umstandes zu erwähnen, welcher besonders bei dem
folgenden Versuch zur Sprache kommen wird, und der
auch bei dem gegenwärtigen mit eintritt, ob er hier
20 gleich nicht von so großer Bedeutung ist. Man kann
nämlich die durch die objective prismatische Wirkung
entstandenen Bilder als immer werdende und beweg=
liche ansehen, so wie wir es durchaus gethan haben.
Mit diesen kann man nicht operiren, ohne sie zu ver=
25 ändern. Man kann sie aber auch, wie besonders
Newton thut, wie wir aber nur mit der größten

Einschränkung und für einen Augenblick thun, als fertig ansehen und mit ihnen operiren.

137.

Sehen wir nun die einzelnen durch eine durch=löcherte Tafel durchgegangenen Bilder als fertig an, operiren mit denselben und verrücken sie durch eine zweite Refraction, so muß das eintreten, was wir überhaupt von Verrückung farbiger Bilder dargethan haben: Es müssen nämlich an ihnen abermals Ränder und Säume entstehen, aber entweder durch die Farbe des Bildes begünstigte oder verkümmerte. Das isolirte gelbrothe Bild nehmen wir aus dem einwärts stre=benden gelbrothen Rande; an seiner untern Gränze wird es durch einen gleichnamigen neuen Rand an Farbe verstärkt, das allenfalls entspringende Gelb verliert sich und an der entgegengesetzten Seite kann wegen des Widerspruchs kein Blau und folglich auch kein Violett entstehen. Das Gelbrothe bleibt also gleichsam in sich selbst zurückgedrängt, erscheint kleiner und geringer als es sein sollte. Das violette Bild hingegen ist ein Theil des aus dem ganzen Bilde hin=ausstrebenden violetten Saumes. Es wird allenfalls an seiner untern Gränze ein wenig verkümmert und hat oben die völlige Freiheit, vorwärts zu gehen. Dieses mit jenen obigen Betrachtungen zusammen=genommen, läßt auf ein weiteres Vorrücken des Vio=letten auch durch diesen Umstand schließen. Jedoch

legen wir hierauf keinen allzugroßen Werth, sondern
führen es nur an, damit man sich bei einer so com=
plicirten Sache eines jeden Nebenumstandes erinnere;
wie man denn, um sich von der Entstehung dieser
5 neuen Ränder zu überzeugen, nur den gelben Theil
des Bildes durch eine Öffnung im Brette durchführen
und alsbann zum zweitenmal hinter demselben refran=
giren mag.

_____

Siebenter Versuch.

_____

138.

10 Hier läßt der Verfasser durch zwei nebeneinander
gestellte Prismen zwei Spectra in die dunkle Kammer
fallen. Auf einen horizontalen schmalen Streifen
Papier trifft nun die rothe Farbe des einen Spec=
trums und gleich daneben die violette Farbe des
15 andern. Nun betrachtet er diesen doppelt prismatisch
gefärbten Streifen durch ein zweites Prisma und
findet das Papier gleichsam auseinander gerissen.
Die blaue Farbe des Streifens hat sich nämlich viel
weiter herunter begeben, als die rothe; es versteht
20 sich, daß der Beobachter durch ein Prisma blickt,
dessen brechender Winkel nach unten gekehrt ist.

139.

Man sieht, daß dieß eine Wiederholung des ersten
Versuches werden soll, welcher dort mit körperlichen

6*

Farben angestellt war, hier aber mit Flächen an=
gestellt wird, die eine scheinbare Mittheilung durch
apparente Farben erhalten haben. Der gegenwärtige
Fall, die gegenwärtige Vorrichtung ist doch von jenen
himmelweit unterschieden, und wir werden, da wir
das Phänomen nicht läugnen, es abermals auf
mancherlei Weise darzustellen, aus unsern Quellen
abzuleiten und das Hohle der Newtonischen Erklä=
rung darzuthun suchen.

140.

Wir können unsre erstgemeldete (135) Vorrichtung
mit zwei Prismen nebeneinander beibehalten. Wir
lassen das rothe und violette Bildchen nebeneinander
auf die hintere weiße Tafel fallen, so daß sie völlig
horizontal stehen. Man nehme nun das horizontale
Prisma vor die Augen, den brechenden Winkel gleich=
falls unterwärts gekehrt, und betrachte jene Tafel;
sie wird auf die bekannte Weise verrückt sein, allein
zugleich wird man einen bedeutenden Umstand ein=
treten sehen: das rothe Bild nämlich rückt nur in
sofern von der Stelle, als die Tafel verrückt wird;
seine Stelle auf der Tafel hingegen behält es genau.
Mit dem violetten Bilde verhält es sich nicht so;
dieses verändert seine Stelle, es zieht sich viel weiter
herunter, es steht nicht mehr mit dem rothen Bilde
auf Einer horizontalen Linie.

141.

Sollte es den Newtonianern möglich sein, auch künftig noch die Farbenlehre in die dunkle Kammer einzusperren, ihre Schüler in die Gängelbank einzuzwängen und ihnen jeden Schritt freier Beobachtung zu versagen; so wollen wir ihnen auch diesen Versuch besonders empfohlen haben, weil er etwas Überraschendes und Imponirendes mit sich führt. Uns aber muß angelegen sein, die Verhältnisse des Ganzen deutlich zu machen und bei dem gegenwärtigen Versuche zu leisten, was bei dem vorigen bestanden worden.

142.

Newton verbindet hier zum erstenmal die objectiven Versuche mit den subjectiven. Es hätte ihm also geziemt, den Hauptversuch (E. 350—356) zuerst aufzustellen und vorzutragen, dessen er, nach seiner Unmethode, erst viel später erwähnt, wo das Phänomen, weit entfernt zur wahren Einsicht in die Sache etwas beizutragen, nur wieder neue Verwirrungen anzurichten im Fall ist. Wir setzen voraus, daß jedermann diesen Versuch gesehen habe, daß jedermann, den die Sache interessirt, so eingerichtet sei, um ihn, so oft die Sonne scheint, wiederholen zu können.

143.

Dort wird also das länglichte Farbenbild durch ein Prisma an die Wand in die Höhe geworfen; man

nimmt sodann ein völlig gleiches Prisma, den brechen=
den Winkel unterwärts gekehrt, hält es vor die Augen
und tritt nahe vor das Bild auf der Tafel. Man
sieht es wenig verändert, aber je weiter man zurück=
tritt, desto mehr zieht es sich, nicht allein herabwärts, 5
sondern auch in sich selbst zusammen, dergestalt, daß
der violette Saum immer kürzer wird. Endlich er=
scheint die Mitte weiß und nur die Gränzen des
Bildes gefärbt. Steht der Beobachter genau so weit
als das erste Prisma, wodurch das farbige Bild ent= 10
stand, so erscheint es ihm nunmehr subjectiv farblos.
Tritt er weiter zurück, so färbt es sich im umge=
kehrten Sinne herabwärts. Ist man doppelt soweit
zurückgetreten, als das erste Prisma von der Wand
steht, so sieht man mit freiem Auge das aufstrebende, 15
durch das zweite Prisma aber das herabstrebende um=
gekehrte gleich stark gefärbte Bild; woraus soviel
abermals erhellt, daß jenes erste Bild an der Wand
keineswegs ein fertiges, im Ganzen und in seinen
Theilen unveränderliches Wesen sei, sondern daß es 20
seiner Natur nach zwar bestimmt, aber doch wieder
bestimmbar und zwar bis zum Gegensatz bestimmbar,
gefunden werde.

144.

Was nun von dem ganzen Bilde gilt, das gilt
auch von seinen Theilen. Man fasse das ganze Bild, 25
ehe es zur gedachten Tafel gelangt, mit einer durch=

löcherten Zwischentafel auf, und man stelle sich so,
daß man zugleich das ganze Bild auf der Zwischen=
tafel und die einzelnen verschiedenfarbigen Bilder auf
der Haupttafel sehen könne. Nun beginne man den
5 vorigen Versuch. Man trete ganz nahe zur Haupt=
tafel und betrachte durch's horizontale Prisma die
vereinzelt übereinander stehenden farbigen Bilder;
man wird sie, nach Verhältniß der Nähe, nur wenig
vom Platze gerückt finden. Man entferne sich nun=
10 mehr nach und nach, und man wird mit Bewunde=
rung sehen, daß das rothe Bild sich nur insofern
verrückt, als die Tafel verrückt scheint, daß sich hin=
gegen die obern Bilder, das violette, blaue, grüne,
nach und nach herab gegen das rothe ziehen und sich
15 mit diesem verbinden, welches denn zugleich seine
Farbe, doch nicht völlig, verliert und als ein ziem=
lich rundes einzelnes Bild dasteht.

145.

Betrachtet man nun, was indessen auf der Zwischen=
tafel vorgegangen, so sieht man, daß sich das verlän=
20 gerte farbige Bild für das Auge gleichfalls zusammen=
gezogen, daß der violette Saum scheinbar die Öffnung
verlassen, vor welcher diese Farbe sonst schwebte, daß
die blaue, grüne, gelbe Farbe gleichfalls verschwunden,
daß die rothe zuletzt auch völlig aufgehoben ist, und
25 für's Auge nur ein weißes Bild auf der Zwischen=
tafel steht. Entfernt man sich noch weiter, so färbt

sich dieses weiße Bild umgekehrt, wie schon weit=
läuftig ausgeführt worden (143).

146.

Man beobachte nun aber, was auf der Haupttafel
geschieht. Das einzige, dort übrige, noch etwas röth=
liche Bild fängt nun auch an, sich am obern Theile
stark roth, am untern blau und violett zu färben.
Bei dieser Umkehrung vermögen die verschwundenen
Bilder des obern Theils nicht sich einzeln wiederher=
zustellen. Die Färbung geschieht an dem einzig übrig
gebliebenen untern Theil, an der Base, an dem Kern
des Ganzen.

147.

Wer diese sich einander entsprechenden Versuche
genau kennt, der wird sogleich einsehen, was es für
eine Bewandtniß mit den zwei horizontal nebenein=
ander gebrachten Bildern (140) und deren Verrückung
habe, und warum sich das Violette von der Linie des
Rothen entfernen müssen, ohne deßhalb eine diverse
Refrangibilität zu beweisen. Denn wie alles das=
jenige, was vom ganzen Bilde gilt, auch von den
einzelnen Theilen gelten muß, so gilt von zwei Bil=
dern nebeneinander und von ihren Theilen eben das=
selbe; welches wir nun durch Darstellung und Ent=
wickelung der Newtonischen Vorrichtung noch um=
ständlicher und unwidersprechlicher zeigen wollen.

148.

Man stelle einen schmalen, etwa fingerbreiten Streifen weiß Papier, quer über einen Rahmen befestigt, in der dunklen Kammer dergestalt auf, daß er einen dunklen Hintergrund habe, und lasse nun von zwei nebeneinander gestellten Prismen, von einem die rothe Farbe, vom andern die violette oder auch wohl blaue auf diesen Streifen fallen; man nehme alsdann das Prisma vor's Auge und sehe nach diesem Streifen: das Rothe wird an demselben verharren, sich mit dem Streifen verrucken und nur noch feuriger roth werden. Das Violette hingegen wird das Papier verlassen und als ein geistiger, jedoch sehr deutlicher Streif, tiefer unten, über der Finsterniß schweben. Abermals eine sehr empfehlenswerthe Erscheinung für diejenigen, welche die Newtonische Taschenspielerei fortzusetzen gedenken; höchlich bewundernswerth für die Schüler in der Laufbank.

149.

Aber damit man vom Staunen zum Schauen übergehen möge, geben wir folgende Vorrichtung an. Man mache den gedachten Streifen nicht sehr lang, nicht länger, als daß beide Bildertheile jedes zur Hälfte darauf Platz haben. Man mache die Wangen des Rahmens, an die man den Streifen befestigt, etwas breit, so daß die andre Hälfte der Bilder, der

Länge nach getheilt, darauf erscheinen könne. Man
sieht nun also beide Bilder zugleich, mit allen ihren
Schattirungen, das eine höher, das andre tiefer, zu
beiden Seiten des Rahmens. Man sieht nun auch
einzelne Theile nach Belieben, z. B. Gelbroth und ₅
Blauroth von beiden Seiten auf dem Papierstreifen.
Nun ergreife man jene Versuchsweise. Man blicke
durch's Prisma nach dieser Vorrichtung; so wird man
zugleich die Veränderung der ganzen Bilder und die
Veränderung der Theile gewahr werden. Das höhere ₁₀
Bild, welches dem Streifen die rothe Farbe mittheilt,
zieht sich zusammen, ohne daß das Rothe seine Stelle
auf dem Rahmen, ohne daß die rothe Farbe den
Streifen verlasse. Das niedrigere Bild aber, welches
die violette Farbe dem Streifen mittheilt, kann sich ₁₅
nicht zusammenziehen, ohne daß das Violette seine
Stelle auf dem Rahmen und folglich auch auf dem
Papier verlasse. Auf dem Rahmen wird man sein
Verhältniß zu den übrigen Farben noch immer er=
blicken, neben dem Rahmen aber wird der vom Papier ₂₀
sich herunterbewegende Theil wie in der Luft zu
schweben scheinen. Denn die hinter ihm liegende
Finsterniß ist für ihn eben so gut eine Tafel, als
es der Rahmen für das auf ihn geworfene und auf
ihm sich verändernde objective Bild ist. Daß dem ₂₅
also sei, kann man daraus auf's genauste erkennen,
daß der herabschwebende isolirte Farbenstreif immer
mit seiner gleichen Farbe im halben Spectrum an

der Seite Schritt hält, mit ihr horizontal steht, mit
ihr sich herabzieht und endlich, wenn jene verschwun=
den ist, auch verschwindet. Wir werden dieser Vor=
richtung und Erscheinung eine Figur auf unsrer
zwölften Tafel widmen, und so wird demjenigen, der
nach uns experimentiren, nach uns die Sache genau
betrachten und überlegen will, wohl kein Zweifel
übrig bleiben, daß dasjenige was wir behaupten das
Wahre sei.

150.

Sind wir so weit gelangt, so werden wir nun
auch diejenigen Versuche einzusehen und einzuordnen
wissen, welche Newton seinem siebenten Versuche,
ohne ihnen jedoch eine Zahl zu geben, hinzufügt.
Doch wollen wir selbige sorgfältig bearbeiten und sie
zu Bequemlichkeit künftigen Allegirens mit Nummern
versehen.

151.

Man erinnere sich vor allen Dingen jenes fünften
Versuches, bei welchem zwei über's Kreuz gehaltene
Prismen dem Spectrum einen Bückling abzwangen;
woburch die diverse Refrangibilität der verschiedenen
Strahlen erwiesen werden sollte, wodurch aber nach
uns bloß ein allgemeines Naturgesetz, die Wirkung
in der Diagonale bei zwei gleichen im rechten Winkel
anregenden Kräften, ausgesprochen wird.

152.

Gedachten Versuch können wir nun gleichfalls
durch Verbindung des Subjectiven mit dem Objec=
tiven anstellen und geben folgende Vorrichtung dazu
an, welche so wohl dieses als die nachstehenden Ex=
perimente erleichtert. Man werfe zuerst durch ein
vertical stehendes Prisma das verlängerte Sonnen=
bild seitwärts auf die Tafel, so daß die Farben
horizontal nebeneinander zu stehen kommen; man
halte nunmehr das zweite Prisma horizontal wie
gewöhnlich vor die Augen: so wird, indem das rothe
Ende des Bildes an seinem Platze verharrt, die vio=
lette Spitze ihren Ort auf der Tafel scheinbar ver=
lassen und sich in der Diagonale herunterneigen.
Also vorbereitet, schreite man zu den zwei von New=
ton vorgeschlagenen Versuchen.

153.

VIIª· Jenem von uns angegebenen verticalen
Prisma füge man ein andres gleichfalls verticales
hinzu dergestalt, daß zwei länglichte farbige Bilder
in einer Reihe liegen. Diese beiden zusammen be=
trachte man nun abermals durch ein horizontales
Prisma; so werden sie sich beide in der Diagonale
neigen, dergestalt, daß das rothe Ende fest steht und
gleichsam die Are ist, worum sich das Bild herum=
dreht; wodurch aber weiter nichts ausgesprochen wird,
als was wir schon wissen.

154.

VII^{b.} Aber eine Vermannichfaltigung des Ver=
suches ist demungeachtet noch angenehm. Man stelle
die beiden verticalen Prismen dergestalt, daß die Bil=
der übereinander fallen, jedoch im umgekehrten Sinne,
5 so daß das gelbrothe des einen auf das violette des
andern, und umgekehrt, falle; man betrachte nun
durch das horizontale Prisma diese beiden für's nackte
Auge sich deckenden Bilder, und sie werden sich für das
bewaffnete nunmehr kreuzweise übereinander neigen,
10 weil jedes in seinem Sinn diagonal bewegt wird.
Auch dieses ist eigentlich nur ein curioser Versuch,
denn es bleibt unter einer wenig verschiedenen Be=
dingung immer dasselbe, was wir gewahr werden.
Mit den folgenden beiden verhält es sich eben so.

155.

15 VII^{c.} Man lasse auf jenen weißen Papierstreifen
(148) den rothen und violetten Theil der beiden pris=
matischen farbigen Bilder aufeinander fallen; sie
werden sich vermischen und eine Purpurfarbe hervor=
bringen. Nimmt man nunmehr ein Prisma vor die
20 Augen, betrachtet diesen Streifen, so wird das Vio=
lette sich von dem Gelbrothen ablösen, herunter steigen,
die Purpurfarbe verschwinden, das Gelbrothe aber
stehen zu bleiben scheinen. Es ist dieses dasselbige,
was wir oben (149) nebeneinander gesehen haben,
25 und für uns kein Beweis für die diverse Refraction,

sondern nur für die Determinabilität des Farben=
bildes.

156.

VII ᵈ· Man stelle zwei kleine runde Papierscheiben
in geringer Entfernung nebeneinander, und werfe den
gelbrothen Theil des Spectrums durch ein Prisma
auf die eine Scheibe, den blaurothen auf die andre,
der Grund dahinter sei dunkel. Diese so erleuchteten
Scheiben betrachte man durch ein Prisma, welches
man dergestalt hält, daß die Refraction sich gegen den
rothen Cirkel bewegt; je weiter man sich entfernt, je
näher rückt das Violette zum Rothen hin, trifft end=
lich mit ihm zusammen, und geht sogar darüber
hinaus. Auch dieses Phänomen wird jemand, der mit
dem bisher beschriebenen Apparat umzugehn weiß,
leicht hervorbringen und abzuleiten verstehen.

Alle diese dem siebenten Versuche angehängte Ver=
suche sind, so wie der siebente selbst, nur Variationen
jenes ob= und subjectiven Hauptversuches (S.350—356).
Denn es ist ganz einerlei, ob ich das objectiv an die
Wand geworfene prismatische Bild, im Ganzen oder
theilweise, in sich selbst zusammenziehe, oder ob ich
ihm einen Bückling in der Diagonale abzwinge. Es
ist ganz einerlei, ob ich dieß mit einem oder mit
mehreren prismatischen objectiven Bildern thue, ob
ich es mit den ganzen Bildern, oder mit den Theilen
vornehme, ob ich sie nebeneinander, übereinander, ver=
schränkt oder sich theilweise deckend, richte und schiebe:

immer bleibt das Phänomen eins und dasselbe und
spricht nichts weiter aus, als daß ich das in einem
Sinn, z. B. aufwärts, hervorgebrachte objective Bild,
durch subjective, im entgegengesetzten Sinn, z. B. her=
5 abwärts angewendete Refraction, zusammenziehen, auf=
heben und im Gegensatze färben kann.

157.

Man sieht also hieraus, wie sich eigentlich die
Theile des objectiv entstandenen Farbenbildes zu sub=
jectiven Versuchen keinesweges gebrauchen lassen, weil
10 in solchem Falle, sowohl die ganzen Erscheinungen
als die Theile derselben verändert werden, und nicht
einen Augenblick dieselbigen bleiben. Was bei solchen
Versuchen für eine Complication obwalte, wollen wir
durch ein Beispiel anzeigen, und etwas oben Ge=
15 äußertes dadurch weiter ausführen und völlig deutlich
machen.

158.

Wenn man jenen Papierstreifen in der dunklen
Kammer mit dem rothen Theile des Bildes erleuchtet,
und ihn alsdann durch ein zweites Prisma in ziem=
20 licher Nähe betrachtet; so verläßt die Farbe das Papier
nicht, vielmehr wird sie an dem obern Rande sehr
viel lebhafter. Woher entspringt aber diese lebhaftere
Farbe? Bloß daher, weil der Streifen nunmehr als
ein helles rothes Bild wirkt, welches durch die sub=

jective Brechung oben einen gleichnamigen Rand ge=
winnt, und also erhöht an Farbe erscheint. Ganz
anders verhält sich's, wenn der Streifen mit dem
violetten Theile des Bildes erleuchtet wird. Durch
die subjective Wirkung zieht sich zwar die violette ₅
Farbe von dem Streifen weg (148, 149), aber die
Hellung bleibt ihm einigermaßen. Dadurch erscheint
er in der dunklen Kammer, wie ein weißer Streif
auf schwarzem Grunde und färbt sich nach dem be=
kannten Gesetz, indessen das herabgesunkene violette ₁₀
Schemen dem Auge gleichfalls ganz deutlich vorschwebt.
Hier ist die Natur abermals durchaus consequent, und
wer unsern bidaktischen und polemischen Darstellungen
gefolgt ist, wird hieran nicht wenig Vergnügen finden.
Ein Gleiches bemerkt man bei dem Versuche VII ᵈ· ₁₅

159.

Eben so verhält es sich in dem oben beschriebenen
Falle (144), da wir die einzelnen übereinander er=
scheinenden farbigen Bilder subjectiv herabziehen. Die
farbigen Schemen sind es nur, die den Platz verlassen,
aber die Hellung, die sie auf der weißen Tafel erregt ₂₀
haben, kann nicht aufgehoben werden. Diese farblosen,
hellen, zurückbleibenden Bilder werden nunmehr nach
den bekannten subjectiven Gesetzen gefärbt und bringen
dem, der mit dieser Erscheinung nicht bekannt ist, eine
ganz besondere Confusion in das Phänomen. ₂₅

160.

Auf das Vorhergehende, vorzüglich aber auf un=
sern hundertundfünfunddreißigsten Paragraph, bezieht
sich ein Versuch, den wir nachbringen. Man habe
im Fensterladen, horizontal nahe neben einander,
5 zwei kleine runde Öffnungen. Vor die eine schiebe
man ein blaues, vor die andere ein gelbrothes Glas,
wodurch die Sonne hereinscheint. Man hat also hier
wie dort (135) zwei verschiedenfarbige Bilder neben
einander. Nun fasse man sie mit einem Prisma auf
10 und werfe sie auf eine weiße Tafel. Hier werden sie
nicht ungleich in die Höhe gerückt, sondern sie bleiben
unten auf Einer Linie; aber genau besehen sind es
zwei prismatische Bilder, welche unter dem Einfluß
der verschiedenen farbigen Gläser stehen, und also in
15 so fern verändert sind, wie es nach der Lehre der
scheinbaren Mischung und Mittheilung nothwendig ist.

161.

Das eine durch das gelbe Glas fallende Spectrum
hat seinen obern violetten Schweif fast gänzlich ein=
gebüßt; der untere gelbrothe Saum hingegen erscheint
20 mit verdoppelter Lebhaftigkeit; das Gelbe der Mitte
erhöht sich auch zu einem Gelbrothen und der obere
blaue Saum wird in einen grünlichen verwandelt.
Dagegen behält jenes durch das blaue Glas gehende
Spectrum seinen violetten Schweif völlig bei; das
25 Blaue ist deutlich und lebhaft; das Grüne zieht sich

herunter, und statt des Gelbrothen erscheint eine Art
Purpur.

162.

Stellt man die gedachten beiden Versuche entweder
neben einander, oder doch unmittelbar nach einander
an; so überzeugt man sich, wie unrecht Newton ge=
handelt habe, mit den beweglichen physischen Farben
und den firirten chemischen ohne Unterschied zu ope=
riren, da sie doch ihrer verschiedenen Natur nach ganz
verschiedene Resultate hervorbringen müssen, wie wir
wohl hier nicht weiter auseinander zu setzen brauchen.

163.

Auch jenen objectiv=subjectiven Versuch (S. 350—
354) mit den eben gedachten beiden verschiedenen pris=
matischen Farbenbildern vorzunehmen, wird belehrend
sein. Man nehme wie dort das Prisma vor die
Augen, betrachte die Spectra erst nahe, dann entferne
man sich von ihnen nach und nach; sie werden sich
beide, besonders das blaue, von oben herein zusammen=
ziehen, das eine endlich ganz gelbroth, das andere
ganz blau erscheinen, und indem man sich weiter ent=
fernt, umgekehrt gefärbt werden.

164.

So möchte denn auch hier der Platz sein, jener
Vorrichtung abermals zu gedenken, welche wir schon
früher (S. 284) beschrieben haben. In einer Pappe

sind mehrere Quadrate farbigen Glases angebracht: man erhellet sie durch das Sonnen=, auch nur durch das Tageslicht, und wir wollen hier genau anzeigen, was gesehen wird, wenn man an ihnen den subjectiven ⁵ Versuch macht, indem man sie durch das Prisma be= trachtet. Wir thun es um so mehr, als diese Vor= richtung künftig bei subjectiver Verrückung farbiger Bilder den ersten Platz einnehmen, und mit einiger Veränderung und Zusätzen, beinahe allen übrigen ¹⁰ Apparat entbehrlich machen wird.

165.

Zuvörderst messe man jene Quadrate, welche aus der Pappe herausgeschnitten werden sollen, sehr genau ab und überzeuge sich, daß sie von einerlei Größe sind. Man bringe alsdann die farbigen Gläser da= ¹⁵ hinter, stelle sie gegen den grauen Himmel und be= trachte sie mit bloßem Auge. Das gelbe Quadrat als das hellste wird am größten erscheinen (E. 16). Das grüne und blaue wird ihm nicht viel nachgeben, hingegen das gelbrothe und violette als die dunkelsten ²⁰ werden sehr viel kleiner erscheinen. Diese physiologische Wirkung der Farben, insofern sie heller oder dunkler sind, nur beiläufig zu Ehren der großen Consequenz natürlicher Erscheinungen.

166.

Man nehme sodann ein Prisma vor die Augen ²⁵ und betrachte diese nebeneinander gestellten Bilder.

7*

Da sie specificirt und chemisch fixirt sind, so werden
sie nicht, wie jene des Spectrums, verändert oder gar
aufgehoben; sondern sie verharren in ihrer Natur und
nur die begünstigende oder verkümmernde Wirkung
der Ränder findet statt.   5

167.

Obgleich jeder diese leichte Vorrichtung sich selbst
anschaffen wird, ob wir schon dieser Phänomene öfters
gedacht haben; so beschreiben wir sie doch wegen eines
besondern Umstands hier kürzlich, aber genau. Am
gelben Bilde sieht man deutlich den obern hochrothen   10
Rand, der gelbe Saum verliert sich in der gelben
Fläche; am untern Rande entsteht ein Grün, doch
sieht man das Blaue so wie ein mäßig herausstreben=
des Violett ganz deutlich. Bei'm grünen ist alles
ungefähr dasselbige, nur matter, gedämpfter, weniger   15
Gelb, mehr Blau. Am blauen erscheint der rothe
Rand bräunlich und stark abgesetzt, der gelbe Saum
macht eine Art von schmutzigem Grün, der blaue
Rand ist sehr begünstigt und erscheint fast in der
Größe des Bildes selbst. Er endigt in einen lebhaften   20
violetten Saum. Diese drei Bilder, gelb, grün und
blau, scheinen sich stufenweise herabzusenken und einem
Unaufmerksamen die Lehre der diversen Refrangibilität
zu begünstigen. Nun tritt aber die merkwürdige Er=
scheinung des Violetten ein, welche wir schon oben   25
(45) angedeutet haben. Verhältnißmäßig zum Vio=

letten ist der gelbrothe Rand nicht widersprechend:
denn Gelbroth und Blauroth bringen bei apparenten
Farben Purpur hervor. Weil nun hier die Farbe
des durchscheinenden Glases auch auf einem hohen
Grade von Reinheit steht, so verbindet sie sich mit
dem an ihr entspringenden gelbrothen Rand, es ent=
steht eine Art von bräunlichem Purpur und das Vio=
lette bleibt mit seiner obern Gränze unverruckt, in=
deß der untere violette Saum sehr weit und lebhaft
herabwärts strebt. Daß ferner das gelbrothe Bild
an der obern Gränze begünstigt wird und also auf
der Linie bleibt, versteht sich von selbst, so wie daß
an der untern, wegen des Widerspruchs kein Blau
und also auch kein daraus entspringendes Violett
entstehen kann, sondern vielmehr etwas Schmutziges
daselbst zu sehen ist.

168.

Will man diese Versuche noch mehr vermannich=
faltigen, so nehme man farbige Fensterscheiben und
klebe Bilder von Pappe auf dieselben. Man stelle
sie gegen die Sonne, so daß diese Bilder dunkel auf
farbigem Grund erscheinen; und man wird die um=
gekehrten Ränder, Säume und ihre Vermischung mit
der Farbe des Glases abermals gewahr werden. Ja,
man mag die Vorrichtung vermannichfaltigen so viel
man will, so wird das Falsche jenes ersten Newtoni=
schen Versuchs und aller der übrigen, die sich auf ihn

beziehen, dem Freunde des Wahren, Geraden und
Folgerechten immer deutlicher werden.

—————

Achter Versuch.

——

169.

Der Verfasser läßt das prismatische Bild auf ein
gedrucktes Blatt fallen, und wirft sodann durch die
Linse des zweiten Experiments diese farbig erleuchtete
Schrift auf eine weiße Tafel. Hier will er denn
auch, wie dort, die Buchstaben im blauen und vio=
letten Licht näher an der Linse, die im rothen aber
weiter von der Linse deutlich gesehen haben.   Der
Schluß, den er daraus zieht, ist uns schon bekannt,
und wie es mit dem Versuche, welcher nur der zweite,
jedoch mit apparenten Farben, wiederholt ist, be=
schaffen sein mag, kann sich jeder im Allgemeinen
vorstellen, dem jene Ausführung gegenwärtig ge=
blieben.   Allein es treten noch besondere Umstände
hinzu, die es räthlich machen, auch den gegenwärtigen
Versuch genau durchzugehen, und zwar dabei in der
Ordnung zu verfahren, welche wir bei jenem zweiten
der Sache gemäß gefunden; damit man völlig ein=
sehe, in wiefern diese beiden Versuche parallel gehen,
und in wiefern sie von einander abweichen.

170.

1) Das Vorbild (54—57). In dem gegen=
wärtigen Falle stehen die Lettern der Druckschrift
anstatt jener schwarzen Fäden; und nicht einmal so
vortheilhaft: denn sie sind von den apparenten Farben
mehr oder weniger überlasirt. Aber der von Newton
hier wie dort vernachlässigte Hauptpunct ist dieser:
daß die verschiedenen Farben des Spectrums an
Hellung ungleich sind. Denn das prismatische Sonnenbild zerfällt in zwei Theile, in eine Tag= und
Nachtseite. Gelb und Gelbroth stehen auf der ersten,
Blau und Blauroth auf der zweiten. Die unter=
liegende Druckschrift ist in der gelben Farbe am
deutlichsten; im Gelbrothen weniger: denn dieses ist
schon gedrängter und dunkler. Blauroth ist durch=
sichtig, verdünnt, aber beleuchtet wenig. Blau ist
gedrängter, dichter, macht die Buchstaben trüber; oder
vielmehr seine Trübe verwandelt die Schwärze der
Buchstaben in ein schönes Blau, deßwegen sie vom
Grunde weniger abstechen. Und so erscheint, nach
Maßgabe so verschiedener Wirkungen, diese farbig be=
leuchtete Schrift, dieses Vorbild, an verschiedenen
Stellen verschieden deutlich.

171.

Außer diesen Mängeln des hervorgebrachten Bildes
ist die Newtonische Vorrichtung in mehr als Einem
Sinne unbequem. Wir haben daher eine neue er=

sonnen, die in Folgendem besteht. Wir nehmen einen
Rahmen, der zu unserm Gestelle (69) paßt, überziehen
denselben mit Seidenpapier, worauf wir mit starker
Tusche verschiedene Züge, Puncte und dergl. kalli=
graphisch anbringen, und sodann den Grund mit 5
feinem Öl durchsichtig machen. Diese Tafel kommt
völlig an die Stelle des Vorbildes zum zweiten Ver=
suche. Das prismatische Bild wird von hinten dar=
auf geworfen, die Linse ist nach dem Zimmer zu ge=
richtet und in gehöriger Entfernung steht die zweite 10
Tafel, worauf die Abbildung geschehen soll. Eine
solche Vorrichtung hat große Bequemlichkeiten, indem
sie diesen Versuch dem zweiten gleichstellt; auch sogar
darin, daß die Schattenstriche rein schwarz dastehen
und nicht von den prismatischen Farben überlasirt sind. 15

172.

Hier drängt sich uns abermals auf, daß durchaus
das experimentirende Verfahren Newtons deßhalb tadel=
haft ist, weil er seinen Apparat mit auffallender Un=
gleichheit einmal zufällig ergreift, wie ihm irgend etwas
zur Hand kommt, dann aber mit Complication und 20
Überkünstelung nicht fertig werden kann.

173.

Ferner ist hier zu bemerken, daß Newton sein
Vorbild behandelt als wär' es unveränderlich, wie
das Vorbild des zweiten Versuchs, da es doch wan=

delbar ist. Natürlicher Weise läßt sich das hier auf der Rückseite des durchsichtigen Papiers erscheinende Bild, durch ein entgegengesetztes Prisma angesehen, auf den Nullpunct reduciren und sodann völlig umkehren. Wie sich durch Linsen das prismatische Bild verändern läßt, erfahren wir künftig, und wir halten uns um so weniger bei dieser Betrachtung auf, als wir zum Zwecke des gegenwärtigen Versuchs dieses Bild einstweilen als ein fixes annehmen dürfen.

174.

2) Die Beleuchtung (57). Die apparenten Farben bringen ihr Licht mit; sie haben es in und hinter sich. Aber doch sind die verschiedenen Stellen des Bildes, nach der Natur der Farben, mehr oder weniger beleuchtet, und daher jenes Bild der über-
färbten Druckschrift höchst ungleich und mangelhaft. Überhaupt gehört dieser Versuch, so wie der zweite, in's Fach der Camera obscura. Man weiß, daß alle Gegenstände, welche sich in der dunklen Kammer abbilden sollen, höchst erleuchtet sein müssen. Bei der Newtonischen, so wie bei unserer Vorrichtung aber, ist es keine Beleuchtung des Gegenstandes, der Buch-
staben oder der Züge, sondern eine Beschattung der-
selben und zwar eine ungleiche; deßhalb auch Buch-
staben und Züge als ganze Schatten in helleren oder dunkleren Halbschatten und Halblichtern sich ungleich
darstellen müssen. Doch hat auch in diesem Betracht

die neuere Vorrichtung große Vorzüge, wovon man
sich leicht überzeugen kann.

175.

3) Die Linse (58—69). Wir bedienen uns eben
derselben, womit wir den zweiten Versuch anstellten,
wie überhaupt des ganzen dort beschriebenen Apparates. 5

176.

4) Das Abbild (70—76). Da nach der Newto=
tonischen Weise schon das Vorbild sehr ungleich und
undeutlich ist, wie kann ein deutliches Abbild ent=
stehen? Auch legt Newton, unsern angegebenen Be=
stimmungen gemäß, ein Bekenntniß ab, wodurch er, 10
wie öfters geschieht, das Resultat seines Versuches
wieder aufhebt. Denn ob er gleich zu Anfang ver=
sichert, er habe sein Experiment im Sommer bei dem
hellsten Sonnenschein angestellt, so kommt er doch
zuletzt mit einer Nachklage und Entschuldigung, da= 15
mit man sich nicht wundern möge, wenn die Wieder=
holung des Versuchs nicht sonderlich gelänge. Wir
hören ihn selbst:

177.

Das gefärbte Licht des Prismas war aber doch noch
sehr zusammengesetzt, weil die Kreise, die ich in der zweiten 20
Figur des fünften Experiments beschrieben habe, sich in
einander schoben, und auch das Licht von glänzenden Wol=
ken, zunächst bei der Sonne, sich mit diesen Farben ver=
mischte; ferner weil das Licht durch die Ungleichheiten in

der Politur des Prismas unregelmäßig zersplittert wurde.
Um aller dieser Nebenumstände willen war das farbige Licht,
wie ich sagte, noch so mannichfaltig zusammengesetzt, daß der
Schein von jenen schwachen und dunklen Farben, dem Blauen
und Violetten, der auf das Papier fiel, nicht so viel Deut=
lichkeit gewährte, um eine gute Beobachtung zuzulassen.

178.

Das Unheil solcher Reservationen und Restrictionen
geht durch das ganze Werk. Erst versichert der Ver=
fasser: er habe bei seinen Vorrichtungen die größte
Vorsicht gebraucht, die hellsten Tage abgewartet, die
Kammer hermetisch verfinstert, die vortrefflichsten
Prismen ausgewählt; und dann will er sich hinter
Zufälligkeiten flüchten, daß Wolken vor der Sonne
gestanden, daß durch eine schlechte Politur das Prisma
unsicher geworden sei. Der homogenen nie zu homo=
genisirenden Lichter nicht zu gedenken, welche sich ein=
ander verwirren, verunreinigen, in einander greifen,
sich stören und niemals das sind noch werden können,
was sie sein sollen. Mehr als einmal muß uns da=
her jener berühmte theatralische Hetman der Kosacken
einfallen, welcher sich ganz zum Newtonianer geschickt
hätte. Denn ihn würde es vortrefflich kleiden, mit
großer Behaglichkeit auszurufen: wenn ich Cirkel
sage, so mein' ich eben, was nicht rund ist; sage ich
gleichartig, so heißt das immer noch zusammengesetzt;
und sag' ich weiß, so kann es fürwahr nichts anders
heißen als schmutzig.

179.

Betrachten wir nunmehr die Erscheinung nach un=
serer Anstalt, so finden wir die schwarzen Züge deut=
licher oder undeutlicher, nicht in Bezug auf die Far=
ben, sondern auf's Hellere oder Dunklere derselben; und
zwar sind die Stufen der Deutlichkeit folgende: Gelb,   5
Grün, Blau, Gelbroth und Blauroth; da denn die
beiden letztern, je mehr sie sich dem Rande, dem Dunk=
len nähern, die Züge immer undeutlicher darstellen.

180.

Ferner ist hierbei ein gewisser Bildpunct offenbar,
in welchem, so wie auf der Fläche, die ihn parallel   10
mit der Linse durchschneidet, die sämmtlichen Abbil=
dungen am deutlichsten erscheinen. Indessen kann man
die Linse von dem Vorbilde ab= und zu dem Vorbilde
zurücken, so daß der Unterschied beinahe einen Fuß
beträgt, ohne daß das Abbild merklicher undeutlich   15
werde.

181.

Innerhalb dieses Raumes hat Newton operirt;
und nichts ist natürlicher, als daß die von den helle=
ren prismatischen Farben erleuchteten Züge auch da
schon oder noch sichtbar sind, wenn die von den dunk=   20
leren Farben erleuchteten, oder vielmehr beschatteten
Züge verschwinden. Daß aber, wie Newton behauptet,
die von den Farben der Tagseite beleuchteten Buch=
staben alsdann undeutlich werden, wenn die von der

Nachtseite her beschienenen deutlich zu sehen sind, ist ein= für allemal nicht wahr, so wenig wie bei'm zweiten Experimente, und alles, was Newton daher behaupten will, fällt zusammen.

182.

5) Die Folgerung. Gegen diese bleibt uns, nach allem dem was bisher ausgeführt und dargethan worden, weiter nichts zu wirken übrig.

183.

Ehe wir aber uns aus der Gegend dieser Versuche entfernen, so wollen wir noch einiger andern erwähnen, die wir bei dieser Gelegenheit anzustellen veranlaßt worden. Das zweite Experiment so energisch als mög= lich darzustellen, brachten wir verschiedenfarbige von hinten wohl erleuchtete Scheiben an die Stelle des Vorbildes, und fanden, was voraus zu sehen war, daß sich die durch ausgeschnittene Pappe oder sonst auf denselben abzeichnenden dunklen Bilder auch nur nach der verschiedenen Helle oder Dunkelheit des Grun= des mehr oder weniger auszeichneten. Dieser Versuch führte uns auf den Gedanken, gemahlte Fensterscheiben an die Stelle des Vorbildes zu setzen, und alles fand sich einmal wie das andremal.

184.

Hievon war der Übergang zur Zauberlaterne ganz natürlich, deren Erscheinungen mit dem zweiten und

achten Versuche Newtons im Wesentlichen zusammen=
treffen; überall spricht sich die Wahrheit der Natur
und unserer naturgemäßen Darstellung, so wie das
Falsche der Newtonischen verkünstelten Vorstellungsart,
energisch aus.

185.

Nicht weniger ergriffen wir die Gelegenheit in einer
portativen Camera obscura an einem Festtage, bei dem
hellsten Sonnenschein, die buntgeputzten Leute auf dem
Spaziergange anzusehen. Alle nebeneinander sich be=
findenden variegirten Kleider waren deutlich, sobald
die Personen in den Bildpunct oder in seine Region
kamen; alle Muster zeigten sich genau, es mochte bloß
Hell und Dunkel, oder beides mit Farbe, oder Farbe
mit Farbe wechseln. Wir können also hier abermals
kühn wiederholen, daß alles natürliche und künstliche
Sehen unmöglich wäre, wenn die Newtonische Lehre
wahr sein sollte.

186.

Der Hauptirrthum, dessen Beweis man durch den
achten so wie durch die zwei ersten Versuche erzwingen
will, ist der: daß man farbigen Flächen, Farben,
wenn sie als Massen im Mahlersinne erscheinen und
wirken, eine Eigenschaft zuschreiben möchte, vermöge
welcher sie, nach der Refraction, früher oder später
in irgend einem Bildpunct anlangen; da es doch keinen
Bildpunct ohne Bild gibt, und die Aberration, die
bei Verrückung des Bildes durch Brechung sich zeigt,

bloß an den Rändern vorgeht, die Mitte des Bildes hingegen nur in einem äußersten Falle afficirt wird. Die diverse Refrangibilität ist also ein Mährchen. Wahr aber ist, daß Refraction auf ein Bild nicht rein wirkt, sondern ein Doppelbild hervorbringt, dessen Eigenschaft wir in unserm Entwurf genugsam klar gemacht haben.

Recapitulation
der acht ersten Versuche.

187.

Da wir nunmehr auf einen Punct unserer pole= mischen Wanderung gekommen sind, wo es vortheil= haft sein möchte, still zu stehen, und sich umzuschauen nach dem Weg, welchen wir zurückgelegt haben; so wollen wir das Bisherige zusammenfassen und mit wenigen Worten die Resultate darstellen.

188.

Newtons bekannte, von andern und uns bis zum Überdruß wiederholte Lehre soll durch jene acht Versuche bewiesen sein. Und gewiß, was zu thun war, hat er gethan: denn im Folgenden findet sich wenig Neues; vielmehr sucht er nur von andern Seiten her seine Argumente zu bekräftigen. Er vermannichfaltigt die

Experimente und nöthigt ihnen immer neue Bedin=
gungen auf. Aus dem schon Abgehandelten zieht er
Folgerungen, ja er geht polemisch gegen Andersgesinnte
zu Werke. Doch immer dreht er sich nur in einem
engen Kreise und stellt seinen kümmerlichen Hausrath 5
bald so, bald so zurechte. Kennen wir den Werth
der hinter uns liegenden acht Experimente, so ist uns
in dem Folgenden weniges mehr fremd. Daher kommt
es auch, daß die Überlieferung der Newtonischen Lehre
in den Compendien unserer Experimentalphysik so la= 10
konisch vorgetragen werden konnte. Mehrgedachte Ver=
suche gehen wir nun einzeln durch.

189.

In dem dritten Versuche wird das Hauptphäno=
men, das prismatische Spectrum, unrichtig als Scale
dargestellt; da es ursprünglich aus einem Entgegen= 15
gesetzten, das sich erst später vereinigt, besteht. Der
vierte Versuch zeigt uns eben diese Erscheinung sub=
jectiv, ohne daß wir mit ihrer Natur tiefer bekannt
würden. Im fünften neigt sich gedachtes Bild durch
wiederholte Refraction etwas verlängert zur Seite. 20
Woher diese Neigung in der Diagonale so wie die
Verlängerung sich herschreibe, wird von uns umständ=
lich dargethan.

190.

Der sechste Versuch ist das sogenannte Experimentum Crucis, und hier ist wohl der Ort anzuzeigen, 25

was eigentlich durch diesen Ausdruck gemeint sei.
Crux bedeutet hier einen in Kreuzesform an der Land=
straße stehenden Wegweiser, und dieser Versuch soll
also für einen solchen gelten, der uns vor allem Irr=
thum bewahrt und unmittelbar auf das Ziel hindeutet.
Wie es mit ihm beschaffen, wissen diejenigen, die un=
serer Ausführung gefolgt sind. Eigentlich gerathen
wir dadurch ganz in's Stecken und werden um nichts
weiter gebracht, nicht einmal weiter gewiesen. Denn
im Grunde ist es nur ein Idem per Idem. Refrangirt
man das ganze prismatische Bild in derselben Richtung
zum zweitenmal, so verlängert es sich, wobei aber die
verschiedenen Farben ihre vorigen Entfernungen nicht
behalten. Was auf diese Weise am Ganzen geschieht,
geschieht auch an den Theilen. Im Ganzen rückt das
Violette viel weiter vor als das Rothe, und eben das=
selbe thut das abgesonderte Violette. Dieß ist das
Wort des Räthsels, auf dessen falsche Auflösung man
sich bisher so viel zu Gute gethan hat. In dem sie=
benten Versuche werden ähnliche subjective Wirkungen
gezeigt und von uns auf ihre wahren Elemente zurück=
geführt.

191.

Hatte sich nun der Verfasser bis dahin beschäftigt,
die farbigen Lichter aus dem Sonnenlichte herauszu=
zwingen; so war schon früher eingeleitet, daß auch
körperliche Farben eigentlich solche farbige Lichttheile
von sich schicken. Hiezu war der erste Versuch be=

stimmt, der eine scheinbare Verschiedenheit in Ver=
rückung bunter Quadrate auf dunklem Grund vor's
Auge brachte. Das wahre Verhältniß haben wir
umständlich gezeigt, und gewiesen, daß hier nur die
Wirkung der prismatischen Ränder und Säume an ₅
den Gränzen der Bilder die Ursache der Erscheinung sei.

192.

Im zweiten Versuche wurden auf gedachten bun=
ten Flächen kleinere Bilder angebracht, welche, durch
eine Linse auf eine weiße Tafel geworfen, ihre Um=
risse früher oder später daselbst genauer bezeichnen ₁₀
sollten. Auch hier haben wir das wahre Verhältniß
umständlich auseinander gesetzt, so wie bei dem achten
Versuch, welcher, mit prismatischen Farben angestellt,
dem zweiten zu Hülfe kommen und ihn außer Zweifel
setzen sollte. Und so glauben wir durchaus das Ver= ₁₅
fängliche und Falsche der Versuche, so wie die Richtig=
keit der Folgerungen, enthüllt zu haben.

193.

Um zu diesem Zwecke zu gelangen, haben wir
immerfort auf unsern Entwurf hingewiesen, wo die
Phänomene in naturgemäßerer Ordnung aufgeführt ₂₀
sind. Ferner bemerkten wir genau, wo Newton etwas
Unvorbereitetes einführt, um den Leser zu überraschen.
Nicht weniger suchten wir zugleich die Versuche zu
vereinfachen und zu vermannichfaltigen, damit man

sie von der rechten Seite und von vielen Seiten sehen
möge, um sie durchaus beurtheilen zu können. Was
wir sonst noch gethan und geleistet, um zu unserm
Endzweck zu gelangen, darüber wird uns der günstige
Leser und Theilnehmer selbst das Zeugniß geben.

Dritte Proposition. Drittes Theorem.

Das Licht der Sonne besteht aus Strahlen,
die verschieden reflexibel sind, und die am
meisten refrangiblen Strahlen sind auch die
am meisten reflexiblen.

194.

Nachdem der Verfasser uns genugsam überzeugt
zu haben glaubt, daß unser weißes, reines, einfaches,
helles Licht aus verschiedenen, farbigen, dunklen Lichtern
insgeheim gemischt sei, und diese innerlichen Theile
durch Refraction hervorgenöthigt zu haben wähnt; so
denkt er nach, ob nicht auch noch auf andere Weise
diese Operation glücken möchte, ob man nicht durch
andere verwandte Bedingungen das Licht nöthigen
könne, seinen Busen aufzuschließen.

195.

Der Refraction ist die Reflexion nahe verwandt,
so daß die erste nicht ohne die letzte vorkommen kann.

8*

Warum sollte Reflexion, die sonst so mächtig ist, nicht
auch dießmal auf das unschuldige Licht ihre Gewalt
ausüben? Wir haben eine diverse Refrangibilität, es
wäre doch schön, wenn wir auch eine diverse Reflexibi=
lität hätten. Und wer weiß, was sich nicht noch alles 5
fernerhin daran anschließen läßt. Daß nun dem Ver=
fasser der Beweis durch Versuche, wozu er sich nunmehr
anschickt, vor den Augen eines gewarnten Beobachters
eben so wenig als seine bisherigen Beweise gelingen
werde, läßt sich voraus sehen; und wir wollen von 10
unserer Seite zur Aufklärung dieses Fehlgriffs das
Möglichste beitragen.

Neunter Versuch.

196.

Wie der Verfasser hierbei zu Werke geht, ersuchen
wir unsere Leser in der Optik selbst nachzusehen: denn 15
wir gedenken, anstatt uns mit ihm einzulassen, an=
statt ihm zu folgen und ihn Schritt vor Schritt zu
widerlegen, uns auf eigenem Wege um die wahre Dar=
stellung des Phänomens zu bemühen. Wir haben zu
diesem Zweck auf unserer achten Tafel die einund= 20
zwanzigste Figur der vierten Newtonischen Tafel zum
Grunde gelegt, jedoch eine naturgemäßere Abbildung
linearisch ausgedruckt, auch zu besserer Ableitung des

Phänomens die Figur fünfmal nach ihren steigenden
Verhältnissen wiederholt, wodurch die in dem Versuch
vorgeschriebene Bewegung gewissermaßen vor Augen
gebracht, und was eigentlich vorgehe dem Beschauenden
offenbar wird.   Übrigens haben wir zur leichtern Übersicht des Ganzen die Buchstaben der Newtonischen
Tafeln beibehalten, so daß eine Vergleichung sich bequem anstellen läßt.   Wir beziehen uns hierbei auf
die Erläuterung unserer Kupfertafeln, wo wir noch
manches, über die Unzulänglichkeit und Verfänglichkeit
der Newtonischen Figuren überhaupt, beizubringen
gedenken.

197.

Man nehme nunmehr unsere achte Tafel vor sich
und betrachte die erste Figur. Bei F trete das Sonnenbild in die finstre Kammer, gehe durch das rechtwinklichte Prisma A B C bis auf dessen Base M, von
da an gehe es weiter durch, werde gebrochen, gefärbt
und mahle sich, auf die uns bekannte Weise, auf einer
unterliegenden Tafel als ein längliches Bild G H.
Bei dieser ersten Figur erfahren wir weiter nichts,
als was uns schon lange bekannt ist.

198.

In der zweiten Figur trete das Sonnenbild gleichfalls bei F in die dunkle Kammer, gehe in das rechtwinklichte Prisma A B C, und spiegle sich auf dessen
Boden M dergestalt ab, daß es durch die Seite A C

heraus nach einer unterliegenden Tafel gehe, und da=
selbst das runde und farblose Bild N aufwerfe.
Dieses runde Bild ist zwar ein abgeleitetes aber ein
völlig unverändertes; es hat noch keine Determination
zu irgend einer Farbe erlitten.   5

199.

Man lasse nun, wie die dritte Figur zeigt, dieses
Bild N auf ein zweites Prisma V X Y fallen, so wird
es bei'm Durchgehen eben das leisten, was ein originäres
oder von jedem Spiegel zurückgeworfenes Bild leistet;
es wird nämlich, nach der uns genugsam bekannten   10
Weise, auf der entgegengestellten Tafel das längliche
gefärbte Bild p t abmahlen.

200.

Man lasse nun, nach unsrer vierten Figur, den
Apparat des ersten Prismas durchaus wie bei den drei
ersten Fällen, und fasse mit einem zweiten Prisma   15
V X Y auf eine behutsame Weise nur den obern Rand
des Bildes N auf; so wird sich zuerst auf der ent=
gegengesetzten Tafel der obere Rand p des Bildes p t
blau und violett zeigen, dahingegen der untere t sich
erst etwas später sehen läßt, nur dann erst, wenn man   20
das ganze Bild N durch das Prisma V X Y aufgefaßt
hat. Daß man eben diesen Versuch mit einem directen
oder von einem Planspiegel abgespiegelten Sonnenbilde
machen könne, versteht sich von selbst.

201.

Der grobe Irrthum, den hier der Verfasser begeht, ist der, daß er sich und die Seinigen überredet, daß bunte Bild G H der ersten Figur habe mit dem farblosen Bilde N der zweiten, dritten und vierten Figur ₅ den innigsten Zusammenhang, da doch auch nicht der mindeste statt findet. Denn wenn das bei der ersten Figur in M anlangende Sonnenbild durch die Seite B C hindurchgeht und nach der Refraction in G H gefärbt wird; so ist dieses ein ganz anderes Bild als ₁₀ jenes, das in der zweiten Figur von der Stelle M nach N zurückgeworfen wird und farblos bleibt, bis es, wie uns die dritte Figur überzeugt, in p t auf der Tafel, bloß als käme es von einem directen Lichte, durch das zweite Prisma gefärbt abgebildet wird.

202.

₁₅ Bringt man nun, wie in der vierten Figur gezeichnet ist, ein Prisma sehr schief in einen Theil des Bildes (200); so geschieht dasselbe, was Newton durch eine langsame Drehung des ersten Prismas um seine Axe bewirkt: eine von den scheinbaren Feinheiten und ₂₀ Accuratessen unseres Experimentators.

203.

Denn wie wenig das Bild, das bei M durchgeht und auf der Tafel das Bild G H bildet, mit dem Bilde, das bei M zurückgeworfen und farblos bei N

abgebildet wird, gemein habe, wird nun jedermann
deutlich sein. Allein noch auffallender ist es, wenn
man bei der fünften Figur den Gang der Linien
verfolgt. Man wird alsdann sehen, daß da, wo das
Bild M nach der Refraction. den gelben und gelb= 5
rothen Rand G erzeugt, das Bild N nach der Re=
fraction den violetten p erzeuge; und umgekehrt, wo
das Bild M den blauen und blaurothen Rand H er=
zeugt, das Bild N, wenn es die Refraction durch=
gegangen, den gelben und gelbrothen Rand t erzeuge: 10
welches ganz natürlich ist, da einmal das Sonnen=
bild F in dem ersten Prisma herunterwärts und das
abgeleitete Bild M in N hinaufwärts gebrochen wird.
Es ist also nichts als die alte, uns bis zum Über=
druß bekannte Regel, die sich hier wiederholt und 15
welche nur durch die Newtonischen Subtilitäten, Ver=
worrenheiten und falschen Darstellungen dem Beob=
achter und Denker aus den Augen gerückt wird. Denn
die Newtonische Darstellung auf seiner vierten Tafel
Figur 21 gibt bloß das Bild mit einer einfachen 20
Linie an, weil der Verfasser, wie es ihm beliebt,
bald vom Sonnenbild, bald vom Licht, bald vom
Strahle redet; und gerade im gegenwärtigen Falle
ist es höchst bedeutend, wie wir oben bei der vierten
Figur unserer achten Tafel gezeigt haben, die Er= 25
scheinung als Bild, als einen gewissen Raum ein=
nehmend, zu betrachten. Es würde leicht sein, eine
gewisse Vorrichtung zu machen, wo alles das Er=

forderliche auf einem Gestelle fixirt beisammen stünde;
welches nöthig ist, damit man durch eine sachte Wen=
dung das Phänomen hervorbringen, und das Ver=
fängliche und Unzulängliche des Newtonischen Versuchs
⁵ dem Freunde der Wahrheit vor Augen stellen könne.

Zehnter Versuch.

204.

Auch hier wäre es Noth, daß man einige Figuren
und mehrere Blätter Widerlegung einem Versuch wid=
mete, der mit dem vorigen in genauem Zusammen=
¹⁰ hang steht. Aber es wird nun Zeit, daß wir dem
Leser selbst etwas zutrauen, daß wir ihm die Freude
gönnen, jene Verworrenheiten selbst zu entwickeln.
Wir übergeben ihm daher Newtons Text und die da=
selbst angeführte Figur. Er wird eine umständliche
¹⁵ Darstellung, eine Illustration, ein Scholion finden,
welche zusammen weiter nichts leisten, als daß sie den
neunten Versuch mit mehr Bedingungen und Umständ=
lichkeiten belasten, den Hauptpunct unfaßlicher machen,
keineswegs aber einen bessern Beweis gründen.

205.

²⁰ Dasjenige worauf hierbei alles ankommt, haben
wir schon umständlich herausgesetzt (201), und wir

dürfen also hier dem Beobachter, dem Beurtheiler
nur kürzlich zur Pflicht machen, daran festzuhalten,
daß die beiden prismatischen Bilder, wovon das eine
nach der Spiegelung, das andere nach dem Durch=
gang durch das Mittel hervorgebracht wird, in keiner 5
Verbindung, in keinem Verhältniß zusammen stehen,
jedes vielmehr für sich betrachtet werden muß, jedes
für sich entspringt, jedes für sich aufgehoben wird;
so daß alle Beziehung unter einander, von welcher
uns Newton so gern überreden möchte, als ein leerer 10
Wahn, als ein beliebiges Mährchen anzusehen ist.

Newtons Recapitulation

der

zehn ersten Versuche.

206.

Wenn wir es von unserer Seite für nöthig und 15
vortheilhaft hielten, nach den acht ersten Versuchen
eine Übersicht derselben zu veranlassen, so thut New=
ton dasselbige auf seine Weise nach dem zehnten;
und indem wir ihn hier zu beobachten alle Ursache
haben, finden wir uns in dem Falle, unsern Wider= 20
spruch abermals zu articuliren. In einem höchst
verwickelten Perioden drängt er das nicht Zusammen=

gehörende neben= und übereinander dergestalt, daß man
nur mit innerster Kenntniß seines bisherigen Ver=
fahrens und mit genauester Aufmerksamkeit dieser
Schlinge entgehen kann, die er hier, nachdem er sie
lange zurecht gelegt, endlich zusammenzieht. Wir er=
suchen daher unsere Leser dasjenige nochmals mit
Geduld in anderer Verbindung anzuhören,' was schon
öfter vorgetragen worden: denn es ist kein ander
Mittel, seinen bis zum Überdruß wiederholten Irr=
thum zu vertilgen, als daß man das Wahre gleich=
falls bis zum Überdruß wiederhole.

207.

Findet man nun bei allen diesen mannichfaltigen Ex=
perimenten, man mache den Versuch mit reflectirtem Licht,
und zwar sowohl mit solchem, das von natürlichen Körpern
(Exper. 1, 2) als auch mit solchem, das von spiegelnden
(Exper. 9) zurückstrahlt;

208.

Hier bringt Newton unter der Rubrik des reflec=
tirten Lichtes Versuche zusammen, welche nichts gemein
mit einander haben, weil es ihm darum zu thun ist,
die Reflexion in gleiche Würde und Wirkung mit der
Refraction, was Farbenhervorbringen betrifft, zu setzen.
Das spiegelnde Bild im neunten Experiment wirkt
nicht anders als ein directes, und sein Spiegeln hat
mit Hervorbringung der Farbe gar nichts zu thun.'
Die natürlichen gefärbten Körper des ersten und

zweiten Experiments hingegen kommen auf eine ganz
andere Weise in Betracht. Ihre Oberflächen sind
specificirt, die Farbe ist an ihnen fixirt, das daher
reflectirende Licht macht diese ihre Eigenschaften sicht=
bar, und man will nur, wie auch schon früher ge=
schehen, durch das Spiel der Terminologie, hier aber=
mals andeuten, daß von den natürlichen Körpern
farbige Lichter, aus dem farblosen Hauptlicht durch
gewisse Eigenschaften der Oberfläche herausgelockte
Lichter, reflectiren, welche sodann eine diverse Refrac=
tion erdulden sollen. Wir wissen aber besser, wie es
mit diesem Phänomen steht, und die drei hier ange=
führten Experimente imponiren uns weder in ihrer
einzelnen falschen Darstellung, noch in ihrer gegen=
wärtigen erzwungenen Zusammenstellung.

209.

Oder man mache denselben mit gebrochenem Licht, es
sei nun bevor die ungleich gebrochenen Strahlen durch Di=
vergenz von einander abgesondert sind, bevor sie noch die
Weiße, welche aus ihrer Zusammensetzung entspringt, ver=
loren haben, also bevor sie noch einzeln, als einzelne Farben
erscheinen (Experiment 5);

210.

Bei dieser Gelegenheit kommen uns die Nummern
unserer Paragraphen sehr gut zu Statten: denn es
würde Schwierigkeit haben, am fünften Versuche das
was hier geäußert wird aufzufinden. Es ist eigent=

lich nur bei Gelegenheit des fünften Versuches an=
gebracht, und wir haben schon dort auf das Einpaschen
dieses contrebanden Punctes alle Aufmerksamkeit er=
regt. Wie künstlich bringt Newton auch hier das
5 Wahre gedämpft herein, damit es ja sein Falsches
nicht überleuchte. Man merke sein Bekenntniß. Die
Brechung des Lichtes ist also nicht allein hinreichend,
um die Farben zu sondern, ihnen ihre anfängliche
Weiße zu nehmen, die ungleichen Strahlen einzeln
10 als einzelne Farben erscheinen zu machen; es gehört
noch etwas Anderes dazu, und zwar eine Divergenz.
Wo ist von dieser Divergenz bisher auch nur im
mindesten die Rede gewesen? Selbst an der ange=
führten Stelle (112) spricht Newton wohl von einem
15 gebrochnen und weißen Lichte, das noch rund sei,
auch daß es gefärbt und länglich erscheinen könne;
wie aber sich eins aus dem andern entwickele, eins
aus dem andern herfließe, darüber ist ein tiefes Still=
schweigen. Nun erst in der Recapitulation spricht der
20 kluge Mann das Wort Divergenz als im Vorbei=
gehen aus, als etwas das sich von selbst versteht.
Aber es versteht sich neben seiner Lehre nicht von
selbst, sondern es zerstört solche unmittelbar. Es
wird also oben (112) und hier abermals zugestanden,
25 daß ein Licht, ein Lichtbild, die Brechung erleiden
und nicht völlig farbig erscheinen könne. Wenn dem
so ist, warum stellen denn Newton und seine Schüler
Brechung und völlige Farbenerscheinung als einen

und denselben Act vor? Man sehe die erste Figur
unserer siebenten Tafel, die durch alle Compendien
bis auf den heutigen Tag wiederholt wird; man sehe
so viele andere Darstellungen, sogar die ausführlich=
sten, z. B. in Martins Optik: wird nicht überall
Brechung und vollkommene Divergenz aller soge=
nannten Strahlen gleich am Prisma vorgestellt?
Was heißt denn aber eine nach vollendeter Brechung
eintretende spätere Divergenz? Es heißt nur ge=
stehen, daß man unredlich zu Werke geht, daß man
etwas einschieben muß, was man nicht brauchen und
doch nicht läugnen kann.

211.

Auch oben (112) geht Newton unredlich zu Werke,
indem er das gebrochene Lichtbild für weiß und rund
angibt, da es zwar in der Mitte weiß, aber doch
an den Rändern gefärbt und schon einigermaßen
länglich erscheint. Daß die Farbenerscheinung bloß
an den Rändern entstehe, daß diese Ränder divergiren,
daß sie endlich über einander greifen und das ganze
Bild bedecken, daß hierauf alles ankomme, daß durch
dieses simple Phänomen die Newtonische Theorie zer=
stört werde, haben wir zu unserem eigenen Überdruß
hundertmal wiederholt. Allein wir versäumen hier
die Gelegenheit nicht, eine Bemerkung beizubringen,
wodurch der Starrsinn der Newtonianer einigermaßen
entschuldigt wird. Der Meister nämlich kannte recht

gut die Umstände, welche seiner Lehre widerstrebten.
Er verschwieg sie nicht, er verhüllte, er versteckte sie
nur; doch erwähnt war derselben. Brachte man nun
nachher den Newtonianern einen solchen Umstand als
5 der Lehre widerstreitend vor, so versicherten sie: der
Meister habe das alles schon gewußt, aber nicht dar=
auf geachtet, seine Theorie immerfort für gegründet
und unumstößlich gehalten; und so müßten denn doch
wohl diese Dinge von keiner Bedeutung sein. Was
10 uns betrifft, so machen wir auf das Bekenntniß:
Refraction thue es nicht allein, sondern es gehöre
Divergenz dazu, aber und abermals aufmerksam, in=
dem wir uns in der Folge des Streites noch manch=
mal darauf werden beziehen müssen.

212.

15 Oder nachdem sie von einander gesondert worden und
sich gefärbt zeigen (Exper. 6, 7, 8);

213.

Wem durch unsere umständliche Ausführung nicht
klar geworden, daß durch gedachte drei Experimente
nicht das mindeste geleistet und dargethan ist, mit
20 dem haben wir weiter nichts mehr zu reden.

214.

Man experimentire mit Licht, das durch parallele Ober=
flächen hindurchgegangen, welche wechselseitig ihre Wirkung
aufheben (Exper. 10):

215.

Ein Sonnenbild, das rechtwinklicht durch parallele
Oberflächen hindurchgegangen ist, findet sich wenig
verändert und bringt, wenn es nachher durch ein
Prisma hindurchgeht, völlig diejenige Erscheinung her=
vor, welche ein unmittelbares leistet. Das zehnte   5
Experiment ist wie so viele andere nichts als eine
Verkünstelung ganz einfacher Phänomene, vermehrt
nur die Masse dessen, was überschaut werden soll,
und steht auch hier in dieser Recapitulation ganz
müßig.   10

216.

Findet man, sage ich, bei allen diesen Experimenten
immer Strahlen, welche bei gleichen Incidenzen auf das=
selbe Mittel ungleiche Brechungen erleiden,

217.

Niemals findet man Strahlen, man erklärt nur
die Erscheinungen durch Strahlen; nicht eine un=   15
gleiche, sondern eine nicht ganz reine, nicht scharf
abgeschnittene Brechung eines Bildes findet man, deren
Ursprung und Anlaß wir genugsam entwickelt haben.
Daß Newton und seine Schule dasjenige mit Augen
zu sehen glauben, was sie in die Phänomene hinein   20
theoretisirt haben, das ist es eben, worüber man sich
beschwert.

218.

Und das nicht etwa durch Zersplitterung oder Erweite=
rung der einzelnen Strahlen,

219.

Hier wird eine ganz unrichtige Vorstellung auss
gesprochen. Newton behauptet nämlich, dem farbigen
Lichte begegne das nicht, was dem weißen Lichte bes
gegnet; welches nur der behaupten kann, der unaufs
merksam ist und auf zarte Differenzen nicht achtet.
Wir haben umständlich genug gezeigt, daß einem
farbigen Bilde eben das bei der Brechung begegne,
was einem weißen begegnet, daß es an den Rändern
gesetzmäßig prismatisch gefärbt werde.

220.

Noch durch irgend eine zufällige Ungleichheit der Refraction (Exper. 5 u. 6);

221.

Daß die Farbenerscheinung bei der Refraction
nicht zufällig, sondern gesetzmäßig sei, dieses hat
Newton ganz richtig eingesehen und behauptet. Die
Geschichte wird uns zeigen, wie dieses wahre Aperçu
seinem Falschen zur Base gedient; wie uns denn dort
auch noch manches wird erklärbar werden.

222.

Findet man ferner, daß die an Brechbarkeit verschie-
benen Strahlen von einander getrennt und sortirt werden
können, und zwar sowohl durch Refraction (Exper. 3) als
durch Reflexion (Exper. 10);

223.

Im britten Experiment sehen wir die Farbenreihe des Spectrums; daß das aber getrennte und sortirte Strahlen seien, ist eine bloße hypothetische und, wie wir genugsam wissen, höchst unzulängliche Erklärungs= formel. Im zehnten Experiment geschieht nichts, als daß an der einen Seite ein Spectrum verschwindet, indem an der andern Seite ein neues entsteht, das sich jedoch weder im Ganzen noch im Einzelnen keineswegs von dem ersten herschreibt, nicht im min= desten mit demselben zusammenhängt.

224.

Und daß diese verschiedenen Arten von Strahlen jede besonders bei gleichen Incidenzen ungleiche Refraction er= leiden, indem diejenigen welche vor der Scheidung mehr als die andern gebrochen wurden, auch nach der Scheidung mehr gebrochen werden (Exper. 6 und ff.);

225.

Wir haben das sogenannte Experimentum Crucis und was Newton demselben noch irgend zur Seite stellen mag, so ausführlich behandelt, und die dabei vorkommenden verfänglichen Umstände und verdeckten Bedingungen so sorgfältig in's Plane und Klare ge= bracht, daß uns hier nichts zu wiederholen übrig bleibt, als daß bei jenem Experiment, welches uns den wahren Weg weisen soll, keine diverse Refran= gibilität im Spiel ist; sondern daß eine wiederholte

fortgesetzte Refraction nach ihren ganz einfachen Ge=
setzen immer fort und weiter wirkt.

226.

Findet man endlich, daß wenn das Sonnenlicht durch
drei oder mehrere kreuzweis gestellte Prismen nach und nach
5 hindurchgeht, diejenigen Strahlen, welche in dem ersten
Prisma mehr gebrochen waren als die andern, auf dieselbe
Weise und in demselben Verhältniß in allen folgenden
Prismen abermals gebrochen werden:

227.

Hier ist abermals ein Kreuz, an das der einfache
10 Menschensinn geschlagen wird: denn es ist auch hier
derselbe Fall wie bei dem Experimentum Crucis. Bei
diesem ist es eine wiederholte fortgesetzte Refraction
auf geradem Wege im Sinne der ersten; bei'm fünften
Versuch aber ist es eine wiederholte fortgesetzte Refrac=
15 tion nach der Seite zu, wodurch das Bild in die
Diagonale und nachher zu immer weiterer Senkung
genöthigt wird, wobei es denn auch, wegen immer
weiterer Verrückung, an Länge zunimmt.

228.

So ist offenbar, daß das Sonnenlicht eine heterogene
20 Mischung von Strahlen ist, deren einige beständig mehr
refrangibel sind als andre; welches zu erweisen war.

229.

Uns ist nur offenbar, daß das Sonnenbild so gut
wie jedes andre, helle oder dunkle, farbige oder farb=

9*

lose, in sofern es sich vom Grunde auszeichnet, durch
Refraction an dem Rand ein farbiges Nebenbild er=
hält, welches Nebenbild unter gewissen Bedingungen
wachsen und das Hauptbild zudecken kann.

230.

Daß Newton aus lauter falschen Prämissen keine
wahre Folgerung ziehen konnte, versteht sich von selbst.
Daß er durch seine zehn Experimente nichts bewiesen,
darin sind gewiß alle aufmerksame Leser mit uns
einig. Der Gewinn, den wir von der zurückgelegten
Arbeit ziehen, ist erstlich: daß wir eine falsche hohle
Meinung los sind; zweitens: daß wir die Consequenz
eines früher (S. 178—356) abgeleiteten Phänomens
deutlich einsehen; und drittens: daß wir ein Muster
von sophistischer Entstellung der Natur kennen lernten,
das nur ein außerordentlicher Geist wie Newton, dessen
Eigensinn und Hartnäckigkeit seinem Genie gleich kam,
aufstellen konnte. Wir wollen nun, nachdem wir so=
weit gelangt, versuchen, ob wir zunächst unsre Pole=
mik uns und unsern Lesern bequemer machen können.

Übersicht
des
Nächstfolgenden.

— —

231.

Wenn wir uns hätten durch die Newtonische Recapitulation überzeugen lassen, wenn wir geneigt
wären, seinen Worten Beifall zu geben, seiner Theorie
beizutreten; so würden wir uns verwundern, warum
er denn die Sache nicht für abgethan halte, warum
er fortfahre zu beweisen, ja warum er wieder von
vorn anfange? Es ist daher eine Übersicht desto
nöthiger, was und wie er es denn eigentlich beginnen
will, damit uns deutlich werde, zu welchem Ziele er
nun eigentlich hinschreitet.

232.

Im Allgemeinen sagen wir erst hierüber soviel.
Newtons Lehre war der naturforschenden Welt lange
Zeit nur aus dem Briefe an die Londner Societät
bekannt; man untersuchte, man beurtheilte sie hier-
nach, mit mehr oder weniger Fähigkeit und Glück.
Der Hauptsatz, daß die aus dem weißen heterogenen
Licht geschiedenen homogenen Lichter unveränderlich
seien, und bei wiederholter Refraction keine andere
Farbe als ihre eigene zeigten, ward von Mariotte

bestritten, der wahrscheinlich, indem er das Experi=
mentum Crucis untersuchte, bei der zweiten Refrac=
tion die fremden Farbenränder der kleinen farbigen
Bildchen bemerkt hatte. Newton griff also nach der
Ausflucht: jene durch den einfachen prismatischen 5
Versuch gesonderten Lichter seien nicht genugsam ge=
sondert; hierzu gehöre abermals eine neue Operation:
und so sind die vier nächsten Versuche zu diesem Zweck
ersonnen und gegen diesen Widersacher gerichtet, gegen
welchen sie in der Folge auch durch Desaguliers ge= 10
braucht werden.

233.

Zuerst also macht er auf's neue wunderbare An=
stalten, um die verschiedenen, in dem heterogenen Licht
steckenden homogenen Lichter, welche bisher nur ge=
wissermaßen getrennt worden, endlich und schließlich 15
völlig zu scheiden, und widmet diesem Zweck den
elften Versuch. Dann ist er bemüht abermals vor
Augen zu bringen und einzuschärfen, daß diese nun=
mehr wirklich geschiedenen Lichter bei einer neuen
Refraction keine weitere Veränderung erleiden. Hiezu 20
soll der zwölfte, dreizehnte und vierzehnte Versuch
dienstlich und hülfreich sein.

234.

Wie oft sind uns nicht schon jene beiden Propo=
sitionen wiederholt worden, wie entschieden hat der
Verfasser nicht schon behauptet, diese Aufgaben seien 25

gelöst, und hier wird alles wieder von vorn vorge=
nommen als wäre nichts geschehen! Die Schule hält
sich deßhalb um so sicherer, weil es dem Meister ge=
lungen auf so vielerlei Weise dieselbe Sache darzu=
5 stellen und zu befestigen. Allein genauer betrachtet,
ist seine Methode die Methode der Regentraufe, die
durch wiederholtes Tropfen auf dieselbige Stelle den
Stein endlich aushöhlt; welches denn doch zuletzt
eben soviel ist als wenn es gleich mit tüchtiger
10 wahrer Gewalt eingeprägt wäre.

235.

Um sodann zu dem Praktischen zu gelangen, schärft
er die aus seinem Wahn natürlich herzuleitende Fol=
gerung nochmals ein: daß, bei gleicher Incidenz des
zusammengesetzten heterogenen Lichts, nach der Brechung
15 jeder gesonderte homogene Strahl sein besonderes Rich=
tungsverhältniß habe, so daß also dasjenige was vor=
her beisammen gewesen, nunmehr unwiederbringlich
von einander abgesondert sei.

236.

Hieraus leitet er nun zum Behuf der Praxis, wie
20 er glaubt, unwiderleglich ab: daß die dioptrischen
Fernröhre nicht zu verbessern seien. Die dioptrischen
Fernröhre sind aber verbessert worden, und nur wenige
Menschen haben sogleich rückwärts geschlossen, daß
eben deßhalb die Theorie falsch sein müsse; vielmehr

hat die Schule, wie es uns in der Geschichte beson=
ders interessiren wird, bei ihrer völligen theoretischen
Überzeugung noch immer versichert: die bioptrischen
Fernröhre seien nicht zu verbessern, nachdem sie schon
lange verbessert waren.

237.

So viel von dem Inhalt des ersten Theils von
hier bis an's Ende. Der Verfasser thut weiter nichts
als daß er das Gesagte mit wenig veränderten Worten,
das Versuchte mit wenig veränderten Umständen wieder=
holt: weßwegen wir uns denn abermals mit Aufmerk=
samkeit und Geduld zu waffnen haben.

238.

Schließlich führt Newton sodann das von ihm
eingerichtete Spiegelteleskop vor, und wir haben ihm
und uns Glück zu wünschen, daß er durch eine falsche
Meinung beschränkt einen so wahrhaft nützlichen Aus=
weg gefunden. Gestehen wir es nur! der Irrthum
insofern er eine Nöthigung enthält, kann uns auch
auf das Wahre hindrängen, so wie man sich vor dem
Wahren, wenn es uns mit allzu großer Gewalt er=
greift, gar zu gern in den Irrthum flüchten mag.

Vierte Proposition. Erstes Problem.

Man soll die heterogenen Strahlen des zusam=
mengesetzten Lichts von einander absondern.

239.

Wie mag Newton hier abermals mit dieser Aufgabe
5 hervortreten? hat er doch oben schon versichert, daß
die homogenen Strahlen von einander gesondert (212),
daß sie von einander getrennt und sortirt worden
(222). Nur zu wohl fühlt er, bei den Einwendungen
seines Gegners, daß er früher nichts geleistet und ge=
10 steht nun auch, daß es nur gewissermaßen geschehen.
Deßhalb bemüht er sich auf's neue mit einem weit=
läuftigen Vortrag, mit Aufgabe des

Elften Versuchs,

mit Illustration der zu demselben gehörigen Figur,
15 und bewirkt dadurch eben so wenig als vorher; nur
verwickelt er die Sache, nach seiner Weise, dergestalt,
daß nur der Wohlunterrichtete darin klar sehen kann.

240.

Indem nun dieß alles nach schon abgeschlossener
Recapitulation geschieht, so läßt sich denken, daß nur
20 dasjenige wiederholt wird, was schon dagewesen.

Wollten wir, wie bisher meist geschehen, Wort vor
Wort mit dem Verfasser controvertiren; so würden
wir uns auch nur wiederholen müssen und unsern
Leser auf's neue in ein Labyrinth führen, aus dem
er sich schon mit uns herausgewickelt hat. Wir er=
wählen daher eine andere Verfahrungsart; wir gedenken
zu zeigen, daß jene Aufgabe unmöglich zu lösen sei,
und brauchen hiezu nur an das zu erinnern, was von
uns schon an mehreren Stellen, besonders zum fünften
Versuch, umständlich ausgeführt worden.

241.

Alles kommt darauf an, daß man einsehe, die
Sonne sei bei objectiven prismatischen Experimenten
nur als ein leuchtendes Bild zu betrachten; daß man
ferner gegenwärtig habe, was vorgeht, wenn ein helles
Bild verrückt wird. An der einen Seite erscheint
nämlich der gelbrothe Rand, der sich hineinwärts,
nach dem Hellen zu, in's Gelbe verliert, an der andern
der blaue Rand, der sich hinauswärts, nach dem Dun=
keln zu, in's Violette verliert.

242.

Diese beiden farbigen Seiten sind ursprünglich ge=
trennt, gesondert und geschieden; dagegen ist das Gelbe
nicht vom Gelbrothen, das Blaue nicht vom Blaurothen
zu trennen. Verbreitert man durch weitere Verrückung
des Bildes diese Ränder und Säume dergestalt, daß

Gelb und Blau einander ergreifen; so mischt sich das
Grün, und die auf eine solche Weise nunmehr ent=
standene Reihe von Farben kann durch abermalige
Verlängerung des Bildes so wenig aus einander ge=
schieben werden, daß vielmehr die innern Farben,
Gelb und Blau, sich immer mehr über einander schie=
ben und ʃich zuletzt im Grünen völlig verlieren, da
denn statt sieben oder fünf Farben nur drei übrig
bleiben.

243.

Wer diese von uns wiederholt vorgetragene Erschei=
nung recht gefaßt hat, der wird das Newtonische Beneh=
men ohne weiteres beurtheilen können. Newton
bereitet sich ein sehr kleines leuchtendes Bild und ver=
rückt es durch eine wunderliche Vorrichtung dergestalt,
daß er es fünfundsiebzigmal länger als breit will
gefunden haben. Wir gestehen die Möglichkeit dieser
Erscheinung zu; allein was ist dadurch gewonnen?

244.

Die eigentliche Verlängerung eines hellen großen
oder kleinen Bildes bewirkt nur der äußere violette
Saum; der innre gelbe verbindet sich mit dem blauen
Rande und geht aus dem Bilde nicht heraus. Daher
folgt, daß bei gleicher Verrückung ein kleines Bild
ein ander Verhältniß seiner Breite zur Länge habe,
als ein großes; welches Newton gern läugnen möchte,
weil es freilich seiner Lehre geradezu widerspricht
(90—93).

245.

Hat man den wahren Begriff recht gefaßt, so
wird man das Falsche der Newtonischen Vorstellung
gleich erkennen, die wir (P. 103—110) genugsam er-
örtert haben. Gegenwärtig bringen wir Folgendes
bei. Nach Newton besteht das verlängerte Bild aus
lauter in einander greifenden Kreisen, welche in dem
weißen Sonnenbilde sich gleichsam deckend über einander liegen und nun, wegen ihrer diversen Refrangibilität, durch die Refraction aus einander geschoben
werden. Nun kommt er auf den Gedanken, wenn
man die Diameter der Kreise verkleinerte und das
prismatische Bild soviel als möglich verlängerte; so
würden sie nicht mehr, wie bei'm größren Bilde über
einander greifen, sondern sich mehr von einander entfernen und aus einander treten. Um sich dieses zu
versinnlichen, stelle man eine Säule von Species-
thalern und eine andere von eben soviel Groschen
neben einander auf den Tisch, lege sie um, und schiebe
sie in gleicher Richtung sacht aus einander, und zwar
daß die Mittelpuncte der Thaler und Groschen jederzeit gegen einander über liegen; und man wird bald
sehen, daß die Groschen schon lange von einander abgesondert sind, wenn die Peripherien der Thaler noch
über einander greifen. Auf eine so crude Weise hat
sich Newton die diverse Refrangibilität seiner homogenen Strahlen gedacht, so hat er sie abgebildet; man
sehe seine 15. und 23ste Figur und auf unserer

siebenten Tafel Figur 5, 6, 7. Allein da er bei allem
Zerren des Bildes, weder in dem vorigen Versuche
noch bei'm gegenwärtigen, die Farben aus einander
sondern kann; so faßt er in der Zeichnung die Kreise
5 immer noch mit punctirten Linien ein, so daß sie als
gesondert und nicht gesondert auf dem Papier ange=
deutet sind. Da flüchtet man sich denn hinter eine
andere Supposition; man versichert, daß es nicht etwa
fünf oder sieben, sondern unendliche homogene Strahlen
10 gebe. Hat man also diejenigen die man erst für nach=
barlich annahm, von einander abgesondert, so tritt
immer ein Zwischenstrahl gleich hervor und macht die
mühselige, schon als glücklich gelungen angegebene
Operation abermals unmöglich.

246.

15 Auf dieses elfte Experiment hin, ohne solches im
mindesten zu untersuchen, hat man die Möglichkeit
einer vollkommnen Absonderung jener homogen sup=
ponirten Strahlen in Schulen fortgelehrt, und die
Figuren nach der Hypothese, ohne die Natur oder den
20 Versuch zu fragen, kecklich abgebildet. Wir können
nicht umhin, den 370sten Paragraph der Erxleben'=
schen Naturlehre hier Wort vor Wort abdrucken zu
lassen, damit man an diesem Beispiel sehe, wie ver=
wegen ein compilirender Compendienschreiber sein
25 muß, um ein unbearbeitetes oder falschbearbeitetes
Capitel fertig zu machen.

„Das farbige Licht besteht aus soviel Kreisen als
Farben darin sind, wovon der eine roth, der andre
orangegelb u. s. w. der letzte violett ist, und die in
einander in den farbigen Streifen zusammenfließen.
Jeder dieser Kreise ist das Bild der Sonne, das von
solchem Lichte, dessen Brechbarkeit verschieden ist, auch
nicht an Einen Ort fallen kann. Weil aber diese
Kreise so groß sind, daß sie nur deßwegen in einander
zusammenfließen, so kann man sie dadurch kleiner
machen, daß man ein erhobenes Glas zwischen das
Prisma und das Loch im Fensterladen hält; dann
stellt sich jedes einfache Licht in Gestalt kleiner runder
Scheiben einzeln vor, in einer Reihe über einander,
75. Fig. a ist das rothe, b das violette Licht.“

In gedachter Figur nun sind die sieben Lichter
als sieben Cirkelchen ganz rein und ruhig über ein=
ander gesetzt, eben als wenn sie doch irgend jemand
einmal so gesehen hätte; die verbindenden Strichelchen
sind weggelassen, welche Newton denselben klüglich
doch immer beigegeben. Und so steht diese Figur ganz
sicher zwischen andern mathematischen Linearzeich=
nungen und Abbildungen mancher zuverlässigen Er=
fahrung, und so hat sie sich durch alle Lichtenbergische
Ausgaben erhalten.

247.

Daß wir über dieses elfte Experiment schneller als
über die andern weggehen, dazu bewegt uns außer

obgemeldeten Ursachen auch noch folgende. Newton
verbindet hier zum erstenmal Prisma und Linse, ohne
uns auch nur im mindesten belehrt zu haben, was
denn eigentlich vorgehe, wenn man mit diesen so
5 nahverwandten und so sehr verschiedenen Instru=
menten zusammen operire. Dießmal will er durch
ihre Verbindung seine mährchenhaften Lichter son=
dern, in der Folge wird er sie auf eben dem Weg
vereinigen und sein weißes Licht daraus wieder her=
10 stellen; welches letztere Experiment besonders mit
unter diejenigen gehört, deren die Newtonianer immer
im Triumph erwähnen. Wir werden daher, sobald
wir einen schicklichen Ruhepunct finden, deutlich
machen, was eigentlich vorgeht, wenn man zu einem
15 Versuche Prismen und Linsen vereinigt. Ist dieses
geschehen, so können wir das elfte Experiment wieder
vorführen und sein wahres Verhältniß an den Tag
bringen; wie wir denn auch bei Gelegenheit der Con=
trovers des Desaguliers gegen Mariotte dieses Ver=
20 suchs abermals zu gedenken haben.

Fünfte Proposition. Viertes Theorem.

Das homogene Licht wird regelmäßig, ohne Er=
weiterung, Spaltung oder Zerstreuung der
Strahlen, refrangirt, und die verworrene
Ansicht der Gegenstände, die man durch
brechende Mittel im heterogenen Lichte be=
trachtet, kommt von der verschiedenen Re=
frangibilität mehrerer Arten von Strahlen.

248.

Der erste Theil dieser Proposition ist schon früher durch
das fünfte Experiment genugsam erwiesen worden;

249.

Daß das fünfte Experiment nichts bewies, haben
wir umständlich dargethan.

250.

Und die Sache wird durch nachstehende Versuche noch
deutlicher werden.

251.

Durch unsre Bemerkung wird noch deutlicher
werden, daß die Behauptung grundlos und uner=
weislich ist.

Zwölfter Versuch.

252.

Ein schwarzes Papier

253.

Warum ein schwarzes Papier? Zu diesem Zweck
ist jede durchlöcherte Tafel von Holz, Pappe oder
Blech vollkommen geeignet; vielleicht auch wieder ein
schwarzes Papier, um recht vorsichtig zu scheinen, daß
kein störendes Licht mitwirke.

254.

Ein schwarzes Papier, worin eine runde Öffnung be-
findlich war, deren Durchmesser etwa den fünften oder
sechsten Theil eines Zolls hatte,

255.

Warum war die Öffnung so klein? Doch nur
daß die Beobachtung schwerer und jeder Unterschied
unbemerklicher wäre.

256.

stellte ich so, daß es ein Bild aus homogenem Lichte,
so wie wir es in der vorhergehenden Proposition beschrieben
haben, aufnahm, und ein Theil dieses Lichts durch die Öffnung durchging. Dann fing ich diesen durchgegangenen
Theil mit einem hinter das Papier gestellten Prisma dergestalt auf, daß es in der Entfernung von zwei bis drei
Fuß auf eine weiße Tafel senkrecht auffiel. Nach dieser

Vorrichtung bemerkte ich, daß jenes Bild, das auf der
weißen Tafel durch Brechung jenes homogenen Lichtes ab-
gemahlt war, nicht länglich sei, wie jenes, als wir im
britten Experiment das zusammengesetzte Sonnenlicht gebrochen hatten. Vielmehr war es, in sofern ich mit bloßen
Augen urtheilen konnte, an Länge und Breite gleich und
vollkommen rund. Woraus folgt, daß dieses Licht regelmäßig gebrochen worden sei, ohne weitre Verbreiterung der
Strahlen.

257.

Hier tritt abermals ein Kunstgriff des Verfassers
hervor. Dieses Experiment ist völlig dem sechsten
gleich, nur mit wenig veränderten Umständen; hier
wird es aber wieder als ein neues gebracht, die Zahl
der Experimente wird unnöthig vermehrt, und der
Unaufmerksame, der eine Wiederholung vernimmt,
glaubt eine Bestätigung, einen neuen Beweis zu
hören. Das einmal gesagte Falsche drückt sich nur
stärker ein und man glaubt in den Besitz neuer Über-
zeugungsgründe zu gelangen.

Was wir daher gegen den sechsten Versuch umständlich angeführt, gilt auch gegen diesen, und wir
enthalten uns das oft Wiederholte zu wiederholen.

258.

Doch machen wir noch eine Bemerkung. Der Verfasser sagt, daß er ein homogenes Licht durch die
Öffnung gelassen und sodann zum zweitenmal gebrochen habe; er sagt aber nicht, welche Farbe.

Gewiß war es die rothe, die ihm zu diesen Zwecken
so angenehme gelbrothe, weil sie gleichsam mit ihm
conspirirt und das verhehlt, was er gern verhehlen
möchte. Versuch' er es doch mit den übrigen Farben,
unb wie anders werden die Versuche, wenn er recht
zu beobachten Lust hat, ausfallen!

259.

Die beiden folgenden Experimente sind nun prisͤ=
matisch subjective, von denen unsre Leser durch den
Entwurf genugsam unterrichtet sind. Wir wollen
jedoch nicht verschmähen auch beide hier nochmals zu
entwickeln.

Dreizehnter Versuch.

260.

In's homogene Licht

261.

Doch wohl wahrscheinlich wieder in's rothe.

262.

stellte ich eine papierne Scheibe, deren Diameter ein
Viertelszoll war.

263.

Was soll nun wieder dieses winzige Scheibchen?
Was ist für eine Bemerkung daran zu machen? Doch

freilich sind wir mit winzigen Öffnungen im Laden
zu operiren gewohnt, warum nicht auch mit Papier=
schnitzeln!

264.

Dagegen stellte ich in das weiße heterogene Sonnenlicht

265.

Man merke noch besonders, nun ist das homo=
gene und heterogene Licht vollkommen fertig. Das
was noch immer bewiesen werden soll, wird schon
als ausgemacht, bestimmt, benamset ausgesprochen
und drückt sich in das Gehirn des gläubigen Schülers
immer tiefer ein.

266.

das noch nicht gebrochen war, eine andre papierne
Scheibe von derselbigen Größe.

267.

Wohl auch deßhalb so klein, damit die ganze
Fläche nachher durch's Prisma angeschaut, sogleich
gefärbt würde.

268.

Dann trat ich einige Schritte zurück und betrachtete
beide Scheiben durch das Prisma. Die Scheibe welche von
dem heterogenen Sonnenlicht erleuchtet war, erschien sehr
verlängt, wie jene helle Öffnung im vierten Experiment,
so daß die Breite von der Länge vielmal übertroffen wurde;
die Scheibe aber vom homogenen Lichte erleuchtet, schien völlig
rund und genau begränzt, eben so als wenn man sie mit
nackten Augen ansah.

269.

Wahrscheinlich war also diese letzte, wie schon oben
erwähnt, im rothen Lichte, und wir können, da Newton
selbst im ersten Experiment gefärbtes Papier an die
Stelle der prismatischen Farben setzt, unsre Leser
5 vollkommen auf das was theils bei Gelegenheit des
sechsten Experiments, theils bei Gelegenheit des ersten
gesagt worden, verweisen. Man nehme unsre dritte
Tafel wieder zur Hand, worauf sich neben andern
Vierecken auch ein rothes und weißes auf schwarzem
10 Grunde finden wird; man betrachte sie durch ein
Prisma und lese dazu, was wir früher ausgeführt
(271, 272), und man wird begreifen, woher der
Schein kam, durch welchen Newton sich täuschte, ja
ein= für allemal täuschen wollte. Wenn er nun fort=
15 fährt:

270.

Mit welchem Versuch denn also beide Theile dieser Pro=
position bewiesen werden.

271.

So wird wohl niemand, der sich besser belehrte,
mit ihm einstimmen, vielmehr den alten Irrthum
20 erkennen und, wenn er ihn je selbst gehegt haben
sollte, auf immer von sich werfen.

Vierzehnter Versuch.

272.

Damit unsre Leser den Werth dieses Versuchs so=
gleich beurtheilen können, haben wir auf einer Tafel
sechs Felder, mit den Hauptfarben illuminirt, ange=
bracht und auf selbige verschiedene dunkle, helle und
farbige Körper gezeichnet. Man betrachte diese Tafeln
nunmehr durch's Prisma, lese alsdann die Newtoni=
sche Darstellung der eintretenden Erscheinung und be=
merke wohl, daß er bloß dunkle Körper in dem soge=
nannten homogenen Licht beobachtet und beobachten
kann, daß unser Versuch hingegen eine Mannichfaltig=
keit von Fällen darbietet, wodurch wir allein über
das Phänomen zu einer völligen und reinen Einsicht
gelangen mögen.

273.

Wenn ich Fliegen und andre dergleichen kleine Körper,
vom homogenen Lichte beschienen, durch's Prisma betrachtete,
so sah ich ihre Theile so genau begränzt, als wenn ich sie
mit bloßen Augen beschaute.

274.

Das hier eintretende Verhältniß muß unsern Le=
sern, besonders denen auf die unser didaktischer Vor=
trag Eindruck gemacht, schon genugsam bekannt sein.
Es ist nämlich dieses, daß die Ränder eines farbigen
Bildes auf dunklem Grunde, besonders wenn die Far=

ben selbst dunkel sind, sich nur mit Aufmerksamkeit
beobachten lassen. Hier ist der Fall umgekehrt. New=
ton bringt dunkle Bilder auf farbigen Grund, welche
noch überdieß von dem farbigen Lichte, das den Grund
5 hervorbringt, selbst beschienen und einigermaßen tingirt
werden. Daß die prismatischen Ränder sobann weni=
ger an diesen Gegenständen erscheinen, sondern sich mit
ihnen vermischen ober am entgegengesetzten Ende auf=
gehoben werden, ist natürlich, so daß sie also ziemlich
10 begränzt und ohne merkliche Säume gesehen werden.
Um aber das Phänomen von allen Seiten auf einmal
deutlich zu machen, so haben wir auf unserer zwölf=
ten Tafel auf den farbigen Gründen helle, dunkle und
farbige Bilder angebracht. Der Beobachter kann sie
15 sogleich durch's Prisma anschauen, und wird die Rän=
der und Säume nach den verschiedenen Verhältnissen
des Hellen und Dunklen, so wie nach den Eigenschaf=
ten der verschiedenen Farben, überall erkennen und
beobachten lernen. Er wird einsehen, wie unglücklich
20 der Newtonische Vortrag ist, der aus allen Phänomenen
immer nur eins, nur dasjenige heraushebt, was ihm
günstig sein kann, alle die übrigen aber verschweigt
und verbirgt, und so von Anfang bis zu Ende seiner
belobten Optik verfährt.

25 Kaum wäre es nöthig den Überrest der sich auf
dieses Experiment bezieht, zu übersetzen und zu beleuch=
ten; wir wollen uns aber diese kleine Mühe nicht
reuen lassen.

275.

Wenn ich aber dieselben Körper im weißen, heterogenen, noch nicht gebrochenen Sonnenlicht

276.

Man merke wohl: Schwarz auf Weiß.

277.

gleichfalls durch das Prisma ansah; so erschienen ihre
Gränzen sehr verworren, so daß man ihre kleineren Theile 5
nicht erkennen konnte.

278.

Ganz recht! Denn die kleineren schmäleren Theile
wurden völlig von den Säumen überstrahlt und also
unkenntlich gemacht.

279.

Gleichfalls, wenn ich kleine gedruckte Buchstaben erst im 10
homogenen, dann im heterogenen Licht durch's Prisma ansah, erschienen sie in dem letztern so verworren und undeutlich, daß man sie nicht lesen konnte, in dem erstern aber
so deutlich, daß man sie bequem las und so genau erkannte,
als wenn man sie mit bloßen Augen sähe.   In beiden 15
Fällen habe ich die Gegenstände in derselben Lage, durch
dasselbe Prisma, in derselben Entfernung betrachtet.

280.

Hier gebärdet sich der Verfasser als wenn er recht
genau auf die Umstände Acht gäbe, da er doch den
Hauptumstand außer Acht gelassen.   20

281.

Nichts war unterschieden als daß sie von verschiedenem Licht erleuchtet wurden, davon das eine einfach und das andre zusammengesetzt war.

282.

Und nun hätten wir denn also das einfache und zusammengesetzte Licht völlig fertig, das freilich schon viel früher fertig war: denn es stak schon in der ersten Proposition und kam immer gleich unerwiesen in jeder Proposition und in jedem Experimente zurück.

283.

Deßwegen also keine andre Ursache sein kann, warum wir jene Gegenstände in einem Fall so deutlich, in dem andern so dunkel sehen, als die Verschiedenheit der Lichter.

284.

Ja wohl der Lichter; aber nicht in sofern sie farbig oder farblos, einfach oder zusammengesetzt sind, sondern in sofern sie heller oder dunkler scheinen.

285.

Wodurch denn zugleich die ganze Proposition bewiesen wird.

286.

Wodurch denn aber, wie wir unter hoffentlicher Beistimmung aller unserer Leser ausrufen, nichts bewiesen ist.

287.

Ferner ist in diesen drei Experimenten das auch höchst bemerkenswerth, daß die Farbe des homogenen Lichtes bei diesen Versuchen um nichts verändert worden.

288.

Es ist freilich höchst bemerkenswerth, daß Newton erst hier bemerkt, was zu dem ABC der prismatischen Erfahrungen gehört, daß nämlich eine farbige Fläche so wenig als eine schwarze, weiße oder graue durch Refraction verändert werde, sondern daß allein die Gränzen der Bilder sich bunt bezeichnen. Betrachtet man nun durch ein Prisma das farbige Spectrum in ziemlicher Nähe, so daß es nicht merklich vom Flecke gerückt und seine Versatilität (S. 350—356) nicht offenbar werde; so kann man die von demselben beschienene Fläche als eine wirklich gefärbte zu diesem Zwecke annehmen. Und somit gedenken wir denn, da der Verfasser glücklich an's Ende seines Beweises gelangt zu sein glaubt, wir hingegen überzeugt sind, daß ihm seine Arbeit ungeachtet aller Bemühung höchst mißglückt sei, seinen fernern Consequenzen auf dem Fuße zu folgen.

Sechste Proposition. Fünftes Theorem.

Der Sinus der Incidenz eines jeden besondern Strahls ist mit dem Sinus der Refraction im gegebenen Verhältniß.

289.

Anstatt mit dem Verfasser zu controvertiren, legen wir die Sache wie sie ist, naturgemäß vor, und gehen daher bis zu den ersten Anfängen der Erscheinung zurück. Die Gesetze der Refraction waren durch Snellius entdeckt worden. Man hatte sodann gefunden, daß der Sinus des Einfallswinkels mit dem Sinus des Refractionswinkels im gleichen Mittel jederzeit im gleichen Verhältniß steht.

290.

Dieses Gefundene pflegte man durch eine Linear-zeichnung vorzustellen, die wir in der ersten Figur unserer elften Tafel wiederholen. Man zog einen Cirkel und theilte denselben durch eine Horizontallinie: der obere Halbcirkel stellt das dünnere Mittel, der untere das dichtere vor. Beide theilt man wieder durch eine Perpendicularlinie; alsdann läßt man im Mittelpuncte den Winkel der Incidenz von oben, und den Winkel der Refraction von unten zusammenstoßen, und kann nunmehr ihr wechselseitiges Maß ausdrücken.

291.

Dieses ist gut und hinreichend, um die Lehre an=
schaulich zu machen und das Verhältniß in Abstracto
darzustellen; allein, um in der Erfahrung die beiden
Winkel gegen einander wirklich zu messen, dazu gehört
eine Vorrichtung, auf die bei dieser Linearfigur nicht
hingedeutet ist.

292.

Die Sonne scheine in ein leeres Gefäß (S. 187),
sie werfe den Schatten genau bis an die gegenüber=
stehende Wand und der Schatten bedecke den Boden
ganz. Nun gieße man Wasser in das Gefäß, und der
Schatten wird sich zurückziehen gegen die Seite wo
das Licht herkommt. Hat man in dem ersten Falle
die Richtung des einfallenden Lichtes, so findet man
im zweiten die Richtung des gebrochnen. Woraus
erfährt man denn aber das Maß dieser beiden Rich=
tungen, als aus dem Schatten und zwar aus des
Schattens Gränze? Um also in der Erfahrung das
Maß der Refraction zu finden, bedarf es eines be=
gränzten Mittels.

293.

Wir schreiten weiter. Man hatte das oben aus=
gesprochene Gesetz der Refraction entdeckt, ohne auf
die bei dieser Gelegenheit eintretende Farbenerscheinung
nur im mindesten zu achten, indem sie freilich bei
parallelen Mitteln sehr gering ist; man hatte die Re=
fraction des hellen, weißen, energischen Lichtes zu sei=

ner Incidenz gemessen betrachtet und auf obige Weise
gezeichnet; nun fand aber Newton, daß bei der Re=
fraction gesetzmäßig eine Farbenerscheinung eintrete;
er erklärte sie durch verschiedenfarbige Lichter, welche
5 in dem weißen stecken sollten, und sich, indem sie eine
verschiedene Brechbarkeit hätten, sonderten und neben=
einander erschienen.

294.

Hieraus folgte natürlich, daß wenn das weiße
Licht einen gewissen einzigen Einfallswinkel, wie z. E.
10 bei uns, 45 Grad hatte, der Refractionswinkel der
nach der Brechung gesonderten Strahlen verschieden
sein mußte, indem einige mehr als andre rückwärts
gingen, und daß also, wenn bei dem einfallenden Licht
nur Ein Sinus in Betracht kam, bei den Refractions=
15 winkeln fünf, sieben, ja unzählige Sinus gedacht wer=
den mußten.

295.

Um dieses faßlich zu machen, bediente sich Newton
einer Figur von derjenigen entlehnt, wie man das
Verhältniß der Refraction zur Incidenz bisher vorge=
20 stellt hatte, aber nicht so vollständig und ausführlich.

296.

Man hatte einen Lichtstrahl, der Bequemlichkeit
wegen, angenommen, weil die abstracte Linie die Stelle
von Millionen Strahlen vertritt; auch hatte man,
bei der gedachten Figur, der Schranke nicht erwähnt,

weil man sie voraussetzte: nun erwähnt Newton der
Schranke auch nicht, setzt sie auch nicht voraus, son=
dern übergeht, beseitigt sie und zeichnet seine Figur,
wie man bei uns in Nr. 2 sehen kann.

297.

Bedenke man aber, wie oben schon eingeleitet, 5
selbst bei diesen Figuren den Erfahrungsfall. Man
lasse unendliche Sonnenstrahlen durch den obern
Halbkreis des dünnern Mittels auf den untern Halb=
kreis des dichtern Mittels in einem Winkel von
45 Graden fallen; auf welche Weise soll man denn 10
aber beobachten können, welch ein Verhältniß die
auf die freie Horizontallinie oder =Fläche des dichtern
Mittels fallenden Lichtstrahlen nunmehr nach der
Brechung haben? Wie will man den Bezug des Ein=
fallswinkels zum Brechungswinkel auffinden? Man 15
muß doch wohl erst einen Punct geben, an welchem
beide bemerkbar zusammenstoßen können.

298.

Dieses ist auf keine Weise zu bewirken, als wenn
man irgend ein Hinderniß, eine Bedeckung, über die
eine Seite bis an den Mittelpunct schiebt. Und dieses 20
kann geschehen entweder an der Lichtseite, wie wir es
in Nr. 4, oder an der entgegengesetzten, wie wir es
Nr. 3 dargestellt haben. In beiden Fällen verhält
sich der Sinus des Einfallswinkels zu dem Sinus

des Refractionswinkels ganz gleich, nur daß im ersten
Falle das Licht gegen die Finsterniß zurückt, im
zweiten die Finsterniß gegen das Licht. Daher denn
im ersten der blaue und blaurothe Rand und Saum,
im zweiten der gelbe und gelbrothe zum Vorschein
kommen; wobei übrigens keine Differenz ihrer Refraction, noch weniger also einer Refrangibilität
eintritt.

299.

Es steht also hier die Bemerkung wohl am rechten
Platze, daß man zwar irgend ein durch Erfahrung
ausgemitteltes allgemeines Naturgesetz linearsymbolisch
ausdrücken und dabei gar wohl die Umstände, wodurch das zum Grunde liegende Phänomen hervorgebracht wird, voraussetzen könne; daß man aber von
solchen Figuren auf dem Papiere nicht gegen die
Natur weiter operiren dürfe, daß man bei Darstellung eines Phänomens, das bloß durch die bestimm-
testen Bedingungen hervorgebracht wird, eben diese
Bedingungen nicht ignoriren, verschweigen, beseitigen
dürfe; sondern sich Mühe zu geben habe, diese gleichfalls im Allgemeinen auszusprechen und symbolisch
darzustellen. Wir glauben dieses auf unsrer elften
Tafel geleistet, dem was wir in unserm Entwurf
mühsam auferbaut, hierdurch den Schlußstein ein-
gesetzt und die Sache zur endlichen Entscheidung gebracht zu haben; und dürfen wohl hoffen, daß man
besonders diese Figuren künftig in die Compendien

aufnehmen werde, da man an ihnen Lehre und Con=
trovers am besten und kürzesten vortragen kann.

300.

Um endlich alles auf einem Blatte übersehen zu
können, haben wir in der fünften Figur dasjenige
Phänomen dargestellt, woraus die Achromasie und
sogar die Hyperchromasie entspringt. Wir nehmen
an, daß ein mit dem vorigen gleich brechendes Mittel
die chemische Kraft und Gabe besitze, die Farben=
erscheinung mehr zu verbreiten. Hier sieht man,
daß bei gleicher Incidenz mit Nr. 1 und gleicher Re=
fraction, dennoch eine ansehnliche Differenz in der
Farbenerscheinung sei. Vielleicht ist dieses Phänomen
auch in der Natur darzustellen, wie es hier nur in
Abstracto steht; wie man denn schon jetzt die Farben=
erscheinung eines Mittels vermehren kann, ohne an
seiner Refractionskraft merklich zu ändern. Auch
wiederholen wir hier die Vermuthung (E. 686), daß
es möglich sein möchte, irgend einem refrangirenden
Mittel die chemische Eigenschaft, farbige Ränder und
Säume hervorzubringen, gänzlich zu benehmen.

301.

Wem nunmehr dieses bisher von uns Dargestellte
deutlich und geläufig ist, dem wird alles was Newton
von Messung, Berechnung und Räsonnement bei dieser
Proposition anbringt, weiter nicht imponiren, um so

weniger als durch die neuern Erfahrungen jenes alte
Sparrwerk längst eingerissen ist. So betriegen wir
auch nicht den

Funfzehnten Versuch.

302.

Es wird in demselben die Seitenbewegung des
Spectrums, die uns durch den fünften Versuch be=
kannt geworden, durch mehrere Prismen wiederholt,
dadurch aber weiter nichts geleistet, als daß das
immer verlängerte Spectrum sich immer mehr bückt;
welches alles uns nach dem, was wir schon genugsam
kennen, weiter nicht interessirt.

Siebente Proposition. Sechstes Theorem.

**Die Vollkommenheit der Teleskope wird ver=
hindert durch die verschiedene Refrangibilität
der Lichtstrahlen.**

303.

Man kann von verschiedenen Seiten in eine Wissen=
schaft herein= oder auch zu einem einzelnen Phänomen
herankommen, und von dieser ersten Ansicht hängt
sehr oft die ganze Behandlung des Gegenstandes ab.

Gibt man hierauf in der Geschichte des Wissens wohl
Acht, bemerkt man genau, wie gewisse Individuen,
Gesellschaften, Nationen, Zeitgenossen an eine Ent=
deckung, an die Bearbeitung eines Entdeckten heran=
kommen; so klärt sich manches auf, was außerdem
verborgen bliebe oder uns verwirrt machte. In der
Geschichte der Chromatik werden wir diesen Leitfaden
öfters anknüpfen, und auch bei Beurtheilung des
gegenwärtigen Abschnittes soll er uns gute Dienste
thun. Wir bemerken also vor allen Dingen, daß
Newton sein Interesse für die Farbenlehre dadurch
gewann, daß er die dioptrischen Fernröhre zu verbessern
suchte.

304.

Bei Entdeckung der Refractionsgesetze hatte man
die Farbenerscheinung nicht beachtet und zwar mit
Recht: denn bei Versuchen mit parallelen Mitteln ist
sie von keiner Bedeutung. Als man aber geschliffene
Gläser zu Brillen und Teleskopen anwendete, kam
dieses Phänomen näher zur Sprache. Sobald die
Teleskope einmal entdeckt waren, gingen Mathematiker
und Techniker mit Ernst auf ihre Verbesserung los,
der sich besonders zwei Mängel entgegenstellten, die
man Aberrationen, Abirrungen nannte. Die eine
kam von der Form her: denn man bemerkte, daß die
aus Kugelschnitten bestehenden Linsen nicht alle Theile
des Bildes rein in einen Punct versammelten, sondern
die Strahlen (indem man sich dieser Vorstellung dabei

bediente) theils früher, theils später zur Convergenz
brachten. Man that daher den Vorschlag und machte
Versuche, elliptische und parabolische Gläser anzuwen=
den, welche jedoch nicht vollkommen gelingen wollten.

305.

Während solcher Bemühungen ward man auf die
zweite Abweichung, welche farbig war, aufmerksam.
Es zeigte sich, daß der Deutlichkeit der Bilder sich
eine Farbenerscheinung entgegensetzte, welche besonders
die Gränzen, worauf es doch hauptsächlich bei einem
Bilde ankommt, unsicher machte. Lange hielt man
diese Erscheinung für zufällig; man schob sie auf
eine unregelmäßige Brechung, auf Unrichtigkeiten des
Glases, auf Umstände welche vorhanden und nicht
vorhanden sein konnten, und war indeß unablässig
bemüht, jene erste von der Form sich herschreibende
Abweichung auszugleichen und aufzuheben.

306.

Newton wendete hingegen seine Aufmerksamkeit
auf die zweite Art der Aberration. Er findet die
Farbenerscheinung constant und, da er von prismati=
schen Versuchen ausgeht, sehr mächtig; er setzt die
Lehre von diverser Refrangibilität bei sich fest. Wie
er sie begründet, haben wir gesehen; wie er dazu ver=
leitet worden, wird uns die Geschichte zeigen.

11*

307.

Nach seinen Erfahrungen, nach der Art wie er sie
auslegt, nach der Weise wie er theoretisirt, ist die
in der Proposition ausgesprochne Folgerung ganz
richtig: denn wenn das farblose Licht divers refrangibel
ist; so kann die Farbenerscheinung von der Refraction
nicht getrennt werden, jene Aberration ist nicht in's
Gleiche zu bringen, die dioptrischen Fernröhre sind
nicht zu verbessern.

308.

Jedoch nicht allein dieses, sondern weit mehr folgt
aus der Hypothese der diversen Refrangibilität. Unmittelbar folgt daraus, daß die dioptrischen Fernröhre ganz unbrauchbar sein müssen, indem wenigstens
alles was an den Gegenständen weiß ist, vollkommen
bunt erscheinen müßte.

309.

Ja, ganz abgesehen von dioptrischen Fernröhren,
Brillen und Lorgnetten, müßte die ganze sichtbare
Welt, wäre die Hypothese wahr, in der höchsten Ver-
worrenheit erscheinen. Alle Himmelslichter sehen wir
durch Refraction; Sonne, Mond und Sterne zeigen
sich uns, indem sie durch ein Mittel hindurchblicken,
an einer andern Stelle als an der sie sich wirklich
befinden; wie bei ihrem Auf= und Untergang die
Astronomen besonders zu bemerken wissen. Warum
sehen wir denn diese sämmtlichen leuchtenden Bilder,

diese größern und kleinern Funken, nicht bunt, nicht
in die sieben Farben aufgelöst? Sie haben die Re=
fraction erlitten, und wäre die Lehre von der diversen
Refrangibilität unbedingt wahr; so müßte unsre Erde,
bei Tag und bei Nacht, mit der wunderlichsten bunten
Beleuchtung überschimmert werden.

310.

Newton fühlt diese Folgerung wohl: denn da er
in Gefolg obiger Proposition eine ganze Weile ge=
messen und gerechnet hat, so bricht er sehr naiv in
die bedeutenden Worte aus: „Wobei man sich denn
verwundern muß, daß Fernröhre die Gegenstände
noch so deutlich zeigen, wie sie es thun." Er rechnet
wieder fort und zeigt, daß die Aberration die aus
der Form des Glases herkommt, beinahe sechstehalb=
tausendmal geringer sei als die welche sich von der
Farbe herschreibt, und kann daher die Frage nicht
unterlassen: „Wenn aber die Abweichungen die aus
der verschiedenen Refrangibilität der Strahlen ent=
springen, so ungeheuer sind, wie sehen wir durch
Fernröhre die Gegenstände nur noch so deutlich wie
es geschieht?" Die Art wie er diese Frage beant=
wortet, wird der nunmehr unterrichtete Leser mit
ziemlicher Bequemlichkeit im Original wahrnehmen
können. Es ist auch hier höchst merkwürdig, wie er
sich herumdrückt und wie seltsam er sich gebärdet.

311.

Wäre er aber auch auf dem rechten Wege ge=
wesen und hätte er, wie Descartes vor ihm, eingesehn,
daß zu der prismatischen Farbenerscheinung noth=
wendig ein Rand gehöre; so hätte er doch immer noch
behaupten können und dürfen, daß jene Aberration   5
nicht auszugleichen, jene Randerscheinung nicht weg=
zunehmen sei. Denn auch seine Gegner, wie Rizzetti
und andre, konnten eben deßhalb nicht recht Fuß
fassen, weil sie jene Randerscheinung der Refraction
allein zuschreiben mußten, sobald sie als constant 10
anerkannt war. Nur erst die spätere Entdeckung, daß
die Farbenerscheinung nicht allein eine allgemeine
physische Wirkung sei, sondern eine besondre chemische
Eigenschaft des Mittels voraussetze, konnte auf den
Weg leiten, den man zwar nicht gleich einschlug, auf 15
dem wir aber doch gegenwärtig mit Bequemlichkeit
wandeln.

Sechzehnter Versuch.

312.

Newton bemüht sich hier, die Farbenerscheinung
wie sie durch's Prisma gegeben ist, mit der welche 20
sich bei Linsen findet, zu vergleichen, und durch einen
Versuch zu beweisen, daß sie beide völlig mit einander
übereintreffen. Er wählt die Vorrichtung seines zwei=

ten Versuches, wo er ein roth= und blaues, mit schwar=
zen Fäden umwickeltes Bild durch eine Linse auf eine
entgegengestellte Tafel warf. Statt jenes zwiefach
gefärbten Bildes nimmt er ein gedrucktes, oder auch
5 mit schwarzen Linien bezogenes weißes Blatt, auf
welches er das prismatische Spectrum wirft, um die
deutlichere oder undeutlichere Erscheinung der Abbil=
dung hinter der Linse zu beobachten.

313.

Was über die Sache zu sagen ist, haben wir
10 weitläuftig genug bei jenem zweiten Experiment aus=
geführt, und wir betrachten hier nur kürzlich abermals
sein Benehmen. Sein Zweck ist, auch an den pris=
matischen Farben zu zeigen, daß die mehr refrangiblen
ihren Bildpunct näher an der Linse, die weniger re=
15 frangiblen weiter von der Linse haben. Indem man
nun denkt, daß er hierauf los gehen werde, macht er,
nach seiner scheinbaren großen Genauigkeit, die Be=
merkung, daß bei diesem Versuche nicht das ganze
prismatische Bild zu brauchen sei: denn das tiefste
20 Violett sei so dunkel, daß man die Buchstaben oder
Linien bei der Abbildung gar nicht gewahr werden
könne; und nachdem er hiervon umständlich gehandelt
und das Rothe zu untersuchen anfängt, spricht er, wie
ganz im Vorbeigehen, von einem sensiblen Rothen;
25 alsdann bemerkt er, daß auch an diesem Ende des
Spectrums die Farbe so dunkel werde, daß sich die

Buchstaben und Linien gleichfalls nicht erkennen ließen,
und daß man daher in der Mitte des Bildes operiren
müsse, wo die gedachten Buchstaben und Linien noch
sichtbar werden können.

314.

Man erinnere sich alles dessen was wir oben an=
geführt, und bemerke, wie Newton durch diese Ausflucht
den ganzen Versuch aufhebt. Denn, wenn eine Stelle
ist im Violetten, wo die Buchstaben unsichtbar wer=
den, und eben so im Rothen eine, wo sie gleichfalls
verschwinden; so folgt ja natürlich, daß in diesem Falle
die Figuren auf der meist refrangiblen Farbenfläche
zugleich mit denen auf der minbest refrangiblen ver=
schwinden, und umgekehrt, daß wo sie sichtbar sind,
sie stufenweise zu gleicher Zeit sichtbar sein müssen;
daß also hier an keine diverse Refrangibilität der
Farben zu denken, sondern daß allein der hellere oder
dunklere Grund die Ursache der deutlichern oder un=
deutlichern Erscheinung jener Züge sein müsse. Um
aber sein Spiel zu verdecken, drückt Newton sich höchst
unbestimmt aus: er spricht von sensiblem Roth, da es
doch eigentlich die schwarzen Buchstaben sind, die im
helleren Rothen noch sensibel bleiben. Sensibel ist das
Roth noch ganz zuletzt am Spectrum in seiner größten
Tiefe und Dunkelheit, wenn es auch kein gedrucktes
Blatt mehr erleuchten kann, und die Buchstaben darin
nicht mehr sensibel sind. Eben so drückt sich Newton

auch über das Violette und die übrigen Farben aus.
Bald stehen sie wie in Abstracto da, bald als Lichter
die das Buch erleuchten; und doch können sie als
leuchtend und scheinend für sich bei diesem Versuche
5 keineswegs gelten; sie müssen allein als ein heller oder
dunkler Grund in Bezug auf die Buchstaben und
Fäden betrachtet werden.

315.

Dieser Versuch also wird von dem zweiten, auf
den er sich bezieht, zerstört und hilft dagegen auch den
10 zweiten zerstören, da wir das Bekenntniß Newtons
vor uns haben, daß von beiden Seiten die Bemerkbarkeit
der unterliegenden schwarzen Züge aufhöre, und zwar
wegen des eintretenden Dunklen; woraus denn folgt,
daß bei zunehmender Hellung die Deutlichkeit dieser
15 Züge durchaus mitwachsen wird, die Farbe mag sein
welche sie will. Alles was hierüber zu sagen ist,
werden wir nochmals bei Beschreibung des Apparats
zusammenfassen.

Achte Proposition. Zweites Problem.

Die Fernröhre zu verkürzen.

316.

Hier führt nun Newton sein katoptrisches Teleskop vor: eine Erfindung die auch nach Verbesserung der dioptrischen Fernröhre bei Ehren und Würden geblie= ben ist, und von der wir unsererseits, da wir uns nur mit den Farben beschäftigen, nichts zu sagen haben.

Der Newtonischen Optik

erstes Buch.

Zweiter Theil.

317.

Auch in diesem Theile sind falsche und captiose Versuche, confus genug aber doch absichtlich, zusammengestellt. Man kann sie in eine polemische und in eine didaktische Masse sondern.

318.

Polemisch fängt der Verfasser an: denn nachdem er unumstößlich dargethan zu haben glaubt, die Farben seien wirklich im Lichte enthalten; so muß er die ältere auf Erfahrung gegründete Vorstellungsart, daß nämlich zu den Farbenerscheinungen in Refractionsfällen eine Gränze nöthig sei, widerlegen, und er wähnt solches mit den vier ersten Versuchen geleistet zu haben.

319.

Didaktisch urgirt er sodann auf's neue die Unver=
änderlichkeit des einmal hervorgebrachten homogenen
Lichtes und die verschiedenen Grade der Refrangibilität.
Hiermit beschäftigt er sich vom fünften bis zum achten
Experiment. Späterhin im siebzehnten limitirt er, ja
hebt er wieder auf, was er im fünften bewiesen hat.

320.

Nun aber beschäftigt er sich vom neunten bis zum
funfzehnten Versuch, etwas hervorzubringen und zu
beweisen, woran ihm sehr viel gelegen sein muß. Wenn
er nämlich aus dem farblosen Lichte und aus weißen
Flächen die Farben hervorgelockt, oder vielmehr das
reine weiße Licht in Farben gespalten hat; so muß
er ja auch, wenn er das Herausgebrachte wieder hin=
einbringt, das Gesonderte wieder zusammendrängt,
jenes reine körperliche Weiß wieder herstellen.

321.

Da wir aber genugsam überzeugt sind, daß die
Farbe nicht aus einer Theilung des Lichtes entstehe,
sondern vielmehr durch den Zutritt einer äußeren Be=
dingung, die unter mancherlei empirischen Formen,
als des Trüben, des Schattens, der Gränze, sich aus=
spricht; so erwarten wir wohl, Newton werde sich
seltsam gebärden müssen, um das bedingte, getrübte,
überschattete, beschattete Licht mit Inbegriff dieser

Bedingung als reines weißes Licht darzustellen, um aus dunklen Farben ein helles Weiß zu mischen.

322.

Indem er also hier gleichsam die Probe auf sein erstes Rechnungsexempel machen will, zeigen will, daß dasjenige was er durch bloße Trennung hervorgebracht, abermals durch bloße Verbindung jenes erste Resultat geben müsse; so stellt sich ihm durchaus das Dritte, die äußere Bedingung, die er beseitigt zu haben glaubt, in den Weg, und so muß er Sinne, sinnlichen Eindruck, Menschenverstand, Sprachgebrauch und alles verläugnen, wodurch sich jemand als Mensch, als Beobachter, als Denker bethätigt.

323.

Wie dieß zugehen konnte, glauben wir im historischen Theil von der psychischen und ethischen Seite, unter der Rubrik: Newtons Persönlichkeit, hinreichend entwickelt zu haben. Hier bleibt uns nichts übrig, als unsre polemische Pflicht abermals im Besondern zu erfüllen.

Erste Proposition. Erstes Theorem.

Die Farbenphänomene bei gebrochenem oder
zurückgeworfenem Lichte werden nicht durch
neue Modificationen des Lichtes verursacht,
welche nach der Verschiedenheit der Begrän=
zungen des Lichtes und Schattens verschie=
dentlich eingedrückt würden.

324.

Da wir in unserm Entwurf gezeigt, daß bei der
Refraction gar keine Farben entstehen, als da wo
Licht und Dunkel an einander gränzen; so werden
diejenigen welche sich durch unsern Vortrag von der
Wahrheit dieser Verhältnisse überzeugt haben, neu=
gierig sein, zu erfahren, wie sich Newton benehme,
um nunmehr das Wahre unwahr zu machen. Er
verfährt hierbei wie in dem ersten Falle, da er das
Unwahre wahr zu machen gedachte, wie wir bald im
Einzelnen einsehen werden.

Erster Versuch.
Siehe Fig. 4. Taf. XIII.

325.

Lasset die Sonne in eine dunkle Kammer scheinen durch
eine längliche Oeffnung F.

326.

Diese Öffnung muß nothwendig in die Höhe gehen, obgleich die Figur nur einen Punct vorstellt und also dadurch sogleich die Einsicht in die Sache erschwert.

327.

Die Breite kann sechs oder acht Theile eines Zolls sein, auch weniger.

328.

Diese erste Vorrichtung bestehe also in einer etwa sechs Zoll hohen und äußerst schmalen Spalte im Bleche des Fensterladens.

329.

Nun gehe der Strahl FH

330.

Nun ist es schon wieder ein Strahl, da es doch eigentlich nur ein von einer Seite sehr verschmälertes, von der andern sehr verlängertes Sonnenbild ist.

331.

zuerst durch ein ziemlich großes Prisma ABC, das ohngefähr zwanzig Fuß von der Öffnung steht.

332.

Warum denn nun wieder zwanzig Fuß? Über dieses Einführen von Bedingungen, ohne daß man

die Ursachen davon entdeckt, haben wir uns öfters
beklagt und durchaus gefunden, daß sie entweder über=
flüssig oder captios sind.   Hier ist die Bedingung
captios.   Denn eigentlich will er nur ein ganz schwaches
Licht haben, ganz schwache Farben hervorbringen, ja   5
vielleicht gar den Versuch gleichsam unmöglich machen.
Denn wer hat gleich eine dunkle Kammer von zwanzig
Fuß Tiefe und drüber, und wenn er sie hat, wie
lange steht denn die Sonne niedrig genug, um in der
Mittagszeit die dem Fenster entgegengesetzte Wand oder   10
ein Prisma, das doch wenigstens in einiger Höhe vom
Boden stehn muß, zu bescheinen?

333.

Wir erklären daher diese Bedingung für ganz un=
nöthig, da der Versuch mit dem Prisma geschieht und
keine Linse mit in's Spiel kommt, wo sich wegen der   15
Brenn= und Bildweite die Bedingungen der Entfer=
nung allenfalls nothwendig machen.

334.

Dieses Prisma sei parallel zu der Öffnung.

335.

Das heißt parallel zur Tafel worin die Öffnung
sich befindet, parallel zur Fensterbank, eigentlich aber,   20
wie bei allen prismatischen Versuchen, so, daß eine
aus dem Mittelpunct des Sonnenbildes gedachte Linie
rechtwinklig auf dem Prisma stehe.

336.

Dann gehe dieser Strahl mit seinem weißen Theile

337.

Hier haben wir also wieder einen weißen Theil eines schon gebrochnen Strahles. Es ist aber weiter nichts als die weiße Mitte des sehr verlängerten Bildes.

338.

durch eine längliche Öffnung H,

339.

Diese längliche Öffnung ist auch wieder als ein Punct gezeichnet, wodurch die Darstellung ganz falsch wird; denn diese Öffnung muß bei dem Versuch auch länglich sein und vertical stehen wie die Öffnung F im Fensterladen.

340.

welche breit sei den vierten oder sechsten Theil eines Zolles.

341.

Das heißt doch also nur eine schmale Ritze. Und warum soll denn diese Ritze so schmal sein? Bloß damit man nicht sehe, was denn eigentlich vorgeht und was getrieben wird.

342.

Diese Öffnung H sei in einen schwarzen dunklen Körper G I gemacht.

343.

Daß das Blech oder die Pappe GI schwarz sei,
ist gar nicht nöthig; daß sie aber undurchsichtig sei,
versteht sich von selbst.

344.

und stehe zwei oder drei Fuß vom Prisma

345.

Diese Entfernung ist aber auch wieder gleichgültig [5]
oder zufällig.

346.

in einer parallelen Lage zu dem Prisma und zu der
vordern Öffnung.

347.

Weil Newton seine Versuche nicht in einer natür=
lichen Ordnung, sondern auf eine künstlich verschränkte [10]
Weise vorbringt; so ist er genöthigt bei einem jeden
Versuch den ganzen Apparat zu beschreiben, da der=
selbe Apparat doch schon öfter dagewesen ist und
Newton sich, wenn er redlich wäre, nur auf den
vorigen beziehen könnte. Allein bei ihm wird jeder [15]
Versuch für sich aufgebaut und das Nothwendige mit
unnöthigen Bedingungen durchwebt, so daß eben da=
durch das Helldunkel entsteht, in dem er so gern
operirt.

348.

Wenn nun das weiße Licht durch die Öffnung H durch= [20]
gegangen, so falle es auf ein weißes Papier p t, das hinter

der Öffnung ohngefähr drei bis vier Fuß entfernt steht, damit sich die gewöhnlichen Farben des Prismas darauf abbilden mögen, nämlich Roth in t, Gelb in s, Grün in r, Blau in q, und Violett in p.

349.

⁵ Man gebe wohl Acht! Das Licht ist an der Spalte weiß angekommen und bildet hinter derselben das Spectrum. Auf das was folgt wende man nun aber alle Aufmerksamkeit.

350.

Man nehme einen Eisendraht, oder sonst einen dünnen ¹⁰ undurchsichtigen Körper, dessen Stärke ohngefähr der zehnte Theil eines Zolls ist; damit kann man die Strahlen in k l m n o auffangen.

351.

Nun nehme man die Figur vor sich und sehe, wo sich denn diese Strahlen k l m n o finden sollen. Diese ¹⁵ Buchstaben stehen vor dem Prisma, gegen die Sonne zu, und sollen also, wie auch die fünf Linien bezeich= nen, farbige Strahlen vorstellen, wo noch keine Farbe ist. In keiner Figur des ganzen Werkes, in keinem Experiment ist noch dergleichen vorgekommen, ist uns ²⁰ zugemuthet worden, etwas das selbst gegen den Sinn des Verfassers ist, anzunehmen und zuzugeben.

352.

Was thut denn also das Stäbchen r, indem es an der Außenseite des Prismas herumfährt? Es schnei=

bet das farblose Bild in mehrere Theile, macht aus
Einem Bild mehrere Bilder. Dadurch wird freilich
die Wirkung in p q r s t verwirrt und verunreinigt;
aber Newton legt die Erscheinung dergestalt aus:

353.

Sind die Strahlen k l m n o successiv aufgefangen,   5
so werdet ihr auch die Farben t s r q oder p eine nach
der andern dadurch wegnehmen, indessen die übrigen auf
dem Papier bleiben wie vorher; oder mit einem etwas stär-
keren Hinderniß könnt ihr zwei, drei oder vier Farben
zusammen wegnehmen, so daß der Überrest bleibt.   10

354.

Die drei ersten Figuren unserer 13ten Tafel stellen
die Erscheinungen dieses ersten Versuchs der Wahrheit
gemäß vor. Da wir bei Beschreibung und Erklärung
dieser Tafel die Sache umständlicher entwickeln, so er-
lauben wir uns unsre Leser dorthin zu verweisen und   15
fragen nur vorläufig: was hat denn Newton vorgenommen, um seinen Satz zu beweisen?

355.

Er behauptet, daß Ränder, daß Gränzen des Hellen und Dunklen keinen Einfluß auf die Farbenerscheinung bei der Refraction haben; und was thut er   20
in seinem Experiment? Er bringt dreimal Gränzen
hervor, damit er beweise, die Gränze sei ohne Bedeutung.

356.

Die erste Gränze ist oben und unten an der Öff=
nung H im Fensterladen. Er behält noch weißes
Licht in der Mitte, gesteht aber nicht, daß schon Far=
ben an den beiden Enden sich zeigen. Die zweite
Gränze wird durch die Ritze H hervorgebracht. Denn
warum wird denn das refrangirte Licht, das weiß
auf der Tafel G I ankommt, farbig, als weil die
Gränze der Ritze H oben und unten die prismatischen
Farben hervorbringt? Nun hält er das dritte Hin=
derniß, einen Draht oder sonst einen andern cylindri=
schen Körper, vor das Prisma und bringt also da=
durch abermals Gränzen hervor, bringt im Bilde ein
Bild, die Färbung an den Rändern des Stäbchens
umgekehrt hervor. Besonders erscheint die Purpur=
farbe in der Mitte, an der einen Seite das Blaue,
an der andern das Gelbe. Nun bildet er sich ein,
mit diesem Stäbchen farbige Strahlen wegzunehmen,
wirft aber dadurch nur ein ganz gefärbtes schmales
Bild auf die Tafel G I. Mit diesem Bilde operirt
er denn auch in die Öffnung H hinein; verdrängt,
verschmutzt die dort abgebildeten Farben, ja verhindert
sogar ihr Werden, indem sie in der Öffnung H erst
werdend sind, und setzt denjenigen der die Verhältnisse
einsehen lernt, in Erstaunen, wie man sich so viele
unredliche Mühe geben konnte, ein Phänomen zu ver=
wirren, und wie ein Mann von solchen Talenten in
diesem Fall gerade dasjenige thun konnte was er

läugnet. So ist denn auch das was hierauf folgt keineswegs der Erfahrung gemäß.

357.

Auf diese Weise kann jede der Farben so gut als die violette die letzte an der Gränze des Schattens, gegen p zu, werden, und eine jede kann so gut als das Rothe die letzte an der Gränze des Schattens t sein.

358.

Einem unaufmerksamen Zuschauer könnte man wohl dergleichen vorspiegeln, weil durch das Hinderniß r neue Farben entstehen, indem die alten verdrängt werden; aber man kann geradezu sagen, wie Newton die Sache ausdrückt, ist sie nicht wahr: bei den mitt= lern Farben kann er wohl eine Confusion hervor= bringen, doch nicht an der Gränze; weder in p noch in t wird man jemals Grün sehen können. Man beherzige genau die folgende Stelle, wo er wieder an= fängt wie Bileam das Entgegengesetzte von dem zu sagen, was er sagen will.

359.

Ja, einige Farben können auch den Schatten begränzen, welcher durch das Hinderniß r innerhalb des Farbenbildes hervorgebracht worden.

360.

Nun gesteht er also, daß er durch sein Hinderniß r Schatten hervorbringt, daß an diesen Schatten Far=

bensäume gesehen werden, und dieß sagt er zum Be=
weis daß die Gränze des Lichtes und Schattens auf
die Farbe nicht einfließe! Man gebe uns ein Beispiel
in der Geschichte der Wissenschaften, wo Hartnäckigkeit
und Unverschämtheit auf einen so hohen Grad getrie=
ben worden.

361.

Zuletzt kann jede Farbe, wenn man alle übrigen weg=
genommen hat und sie allein bleibt, zugleich an beiden
Seiten vom Schatten begränzt sein.

362.

Daß die schon entstandene Farbe des prismatischen
Bildes einzeln durch irgend eine Öffnung gelassen und
isolirt werden könne, wird nicht geläugnet; daß man
durch das Stäbchen etwas Ähnliches hervorbringen
könne, ist natürlich: allein der aufmerksame Beobachter
wird selbst an dieser entstandenen Farbe die durch
diese Einklemmung abgenöthigte entgegengesetzte Farbe
entstehen sehen, die bei der Unreinlichkeit dieses Ver=
suchs dem Unerfahrenen entgehen möchte. Ganz ver=
geblich also zieht er den Schluß:

363.

Alle Farben verhalten sich gleichgültig zu den Gränzen
des Schattens.

364.

Daß die Gränzen des Schattens nach ganz be=
stimmten Gesetzen bei der Refraction auf die Farben

wirken, haben wir in dem Entwurf umständlich gezeigt.

365.

Und deßwegen entstehen die Unterschiede dieser Farben
von einander nicht von den Gränzen des Schattens, wodurch das Licht verschiedentlich modificirt würde, wie es
bisher die Meinung der Philosophen gewesen.

366.

Da seine Prämissen falsch sind, seine ganze Darstellung unwahr, so ist seine Conclusion auch nichtig;
und wir hoffen die Ehre der alten Philosophen wieder
herzustellen, die biß auf Newton die Phänomene in
wahrer Richtung verfolgt, wenn auch gleich manchmal
auf Seitenwege abgelenkt hatten.

Der Schluß seiner Darstellung läßt uns noch
etwas tiefer in die Karte sehen.

367.

Wenn man diese Dinge versucht, so muß man bemerken,
daß je schmäler die Öffnungen F und H sind, je größer
die Intervalle zwischen ihnen und dem Prisma, je dunkler
das Zimmer, um desto mehr werde das Experiment gelingen, vorausgesetzt, daß das Licht nicht so sehr vermindert
sei, daß man die Farben bei p t nicht noch genugsam sehen
könne.

368.

Daß also wegen der Entfernung vom Fenster,
wegen der Entfernung der Tafeln vom Prisma, die

Lichter sehr schwach sind mit denen man operire, ge=
steht er. Die Öffnungen sollen kaum Rißen sein, so
daß das Farbenbild auch nicht einmal einige Breite
habe, und man soll denn doch genau beobachten
5 können, welche Farbe denn eigentlich die Gränze
macht. Eigentlich aber ist es nur drauf angelegt,
das Ganze den Sinnen zu entziehen, blasse Farben
hervorzubringen, um innerhalb derselben mit dem
Stäbchen r desto besser operiren zu können. Denn
10 wer den Versuch, wie wir ihn nachher vortragen
werden, bei'm energischen Lichte macht, der wird das
Unwahre der Assertion auffallend genug finden.

369.

Ein Prisma von massivem Glas, das groß genug zu
diesem Experiment wäre, zu finden, würde schwer sein,
15 weßwegen ein prismatisches Gefäß, von polirten Glas=
platten zusammengefügt und mit Salzwasser oder Öl ge=
füllt, nöthig ist.

370.

Wie wir Newton schon oben den Vorwurf ge=
macht, daß er die Beschreibung seines Apparats bei
20 jedem Experiment wiederholt, ohne daß man das Ver=
hältniß der Experimente die mit gleichem Apparat
hervorgebracht werden, gewahr wird; so läßt sich auch
hier bemerken, daß Newton immer sein Wasserprisma
bringt, wenn er die weiße Mitte braucht und also
25 ein großes Bild durch Refraction verrücken muß.

371.

Merkwürdig ist es, wie er erstlich diese weiße
Mitte durch eine Hinterthüre hereinschiebt und sie
nach und nach so überhand nehmen läßt, daß von
den sie begränzenden Rändern gar die Rede nicht mehr
ist; und das alles geht vor den Augen der gelehrten
und experimentirenden Welt vor, die doch sonst genau
und widersprechend genug ist!

Zweiter Versuch.

372.

Da dieser Versuch gleichfalls unter die zusammen=
gesetzten gehört, wobei Prismen und Linsen vereinigt
gebraucht werden; so können wir denselben nur erst
in unserm mehr erwähnten supplementaren Aufsatz
entwickeln. Auch dürfen wir ihn um so eher hier
übergehen, als Newton einen völlig gleichgeltenden
nachbringt, der, wie er selbst gesteht, bequemer ist
und genau betrachtet, den gegenwärtigen völlig un=
nöthig macht.

Dritter Versuch.
Siehe Fig. 2. Taf. XIV.

373.

Ein anderes ähnliches Experiment läßt sich leichter anstellen, wie folgt. Laßt einen breiten Sonnenstrahl

374.

Nun ist der Sonnenstrahl breit. Es heißt aber
weiter nichts, als man mache die Öffnung groß, wodurch das Licht herein fällt; ja, welches bei diesem
Versuch ganz einerlei ist, man stelle das Prisma in's
freie Sonnenlicht. Hier aber soll es

375.

in eine dunkle Kammer fallen durch eine Öffnung im
Fensterladen, und durch ein großes Prisma A B C gebrochen
werden,

376.

Unser gewöhnliches Wasserprisma ist zu diesem
Versuche sehr geschickt.

377.

dessen brechender Winkel C mehr als sechzig Grade hat,

378.

Diese Vermehrung der Grade des Winkels ist, bei
diesem Versuch besonders, ganz unnütz, nur eine Ve-

bingung die einen sehr leichten Versuch erschwert,
indem sie einen umständlicheren Apparat fordert als
er sich gewöhnlich findet.

379.

und sobald es aus dem Prisma kommt, läßt es auf
das weiße Papier D E, das auf eine Pappe gezogen ist,
fallen, und dieses Licht, wenn das Papier perpendicular
gegen dasselbe steht, wie es in D E gezeichnet ist, wird vollkommen weiß auf dem Papier erscheinen.

380.

Hier haben wir nun also endlich ein durch's
Prisma gegangnes, gebrochnes und völlig weißes Licht.
Wir müssen hier abermals, und wäre es unsern Lesern
verdrüßlich, aufmerksam machen, wie es herein gekommen.

381.

Erstlich, im dritten Experiment der ersten Theils
wird uns ein völlig farbiges Spectrum vorgeführt,
und an demselben durch mancherlei Versuche und
Folgerungen die diverse Refrangibilität bewiesen. Ist
der Verfasser damit zu Stande, so kommt am Ende
der Illustration des fünften Experiments ein zwar
refrangirtes aber doch noch weißes Licht unangemeldet
zum Vorschein. Nun bringt er auch bald das sonst
stätig gefärbte Bild mit einer weißen Mitte. Dann
fängt er an in dieser weißen Mitte zu operiren,
manchmal sogar ohne es zu gestehen; und jetzt, weil

er die Wirkung der Gränze zwischen Licht und
Schatten nicht anerkennt, läugnet er auf der Tafel
D E jede farbige Erscheinung. Warum sind denn
aber die an den beiden Enden A C der innern Seite
des Prismas hervortretenden farbigen Ränder ver-
schwiegen? Warum ist denn die Tafel D E nicht
größer angegeben? Doch wohl nur darum, weil er
sonst, wenn sie größer wäre, nothwendig jener auf
ihr erscheinenden Ränder gedenken müßte.

382.

Man betrachte nun die Figur und sehe wie ein
Linienstrom auf das Prisma herankommt, durch
dasselbe durchgeht, und hinter demselben wieder heraus-
tritt, und dieser Linienstrom soll einen durchaus
weißen Raum vorstellen. Indessen werden uns durch
diese fingirten Linien die hypothetischen Strahlen doch
wieder vor die Augen gebracht. Nun bemerke man
aber wohl, was mit der Tafel D E vorgeht. Sie
wird in die Stellung d e gebracht und was geschieht
in e? Das gebrochene Licht gelangt weiß an den
Rand der Tafel, und beginnt an diesem Rande sogleich
die eine Seite der Farben hervorzubringen, und zwar
in dieser Lage die gelbe und gelbrothe. Dieser hier
entstehende Rand und Saum verbreitet sich über die
ganze Tafel wegen der schiefen Lage derselben; und
also da, wo Newton einen Rand, eine Gränze läugnet,
muß er gerade einen Rand hervorbringen, um das

Phänomen wovon er spricht darzustellen. In der
Lage δ ε entsteht die umgekehrte Erscheinung, nämlich
der violette Rand, und verbreitet sich gleichfalls über
die ganze Tafel, wie man sich dessen genugsam an
unsrer wahrheitgemäßen Figur unterrichten kann.

Da also Newton nicht einsehen konnte, daß hier
der Rand der Tafel vollkommen wirksam sei, so bleibt
er bei seiner starren Überzeugung, indem er fortfährt:

383.

Und wenn das Licht, ehe es auf das Papier fällt, zweimal in derselben Richtung durch zwei parallele Prismen
gebrochen wird, so werden diese Farben viel deutlicher sein.

384.

Also ein Licht kann zweimal durch zwei hinter=
einanderstehende Prismen gebrochen werden, und immer
weiß bleiben und so auf der Tafel D E ankommen?
Dieß merke man doch ja! Daß aber nachher, wenn
man in diesem doppelt gebrochnen weißen Lichte ope=
rirt, die Farben lebhafter erscheinen, ist natürlich,
weil die Verrückung des Bildes verdoppelt wird. Aber
diese Vorrichtung, die keineswegs leicht zu machen
ist, weil man nach seiner Forderung zwei Wasser=
prismen und beide am Ende gar über sechzig Grade
haben sollte, diese Steigerung des Versuchs hier an=
zuempfehlen, ist abermals gänzlich unnütz: denn bei
der Operation mit Einem Prisma sind die Farben
schon deutlich genug, und wer da nicht sieht wo sie

herkommen, der wird es durch das zweite Prisma auch nicht lernen. Indessen fährt Newton fort:

385.

Hier geschah es nun, daß alle die mittlern Theile des breiten Strahls vom weißen Lichte, das auf das Papier fiel, ohne eine Gränze von Schatten, die es hätte modificiren können, über und über mit einer gleichen Farbe gefärbt wurden.

386.

Wir haben oben gezeigt, daß der Rand der Pappe hier selbst die Gränze mache und seinen gefärbten Halbschatten über das Papier hinwerfe.

387.

Die Farbe aber war ganz dieselbe in der Mitte des Papiers wie an den Enden.

388.

Keineswegs! denn der genaue Beobachter wird recht gut einmal an der Gränze das Gelbrothe, aus dem das Gelbe sich entwickelt, das andremal das Blaue, von dem das Violette herstrahlt, bemerken können.

389.

Die Farbe wechselte nur nach der verschiedenen Schiefe der Tafel, ohne daß in der Refraction oder dem Schatten oder dem Licht etwas wäre verändert worden.

390.

Er biegt seine Pappe hin und wieder und be=
hauptet, es sei in den Umständen nichts verändert
worden. Dasselbe behauptete er mit eben so wenig
Genauigkeit bei'm vorigen Experimente. Da er nun
immer die Hauptmomente übersieht und sich um seine 5
Prämissen nichts bekümmert, so ist sein ergo immer
dasselbige.

391.

Es fällt uns bei dieser Gelegenheit ein, daß
Basedow, der ein starker Trinker war, und in seinen
besten Jahren in guter Gesellschaft einen sehr er= 10
freulichen Humor zeigte, stets zu behaupten pflegte:
die Conclusion ergo bibamus passe zu allen Prä=
missen. Es ist schön Wetter, ergo bibamus! Es ist
ein häßlicher Tag, ergo bibamus! Wir sind unter
Freunden, ergo bibamus! Es sind fatale Bursche 15
in der Gesellschaft, ergo bibamus! So setzt auch
Newton sein ergo zu den verschiedensten Prämissen.
Das gebrochne Lichtbild ist ganz und stätig gefärbt;
also ist das Licht divers refrangibel. Es hat eine
weiße Mitte; und doch ist es divers refrangibel. Es 20
ist einmal ganz weiß; und doch ist es divers
refrangibel. Und so schließt er auch hier, nachdem
er in diesen drei Experimenten doppelt und dreifach
Ränder und Gränzen des Lichts und Schattens ge=
braucht: 25

392.

Deßwegen muß man diese Farben aus einer andern Ursache herleiten, als von neuen Modificationen des Lichtes durch Refraction und Schatten.

393.

Diese Art Logik hat er seiner Schule überliefert und bis auf den heutigen Tag wiederholen sie ihr ewiges ergo bibamus, das eben so lächerlich und noch viel lästiger ist als das Basedowische manchmal wer= den konnte, wenn er denselben Spaß unaufhörlich wiederbrachte.

394.

Daß der Verfasser nunmehr bereit sein werde, die Ursache nach seiner Weise anzugeben, versteht sich von selbst. Denn er fährt fort:

395.

Fragt man nun aber nach ihrer Ursache, so antworte ich: das Papier in der Stellung d e ist schiefer gegen die mehr refrangiblen Strahlen als gegen die weniger refran= giblen gerichtet, und wird daher stärker durch die letzten als durch die ersten erleuchtet, und deßwegen sind die weniger refrangiblen Strahlen in dem von der Tafel zu= rückgeworfnen Lichte vorherrschend.

396.

Man bemerke, welche sonderbare Wendung er nehmen muß, um sein Phänomen zu erklären. Erst

hatte er ein gebrochnes und doch völlig weißes Licht.
In demselben sind keine Farben sichtbar, wenn die
Tafel gerade steht; diese Farben aber kommen gleich
zum Vorschein, sobald die Tafel eine schiefe Richtung
erhält. Weil er von den Rändern und Säumen
nichts wissen will, die nur einseitig wirken, so sup=
ponirt er, daß bei schieferer Lage der Tafel wirklich
das ganze Spectrum entstehe, aber nur das eine Ende
davon sichtbar werde. Warum wird denn aber das
an's Gelbe stoßende Grün niemals sichtbar? Warum
kann man das Gelbe über die weiße Tafel hin und
her führen, so daß es immer im Weißen endigt? wo=
bei niemals ein Grün zum Vorschein kommt, und
dieses ganz naturgemäß, weil hier der gelbe und gelb=
rothe Rand nur einseitig wirkt, und ihm der andere
nicht entgegen kommen kann. Im zweiten Falle
äußert der Rand wieder seine einseitige Wirkung;
Blau und Violett entstehen, ohne daß Gelb und
Gelbroth entspringen und entgegenstrahlen können.

397.

Um recht deutlich zu machen, daß diese Farben
hier bloß von dem Rande entstehen, so haben wir zu
diesem Versuch eine Tafel mit Erhöhungen, mit Stiften,
mit Kugelsegmenten angegeben, damit man sich so=
gleich überzeugen könne, daß nur eine schattenwerfende
Gränze innerhalb des gebrochenen aber noch weißen
Lichtes Farben hervorzubringen im Stande sei.

398.

Und wo diese weniger refrangiblen Strahlen im Lichte prädominiren, so färben sie es mit Roth oder Gelb, wie es einigermaßen aus der ersten Proposition des ersten Theils dieses Buchs erscheint,

399.

Dieses Newtonische einigermaßen heißt auch hier in der Hetmanischen Manier, gar nicht. Denn aus der Proposition kann nichts erscheinen oder hervor= treten, als insofern sie bewiesen ist: nun haben wir umständlich gezeigt, daß sie nicht bewiesen ist, und sie läßt sich also zu keiner Bestätigung anführen.

400.

und wie künftig noch ausführlicher erscheinen wird.

401.

Mit dem Künftigen hoffen wir sowohl als mit dem Vergangenen fertig zu werden.

Vierter Versuch.

402.

Hier führt Newton den Fall mit Seifenblasen an, welche ihre Farbe verändern, ohne daß man sagen

13*

könne, es trete dabei eine Veränderung der Gränze des Lichts und Schattens ein. Diese Instanz paßt hier gar nicht. Die Erscheinungen an den Seifen= blasen gehören in ein ganz andres Fach, wie in unserem Entwurfe genugsam auseinander gesetzt ist. 5

403.

Wenn man zwar im Ganzen behauptet, daß zur Entstehung der Farbe ein Licht und Schatten, ein Licht und Nichtlicht nöthig sei; so kann doch diese Bedingung auf gar vielerlei Weise eintreten. Bei'm Refractionsfall spricht sich aber jene allgemeine Be= 10 dingung als eine besondre, als Verrückung der Gränze zwischen Licht und Schatten aus.

404.

Zu diesen Versuchen kann man noch das zehnte Ex= periment des ersten Theils dieses Buchs hinzufügen.

405.

Wir können das was hier gesagt ist, übergehen, 15 weil wir bei Auslegung jenes Versuches schon auf die gegenwärtige Stelle Rücksicht genommen.

Zweite Proposition. Zweites Theorem.

Alles homogene Licht hat seine eigene Farbe, die seinem Grade der Refrangibilität ent=spricht, und diese Farbe kann weder durch Re=flexionen noch Refractionen verändert werden.

406.

Bei den Versuchen zu der vierten Proposition des ersten Theils dieses ersten Buchs, als ich die heterogenen Strahlen von einander geschieden hatte,

407.

Wie reinlich diese Scheidung geschehen, ist unsern Freunden schon oben klar geworden, und Newton wird sogleich wieder selbst bekennen, wie es denn eigentlich mit dieser Absonderung aussehe.

408.

erschien das Spectrum p t, welches durch die geschie=benen Strahlen hervorgebracht war, im Fortschritt

409.

Hier ist also ein Fortschritt! Doch wohl ein stätiger?

410.

von dem Ende p, wohin die refrangibelsten Strahlen fielen, bis zu dem andern Ende t, wohin die wenigst re=

frangiblen Strahlen anlangten, gefärbt mit den Reihen
von Farben,

411.

Man bemerke wohl: Reihen.

412.

Violett, Dunkel- und Hellblau, Grün, Gelb, Orange
und Roth zugleich,

413.

Man merke wohl: zugleich.

414.

mit allen ihren Zwischenstufen

415.

Die Reihen standen also nicht von einander ab,
sondern sie hatten Stufen zwischen sich. Nun bemerke
man was folgt.

416.

in einer beständigen Folge, die immer abwechselte,

417.

Also oben hatten wir separirte Farben, und hier
haben wir eine beständige Folge derselben; und mit
wie leisem Schritt, man möchte auch wohl sagen, in
welcher stätigen Folge wird hier Lüge mit Wahrheit
verbunden: Lüge, daß die Farben in jenem Experiment separirt worden, Wahrheit, daß sie in einer
stätigen Folge erscheinen.

418.

dergestalt daß sie als eben so viele Stufen von Farben erschienen, als es Arten von Strahlen gibt, die an Re=frangibilität verschieden sind.

419.

Hier sind es nun wieder Stufen. In einer nach Newtons Weise dargestellten stätigen Reihe gibt es keine natürlichen Stufen, wohl aber künstliche; wie jedoch seinem künstlichen Stufenwesen die Natur, die er läugnet, heimlich zu Hülfe kommt, wissen theils unsre Leser schon, theils müssen wir später nochmals darauf zurückkommen.

Fünfter Versuch.

420.

Diese Farben also konnten durch Refraction nicht weiter verändert werden. Ich erkannte das, als ich durch ein Prisma einen kleinen Theil bald dieses bald jenes Lichtes wieder der Brechung unterwarf: denn durch eine solche Brechung ward die Farbe des Lichtes niemals im mindesten verändert.

421.

Wie es sich damit verhält, haben wir schon oben gezeigt, und man gebe nur Acht, wohin diese abso=luten Assertionen, niemals, im mindesten, so=gleich hinauslaufen werden.

422.

Wir anticipiren hier eine Bemerkung die eigent=
lich in die Geschichte der Farbenlehre gehört. Hauy
in seinem Handbuch der Physik wiederholt obige Be=
hauptung mit Newtons entschiedenen Worten; allein
der deutsche Übersetzer ist genöthigt in einer Note an=
zufügen: „Ich werde unter Gelegenheit nehmen zu
sagen, von welchen Lichtarten des Farbenspectrums,
meinen eigenen Versuchen zufolge, dieß eigentlich gilt
und von welchen nicht." Dasjenige also, von dessen
absoluter Behauptung ganz allein die Haltbarkeit der
Newtonischen Lehre abhinge, gilt und gilt nicht. Hauy
spricht die Newtonische Lehre unbedingt aus, und so
wird sie im Lyceen=Unterricht jedem jungen Franzosen
unbedingt in den Kopf geprägt; der Deutsche muß
mit Bedingungen hervortreten, und doch ist jene
durch Bedingungen sogleich zerstörte Lehre noch immer
die gültige: sie wird gedruckt, übersetzt und das
Publicum muß diese Mährchen zum tausendstenmal
bezahlen.

Aber in solchen Bedingungen ist Newton seinen
Schülern schon musterhaft vorgegangen, wie wir gleich
wieder hören werden.

423.

Ward ein Theil des rothen Lichtes gebrochen, so blieb
es völlig von derselben rothen Farbe wie vorher.

424.

Er fängt mit seinem günstigen Roth wieder an, damit ja jeder Experimentator auch wieder mit dem= selben anfange, und, wenn er sich genug damit herum= gequält, die übrigen Farben entweder fahren lasse oder die Erscheinungen wenigstens mit Vorurtheil be= trachte. Deßwegen fährt auch der Verfasser mit so bestimmter Sicherheit fort:

425.

Weder Orange noch Gelb, weder Grün noch Blau, noch irgend eine neue Farbe ward durch diese Brechung hervor= gebracht, auch ward die Farbe durch wiederholte Refrac= tionen keineswegs verändert, sondern blieb immer das völlige Roth wie zuerst.

426.

Wie es sich damit verhalte, ist oben umständlich ausgeführt.

427.

Die gleiche Beständigkeit und Unveränderlichkeit fand ich ebenfalls in blauen, grünen und andern Farben.

428.

Wenn der Verfasser ein gut Gewissen hat, warum erwähnt er denn der Farben hier außer der Ordnung? Warum erwähnt er das Gelbe nicht, an welchem die entgegengesetzten Ränder so deutlich erscheinen? Warum erwähnt er des Grünen zuletzt, an dem sie doch auch nicht zu verkennen sind?

429.

Eben so, wenn ich durch ein Prisma auf einen Körper sah, der von einem Theil dieses homogenen Lichtes erleuchtet war, wie im vierzehnten Experiment des ersten Theils dieses Buchs beschrieben ist; so konnte ich keine neue Farbe, die auf diesem Weg erzeugt worden wäre, gewahr werden.

430.

Wie es sich damit verhalte, haben wir auch dort schon gewiesen.

431.

Alle Körper die mit zusammengesetztem Lichte erleuchtet sind, erscheinen durch Prismen verworren, wie schon oben gesagt ist, und mit verschiedenen neuen Farben gefärbt; aber die, welche mit homogenem Lichte erleuchtet sind, schienen durch die Prismen weder undeutlicher noch anders gefärbt als wenn man sie mit bloßen Augen sah.

432.

Die Augen müssen äußerst schlecht, oder der Sinn muß ganz von Vorurtheil umnebelt sein, wenn man so sehen, so reden will.

433.

Die Farben dieser Körper waren nicht im mindesten verändert durch die Refraction des angewendeten Prismas.

434.

Man halte dieses absolute nicht im mindesten nur einen Augenblick fest und höre.

435.

Ich spreche hier von einer merklichen (sensible) Veränderung der Farbe:

436.

Merklich muß doch freilich etwas sein, wenn man es bemerken soll.

437.

5 denn das Licht, das ich homogen nenne,

438.

Hier haben wir den Kosaken-Hetman wieder.

439.

ist nicht absolut homogen, und es könnte denn doch von seiner Heterogenität eine kleine Veränderung der Farbe entspringen.

10 Ist aber jene Heterogenität so klein, als sie bei jenen Experimenten zur vierten Proposition gemacht worden; so war diese Veränderung nicht merklich.

440.

Man gehe zu dem zurück was wir bei jenen Experimenten gesagt haben, wobei auch auf gegenwärtige 15 Stelle Rücksicht genommen worden, und man wird sich überzeugen, daß die sogenannte Newtonische Heterogenität gar nicht vermindert werden kann, und daß alles nur Spiegelfechtereien sind was er zu seinen sophistischen Zwecken vornimmt. Eben so schlecht ist 20 es mit der Homogenität bestellt. Genug, alles was

er erst in seinen Propositionen absolut ausspricht,
bedingt er nachher und flüchtet sich entweder in's Unendliche oder in's Indiscernible; wie er denn gegenwärtig auch thut, indem er schließt:

441.

Deßwegen bei Experimenten, wo die Sinne Richter sind,　5

442.

Auch ein eigner Ausdruck. Die Sinne sind keinesweges Richter, aber vortreffliche Zeugen, wenn sie
außen gesund sind und von innen nicht bestochen.

443.

jene allenfalls übrige Heterogenität für gar nichts gerechnet werden darf.　　　　　　　　　　　　　　　　10

444.

Hier beißt sich die Schlange wieder in den
Schwanz, und wir erleben zum hundertstenmal
immer eben dieselbe Verfahrungsart. Erst sind die
Farben völlig unveränderlich, dann wird eine gewisse
Veränderung doch merklich, dieses Merkliche wird so　15
lange gequält bis es sich vermindert und wieder vermindert, aber doch den Sinnen nicht entzogen werden
kann, und doch zuletzt für ganz und gar nichts erklärt. Ich möchte wohl wissen, wie es mit der Physik
aussähe, wenn man durch alle Capitel so verfahren　20
wäre.

Sechster Versuch.

445.

Wie nun diese Farben durch Refraction nicht zu verändern sind, so sind sie es auch nicht durch Reflexion. Denn
alle weiße, graue, rothe, gelbe, grüne, blaue, violette Körper,
als Papier, Asche, Mennige, Auripigment, Indig, Bergblau,
Gold, Silber, Kupfer, Gras, blaue Blumen, Veilchen,
Wasserblasen mit verschiedenen Farben gefärbt, Papageien-
Federn, die Tinctur des nephritischen Holzes u. dgl. erschienen im rothen homogenen Lichte völlig roth, im blauen
Licht völlig blau, im grünen Licht völlig grün, und so in
den andern Farben.

446.

Wenn wir nicht von Newton gewohnt wären, daß
dasjenige was er angibt, der Erfahrung geradezu
widerspricht; so würde es unbegreiflich sein, wie er
hier etwas völlig Unwahres behaupten kann. Der
Versuch ist so einfach und läßt sich so leicht anstellen,
daß die Falschheit dieser Angabe einem jeden leicht
vor die Augen gebracht werden kann.

Eigentlich gehört dieser Versuch in das Capitel
der scheinbaren Mischung, wo wir ihn auch (S. 565,
566) angeführt haben.

447.

Warum nimmt denn aber Newton zu seinem
Zwecke farbige Pulver, Blumen, kleine Körper, die
sich nicht gut handhaben lassen? da doch der Versuch

sich sehr viel bequemer, und demjenigen dem es um's Rechte zu thun ist, sehr viel deutlicher auf größern farbigen Flächen, z. B. auf farbigem Papier, am deutlichsten zeigt.

448.

Es versteht sich zuerst, daß die weiße Fläche die sämmtlichen Farben des Bildes am reinsten und mächtigsten zeigen wird. Das Graue zeigt sie zwar auch rein, aber nicht so mächtig, und dieß immer weniger je mehr sich das Graue dem Schwarzen nähert. Nimmt man aber farbige Flächen, so entsteht die scheinbare Mischung, und die Farben des Spectrums erscheinen entweder, in sofern sie mit der Farbe des Papiers übereinkommen, mächtiger und schöner, oder, in sofern sie der Farbe des Papiers widersprechen, unscheinbarer und unbeutlicher; in sofern sie aber sich mit der Farbe des Papiers vermischen und eine dritte hervorbringen können, wird diese dritte Farbe wirklich hervorgebracht. Dieses ist das wahre und naturgemäße Verhältniß, von welchem sich jedermann überzeugen kann, der nur ein Prisma in die Sonne stellen und das Spectrum mit weißem, grauem oder farbigem Papier der Reihe nach auffangen will.

449.

Man bemerke nun, daß in dem Nächstfolgenden der Verfasser auf seine alte Manier das erst Ausgesprochene wieder bedingt.

450.

In dem homogenen Lichte einer jeden Farbe erschienen alle körperlichen Farben völlig von jener einen Farbe, mit dem einzigen Unterschied, daß einige derselben das Licht stärker, andre schwächer zurückwarfen.

451.

Mit stark und schwach läßt sich die Erscheinung nur bei Weiß und Grau und Schwarz ausdrücken; bei allen farbigen Flächen aber muß, wie gesagt, auf die Mischung gesehen werden, da sich denn das ereignet was wir eben angezeigt haben.

452.

Und doch fand ich niemals einen Körper, der wenn er das homogene Licht zurückwarf, merklich dessen Farbe verändern konnte.

453.

Hier haben wir das Wort merklich schon wieder, und doch ist es wohl sehr merklich, wenn das gelbrothe Ende des Spectrums auf ein blaues oder violettes Papier geworfen wird, da denn sogleich mehr oder weniger die Purpurfarbe entsteht: und so mit allen übrigen Mischungen, wie sie uns bekannt sind. Doch haben wir noch zu bemerken, daß die Art wie Newton den Versuch mit Körpern oder körperlichen Gegenständen, mit Pulvern u. dgl. anstellt, etwas Captioses im Hinterhalte hat; weil alsdann nicht von einer reinen Fläche, sondern aus Höhen und

Tiefen, aus erleuchteten und beschatteten Stellen, das
Licht zurück in's Auge kommt und der Versuch un=
sicher und unrein wird. Wir bestehen daher darauf,
daß man ihn mit schönen farbigen, glatt auf Pappe
gezogenen Papieren anstelle. Will man Taffent,
Atlas, feines Tuch zu dem Versuche nehmen, so wird
er mehr oder weniger schön und deutlich ausfallen.

Daß nunmehr Newton abermals mit seinem ergo
bibamus schließen werde, läßt sich erwarten: denn er
setzt sehr glorios hinzu:

454.

Woraus denn klar ist, daß wenn das Sonnenlicht nur
aus Einer Art Strahlen bestünde, nur Eine Farbe in der
ganzen Welt sein würde. Auch wird es nicht möglich sein
irgend eine neue Farbe durch Reflexionen und Refractionen
hervorzubringen, und folglich hängt die Verschiedenheit der
Farben von der Zusammensetzung des Lichtes ab.

455.

Unsre Leser welche einsehen, wie es mit den Prä=
missen steht, werden die Schlußfolge von selbst würdigen
bigen können.

Definition.

456.

Das homogene Licht, die homogenen Strahlen, welche
roth erscheinen oder vielmehr die Gegenstände so erscheinen

machen, nenne ich rubrisit oder rothmachend, diejenigen durch welche die Gegenstände gelb, grün, blau, violett erscheinen, nenne ich gelbmachend, grünmachend, blaumachend, violettmachend und so mit den übrigen. Denn, wenn ich manchmal von Licht und Strahlen rede, als wenn sie gefärbt oder von Farben durchdrungen wären, so will ich dieses nicht philosophisch und eigentlich gesagt haben; sondern auf gemeine Weise, nach solchen Begriffen wie das gemeine Volk, wenn es diese Experimente sähe, sie sich vorstellen könnte. Denn, eigentlich zu reden, sind die Strahlen nicht farbig, es ist nichts darin als eine gewisse Kraft und Disposition das Gefühl dieser oder jener Farbe zu erregen: denn wie der Klang einer Glocke, einer Musiksaite, eines andern klingenden Körpers nichts als eine zitternde Bewegung ist, und in der Luft nichts als diese Bewegung, die von dem Object fortgepflanzt wird, und im Sensorium das Gefühl dieser Bewegung, unter der Form des Klanges; eben so sind die Farben der Gegenstände nur eine Disposition diese oder jene Art Strahlen häufiger als die übrigen zurückzuwerfen, in den Strahlen aber ist nichts als ihre Dispositionen diese oder jene Bewegung bis zum Sensorium fortzupflanzen, und im Sensorium sind es Empfindungen dieser Bewegungen, unter der Form von Farben.

457.

Wie unter der Rubrik einer Definition diese wunderliche theoretische Stelle hier eingeschaltet wird, einigermaßen begreiflich zu machen, ist hier vor allen Dingen unsre Pflicht, weil wir allein dadurch zu einer bessern Einsicht in die Stelle selbst gelangen können. Die Geschichte der Farbenlehre benachrichtigt

uns, daß sogleich als Newton mit seiner Erklärung
des prismatischen Phänomens hervortrat, die Natur=
forscher der damaligen Zeit, wohlbemerkend, daß nach
dieser Art sich die Sache zu denken, die Farben körper=
lich in dem Lichte enthalten sein müßten, ihm die da= 5
mals sehr in Gunst stehende Theorie der Schwingungen
entgegen setzten und behaupteten, daß die Farben be=
quemer und besser auf diesem Wege erklärt oder ge=
dacht werden könnten.   Newton erwiderte, daß es
ganz gleichgültig sei, was man für eine höhere Theorie 10
zu Erklärung dieser Phänomene anwenden wolle; ihm
sei es nur um die Thatsache zu thun, daß diese
farbebringenden Eigenschaften des Lichtes durch Re=
fraction manifestirt würden, und sich eben auch so
durch Reflexion, Inflexion u. s. w. manifestirten. Diese 15
Schwingungslehre, diese Vergleichung der Farbe mit
dem Ton, ward durch Malebranche abermals be=
günstigt und man war also auch in Frankreich ge=
neigt dazu. Gegenwärtige Definition oder Declara=
tion steht also hier, um jene theoretische Differenz 20
aufzuheben und zu neutralisiren, das Atomistische der
Newtonischen Vorstellungsart mit der dynamischen
seiner Gegner zu amalgamiren, dergestalt daß es
wirklich aussehe, als sei zwischen beiden Lehren kein
Unterschied. Der Leser commentire sich die Stelle 25
selbst und bemerke das Zusammenkneten dynamischer
und atomistischer Ausdrücke.

458.

In dieser unserer Erläuterung liegt die Antwort für diejenigen welche die Frage aufwerfen, wie sich die Newtonische Farbenlehre noch habe allgemein erhalten können, da späterhin Euler die Schwingungslehre wieder angeregt und in Gunst gebracht. Man ließ sich nämlich gefallen, daß die verschiedenen Schwingungsmöglichkeiten, die im Lichte sich heimlich befinden, durch Refraction und andere äußere Bestimmungen zur Erscheinung gebracht würden; wodurch man denn auch nicht weiter kam, wie Newton selbst bei Gelegenheit seiner Controvers und in der oben angeführten Stelle anmerkt und behauptet.

459.

Dieser Verhältnisse aber hier zu erwähnen, hat Newton noch einen besondern Anlaß. Er bereitet sich vor, das Verhältniß der Farben seines Spectrums zu messen, und diese Verhältnisse mit denen des Tons zu vergleichen; wobei ihm denn jene Schwingungslehre zur Einleitung dient.

Dritte Proposition. Erstes Problem.

Die Refrangibilität der verschiedenen Arten des homogenen Lichts, wie sie den verschiedenen Arten Farben entspricht, zu bestimmen.

Siebenter Versuch.

460.

Der Verfasser, welcher wohl gefühlt haben mag, daß seine Farbenlehre sich im physikalischen Kreise völlig isolire, daß seine Erklärung der Phänomene mit der Erklärung andrer Naturerscheinungen sich nicht wohl verbinden lasse, geht nun darauf aus, die Maßverhältnisse seines Spectrums an die Tonverhält- nisse anzuschließen und durch diese Verbindung seiner Meinung einigen Rückenhalt zu verschaffen.

461.

Ganz vergeblicherweise knüpft er daher gegenwärti- gen Versuch an den fünften des ersten Theils und an dasjenige was bei Gelegenheit der vierten Proposition gesagt worden: denn eigentlich nimmt er sein gewöhn- lich Spectrum, läßt es auf's Papier fallen, auf wel- chem der Umriß gezeichnet ist, und zieht alsdann an

der Gränze jeder Farbe Querlinien, um den Raum
den eine jede einnimmt, und die Verhältnisse der
Distanzen von einander zu messen.

462.

Nachdem er also im Vorhergehenden viele Zeit
5 und Papier verdorben, um gegen die Natur zu bewei=
sen, daß das Spectrum aus unendlichen in einander
greifenden Farben=Cirkeln bestehe; so lassen sich nun
auf einmal Querlinien ziehen durch die Gränzen, wo
eine die andere berührt, eine von der andern zu un=
10 terscheiden ist.

463.

Wie nun bei dem Verfasser Wahrheit und Irr=
thum innig mit einander verbunden sind, weßwegen
sein Amalgama sich um so schwerer beurtheilen läßt;
so tritt auch hier das Wahre, daß die Farben im
15 perpendicularen Spectrum sich ziemlich mit horizon=
talen Strichen bezeichnen lassen, zum erstenmal auf;
allein der Irrthum, daß diese Farben unter sich ein
feststehendes Maßverhältniß haben, wird zugleich mit
eingeführt und gewinnt durch Messungen und Berech=
20 nungen ein ernsthaftes und sichres Ansehen.

464.

Wie es sich mit diesen beiden Puncten verhalte,
ist unsern Lesern schon genugsam bekannt. Wollen
sie sich's kürzlich wiederholen, so dürfen sie nur noch=

mals unsre fünfte Tafel vor sich nehmen. Wir haben
auf derselben das verrückte helle Bild viereckt ange=
nommen, wobei man am deutlichsten sehen kann, wie
es sich mit der Sache verhält. Die Farben der ge=
zeichneten Durchschnitte erscheinen zwischen horizonta=
len parallelen Linien. Erst sind sie durch das Weiße
getrennt, dann tritt das Gelbe und Blaue über ein=
ander, so daß ein Grünes erscheint. Dieses nimmt
endlich überhand, denn das Gelbe und Blaue verliert
sich in demselben. Man sieht deutlich, indem man
diese Tafel betrachtet, daß jeder Durchschnitt, den man
durch die fortschreitende Erscheinung macht, anders
ausfällt, und daß nur derjenige, über den ein punc=
tirtes Oval gezeichnet ist, mit dem Newtonischen Spec=
trum allenfalls übereinkommt. Eben so verhält es
sich mit dem verrückten dunklen Bilde auf der sechs=
ten Tafel, wodurch die Sache vollkommen in's Klare
gesetzt wird.

465.

Uns scheint sie so außer allem Streit, daß wir
die Messungen und die darauf gegründeten Zahlen
und Berechnungen ohne weiteres übergehen, um so=
mehr als man dieses Scheingebäude bei dem Autor
selbst beliebig nachsehen kann; behaupten aber aus=
drücklich, daß diese hier ausgegrübelten Terzen, Quar=
ten, Quinten bloß imaginär seien, und daß sich von
dieser Seite keine Vergleichung der Farbe und des
Tons denken lasse.

Achter Versuch.

—

466.

Wie nun in dem vorigen Versuche das durch's Glasprisma hervorgebrachte Spectrum angeblich ge= messen und seine Verhältnisse fälschlich berechnet wor= ден, so geht der Verfasser auf Verbindung mehrerer Mittel über, um die verschiedene Farbenerscheinung, nach dem einmal gefundenen Gesetz, zu bestimmen.

467.

Zu diesem Zwecke nimmt er ein Wasserprisma mit unterwärts gekehrtem brechenden Winkel, setzt in dasselbe ein Glasprisma, den brechenden Winkel ober= wärts gekehrt, und läßt alsdann das Sonnenlicht durchfallen. Nun versucht er so lange bis er ein Glasprisma findet, das bei geringerem Winkel als das Wasserprisma, durch stärkere Refraction die Re= fraction des Wasserprismas verbessert, dergestalt daß die einfallenden und ausfallenden Strahlen mit ein= ander parallel werden; da denn auch, nach verbesser= ter Brechung, die Farbenerscheinung verschwunden sein soll.

468.

Wir übersetzen und bestreiten dieses Experiment nicht, indem dessen Unstatthaftigkeit von jedermann anerkannt ist: denn daß Newton hier einen wichtigen

Umstand übersehen, mußte sogleich in die Augen fallen, als die Achromasie bei fortdauernder Refraction,
oder umgekehrt die Chromasie bei aufgehobener Refraction, entdeckt war.

469.

Indessen war es sehr verzeihlich, daß Newton hier
nicht genau nachspürte. Denn da er den Grund der
Farbenerscheinung in die Refraction selbst legte, da
er die Brechbarkeit, die verschiedene Brechbarkeit ausgesprochen und festgesetzt hatte; so war nichts natürlicher als daß er die Wirkung der Ursache gleich setzte,
daß er glaubte und behauptete, ein Mittel das mehr
breche, müsse auch die Farben stärker hervorbringen,
und indem es die Brechung eines andern aufhebe, auch
zugleich die Farbenerscheinung wegnehmen. Denn indem die Brechbarkeit aus der Brechung entspringt,
so muß sie ja mit ihr gleichen Schritt halten.

470.

Man hat sich verwundert, daß ein so genauer
Experimentator, wofür man Newton bisher gehalten,
daß ein so vortrefflicher Beobachter ein solches Experiment anstellen und den Hauptumstand dabei übersehen konnte. Aber Newton hat nicht leicht einen
Versuch angestellt, als insofern er seiner Meinung
günstig war; wenigstens beharrt er nur auf solchen,
welche seiner Hypothese schmeicheln. Und wie sollte

er eine diverse Refrangibilität, die von der Refraction
selbst wieder divers wäre, auch nur ahnden? In der
Geschichte der Farbenlehre werden wir die Sache wei=
ter auseinander setzen, wenn von Dollonds Erfindung
die Rede sein wird, da wir in unserm Entwurf das
Naturverhältniß deutlich gemacht haben (682—687).

471.

Eigentlich war die Newtonische Lehre auf der
Stelle todt, sobald die Achromasie entdeckt war. Geist=
reiche Männer, z. B. unser Klügel, empfanden es,
drückten sich aber unentschieden darüber aus. Der
Schule hingegen, welche sich schon lange gewöhnt hatte,
an dieser Lehre zu leimen, zu flicken und zu verklei=
stern, fehlte es nicht an Wundärzten welche den Leich=
nam balsamirten, damit er auf ägyptische Weise, auch
nach seinem Tode, bei physischen Gelagen präsidiren
möge.

472.

Man brauchte neben der verschiedenen Brechbarkeit
auch noch den Ausdruck einer verschiedenen Zerstreu=
barkeit, indem man das unbestimmte, schon von Gri=
maldi, Rizzetti, Newton selbst und andern gebrauchte
Wort Zerstreuen hier in einem ganz eigenen Sinne
anwendete, und, so ungeschickt es auch war, der neu be=
kannt gewordenen Erscheinung anpaßte, ihm ein großes
Gewicht gab, und eine Lehre durch Redensarten rettete,
die eigentlich nur aus Redensarten bestand.

473.

Übergehen wir nun die bei dieser Gelegenheit vor=
gebrachten Messungen und Berechnungen, welche schon
von der physischen und mathematischen Welt für falsch
erklärt worden, so übersetzen und beleuchten wir doch
die Schlußrede, welche den Übergang zu neuen Kunst=
stücken macht, durch die wir nicht in's Licht, sondern
hinter das Licht geführt werden sollen. Denn also
spricht der Verfasser:

474.

Nimmt man nun diese Theoreme in die Optik auf,

475.

Es ist sehr wunderbar, daß er diese Empfehlung
gerade an einer Stelle anbringt, welche nun schon
durchaus für falsch anerkannt ist.

476.

so hätte man Stoff genug, diese Wissenschaft weitläuftig (voluminously) nach einer neuen Manier zu behandeln,
nicht allein bei dem Vortrag alles dessen was zur Vollkommenheit des Sehens beiträgt, sondern auch indem man
mathematisch alle Arten der Farbenphänomene, welche durch
Refraction entstehen können, bestimmte.

477.

Daß man aber eben dieses auf Newtons Weise,
nach Anleitung des letzten Experiments that, dadurch
ist die Verbesserung der dioptrischen Fernröhre, und

die wahre Einsicht in die Natur der Farbe überhaupt, besonders aber der Farbe in sofern sie durch Refraction entsteht, auf lange Zeit unmöglich gemacht worden.

Nun folgt ein ganz leiser Übergang zu dem was wir uns zunächst sollen gefallen lassen.

478.

Denn hiezu ist nichts weiter nöthig, als daß man die Absonderung der heterogenen Strahlen finde,

479.

Welche wunderlichen Anstalten er hierzu gemacht, wie wenig er damit zu Stande gekommen, ist von uns genau und weitläuftig ausgeführt. Aber man merke wohl was noch weiter nöthig ist.

480.

und ihre verschiedenen Mischungen und Proportionen in jeder Mischung.

481.

Also erst soll man sie absondern und dann wieder mischen, ihre Proportion in der Absonderung, ihre Proportion in der Mischung finden. Und was hat man denn davon? Was aber der Autor darunter hat, wird sich bald zeigen, indem er uns mit den Mischungen in die Enge treiben will. Indessen fährt er fort goldne Berge zu versprechen.

482.

Auf diesem Wege zu denken und zu schließen (way of arguing) habe ich die meisten Phänomene, die in diesem Buche beschrieben sind, erfunden,

483.

Ja wohl hat er sie erfunden, oder sie vielmehr seinem Argutiren angepaßt.

484.

und andre mehr, die weniger zu der gegenwärtigen Abhandlung gehören. Und ich kann bei den Fortschritten, die ich in den Versuchen gemacht habe, wohl versprechen, daß derjenige der recht denken und folgern und alles mit guten Gläsern und hinreichender Vorsicht unternehmen wird, des erwarteten Erfolgs nicht ermangeln soll.

485.

Der erwartete Erfolg wird nur der sein, wie er es denn auch gewesen ist, daß eine Hypothese immer mehr ausgeputzt wird und die vorgefaßte Meinung im Sinn immer mehr erstarrt.

486.

Aber man muß zuerst erkennen, was für Farben von andern, die man in bestimmter Proportion vermischt, ent= stehen können.

487.

Und so hätte uns der Verfasser ganz leise wieder an eine Schwelle hingeführt, über die er uns in eine neue Concameration seines Wahnes höflicherweise hineinnöthigt.

Vierte Proposition. Drittes Theorem.

Man kann Farben durch Zusammensetzung her=
vorbringen, welche den Farben des homogenen
Lichts gleich sind, dem Ansehn der Farben
nach, aber keineswegs was ihre Unveränder=
lichkeit und die Constitution des Lichtes be=
trifft. Und jemehr man diese Farben zu=
sammensetzt, destoweniger satt und stark wer=
den sie, ja sie können, wenn man sie allzu
sehr zusammensetzt, so diluirt und geschwächt
werden, daß sie verschwinden und sich in
Weiß oder Grau verwandeln. Auch lassen
sich Farben durch Zusammensetzung hervor=
bringen, welche nicht vollkommen den Farben
des homogenen Lichtes gleich sind.

488.

Was diese Proposition hier bedeuten solle, wie sie
mit dem Vorhergehenden eigentlich zusammenhange
und was sie für die Folge beabsichtige, müssen wir
vor allen Dingen unsern Lesern deutlich zu machen
suchen. Die falsche Ansicht des Spectrums ,ectiv aus

ursprünglich aus einer stätigen Farbenreihe bestehe,
hatte Newton in dem Vorhergehenden noch mehr be=
festigt, indem er darin eine der Tonleiter ähnliche
Scale gefunden haben wollte.

489.

Nun wissen wir aber, daß man, um der Erscheinung
auf den Grund zu kommen, zugleich ein verrücktes
helles und ein verrücktes dunkles Bild betrachten muß.
Da finden sich nun zwei Farben, die man für einfach
ansprechen kann, Gelb und Blau, zwei gesteigerte,
Gelbroth und Blauroth, und zwei gemischte, Grün
und Purpur. Auf diese Unterschiede hatte Newton
keine Acht, sondern betrachtete nur die bei starker
Verrückung eines hellen Bildes vorkommenden Farben,
unterschied, zählte sie, nahm ihrer fünf oder sieben
an, ja ließ deren, weil in einer stätigen Reihe sich
unendliche Einschnitte machen lassen, unzählige gelten;
und diese alle sollten nun, so viel ihrer auch sein möch=
ten, primitive, primäre, in dem Licht für sich befindliche
Urfarben sein.

490.

Bei genauerer Betrachtung mußte er jedoch finden,
daß manche von diesen einfachen Urfarben gerade so
aussahen wie andere, die man durch Mischung hervor=
bringen konnte. Wie nun aber das Gemischte dem
Ursprünglichen, und das Ursprüngliche dem Gemischten
ähnlich, ja gleich sein könne, dieß wäre freilich in

einem naturgemäßen Vortrag schwer genug darzustellen
gewesen; in der Newtonischen Behandlung wird es
jedoch möglich, und wir wollen, ohne uns weiter im
Allgemeinen aufzuhalten, gleich zu dem Vortrag des
5 Verfassers übergehen, und in kurzen Anmerkungen,
wie bisher, unsere Leser aufmerksam machen, worauf
es denn eigentlich mit diesem Mischen und Wieder=
mischen am Ende hinausgeht.

491.

Denn eine Mischung von homogenem Roth und Gelb
10 bringt ein Orange hervor, gleich an Farbe dem Orange das
in der Reihe von ungemischten prismatischen Farben zwischen=
inne liegt, aber das Licht des einen Orange ist homogen,
die Refrangibilität betreffend; das andere aber ist heterogen:
denn die Farbe des ersten, wenn man sie durch ein Prisma
15 ansieht, bleibt unverändert, die von dem zweiten wird ver=
ändert und in die Farben zerlegt die es zusammensetzen,
nämlich Roth und Gelb.

492.

Da uns der Verfasser mit so verschiedenen umständ=
lichen Versuchen gequält hat, warum gibt er nicht
20 auch hier den Versuch genau an? Warum bezieht er
sich nicht auf einen der vorigen, an den man sich hal=
ten könnte? Wahrscheinlicherweise ist er denjenigen
ähnlich, die wir oben (154 und 155) mit eingeführt
haben, wo ein Paar prismatische Bilder, entweder im
25 Ganzen oder theilweise, objectiv über einander geworfen
und dann, durch ein Prisma angesehen, subjectiv aus

einander gerückt werden. Newtons Intention hierbei
ist aber keine andere, als eine Ausflucht sich zu bereiten,
damit, wenn bei abermaliger Verrückung seiner homo=
genen Farbenbilder sich neue Farben zeigen, er sagen
könne, jene seien eben nicht homogen gewesen; da denn
freilich niemand einem der auf diese Weise lehrt und
disputirt, etwas anhaben kann.

493.

Auf dieselbe Weise können andere benachbarte homogene
Farben neue Farben hervorbringen, den homogenen gleich,
welche zwischen ihnen liegen, z. B. Gelb und Grün.

494.

Man bemerke, wie listig der Verfasser auftritt.
Er nimmt hier sein homogenes Grün, da doch Grün
als eine zusammengesetzte Farbe durchaus anerkannt ist.

495.

Gelb und Grün also bringen die Farbe hervor, die
zwischen ihnen beiden liegt.

496.

Das heißt also ungefähr ein Papageigrün, das
nach der Natur und in unserer Sprache durch mehr
Gelb und weniger Blau hervorgebracht wird. Aber
man gebe nur weiter Acht.

497.

Und nachher wenn man Blau dazu thut, so wird es ein Grün werden, von der mittlern Farbe der drei, woraus es zusammengesetzt ist.

498.

Erst macht er also Grün zur einfachen Farbe und
5 erkennt das Gelb und Blau nicht an, woraus es zusammengesetzt ist; dann gibt er ihm ein Über= gewicht von Gelb, und dieses Übergewicht von Gelb nimmt er durch eine Beimischung von Blau wieder weg, oder vielmehr er verdoppelt nur sein erstes Grün,
10 indem er noch eine Portion neues Grün hinzubringt. Er weiß aber die Sache ganz anders auszulegen.

499.

Denn das Gelbe und Blaue an jeder Seite, wenn sie in gleicher Menge sind, ziehen das mittlere Grün auf gleiche Weise zu sich und halten es wie es war, im Gleichgewicht,
15 so daß es nicht mehr gegen das Gelbe auf der einen, noch gegen das Blaue an der andern sich neigt, sondern durch ihre gemischten Wirkungen als eine Mittelfarbe erscheint.

500.

Wie viel kürzer wär' er davon gekommen, wenn er der Natur die Ehre erzeigt und das Phänomen,
20 wie es ist, ausgesprochen hätte, daß nämlich das pris= matische Blau und Gelb, die erst im Spectrum ge= trennt sind, sich in der Folge verbinden und ein Grün machen, und daß im Spectrum an kein einfaches

Grün zu denken sei. Was hilft es aber! Ihm und seiner Schule sind Worte lieber als die Sache.

501.

Zu diesem gemischten Grün kann man noch etwas Roth und Violett hinzuthun, und das Grüne wird nicht gleich verschwinden, sondern nur weniger voll und lebhaft werden. Thut man noch mehr Roth und Violett hinzu, so wird es immer mehr und mehr verdünnt, bis durch das Übergewicht von hinzugethanen Farben es überwältigt und in Weiß oder in irgend eine andre Farbe verwandelt wird.

502.

Hier tritt wieder das Hauptübel der Newtonischen Lehre herein, daß sie das σκιερόν der Farbe verkennt, und immer glaubt mit Lichtern zu thun zu haben. Es sind aber keinesweges Lichter, sondern Halblichter, Halbschatten, welche durch gewisse Bedingungen als verschiedenfarbig erscheinen. Bringt man nun diese verschiedenen Halblichter, diese Halbschatten überein= ander, so werden sie zwar nach und nach ihre Speci= fication aufgeben, sie werden aufhören, Blau, Gelb oder Roth zu sein; aber sie werden keinesweges da= durch diluirt. Der Fleck des weißen Papiers auf den man sie wirft, wird dadurch dunkler; es entsteht ein Halblicht, ein Halbschatten aus soviel andern Halblichtern, Halbschatten zusammengesetzt.

503.

So wird, wenn man zu der Farbe von irgend einem homogenen Lichte das weiße Sonnenlicht, das aus allen Arten Strahlen zusammengesetzt ist, hinzuthut, diese Farbe nicht verschwinden, oder ihre Art verändern, aber immer
5 mehr und mehr verdünnt werden.

504.

Man lasse das Spectrum auf eine weiße Tafel fallen, die im Sonnenlicht steht, und es wird bleich aussehen, wie ein anderer Schatten auch, auf welchen das Sonnenlicht wirkt ohne ihn ganz aufzuheben.

505.

10 Zuletzt wenn man Roth und Violett mischt, so werden nach verschiedenen Proportionen verschiedene Purpurfarben zum Vorschein kommen, und zwar solche, die keiner Farbe irgend eines homogenen Lichtes gleichen.

506.

Hier tritt denn endlich der Purpur hervor, das
15 eigentliche, wahre, reine Roth, das sich weder zum Gelben noch zum Blauen hinneigt. Diese vornehmste Farbe, deren Entstehung wir im Entwurf, in phy=
siologischen, physischen und chemischen Fällen, hin=
reichend nachgewiesen haben, fehlt dem Newton, wie
20 er selbst gesteht, in seinem Spectrum ganz, und das bloß deßwegen, weil er nur das Spectrum eines ver=
rückten hellen Bildes zum Grunde seiner Betrachtung

15*

legt, und das Spectrum eines verrückten dunklen
Bildes nicht zugleich aufführt, nicht mit dem ersten
parallelisirt. Denn wie bei Verrückung des hellen
Bildes endlich in der Mitte Gelb und Blau zu=
sammenkommen und Grün bilden, so kommen bei 5
Verrückung des dunklen Bildes endlich Gelbroth und
Blauroth zusammen. Denn das was Newton am
einen Ende seiner Farbenscale Roth nennt, ist eigent=
lich nur Gelbroth, und er hat also unter seinen pri=
mitiven Farben nicht einmal ein vollkommenes Roth. 10
Aber so muß es allen ergehen, die von der Natur
abweichen, welche das Hinterste zu vörderst stellen,
das Abgeleitete zum Ursprünglichen erheben, das Ur=
sprüngliche zum Abgeleiteten erniedrigen, das Zu=
sammengesetzte einfach, das Einfache zusammengesetzt 15
nennen. Alles muß bei ihnen verkehrt werden, weil
das Erste verkehrt war; und doch finden sich Geister
vorzüglicher Art, die sich auch am Verkehrten erfreuen.

507.

Und aus diesen Purpurfarben, wenn man Gelb und
Blau hinzumischt, können wieder andre neue Farben er= 20
zeugt werden.

508.

Und so hätte er denn sein Mischen und Mengen
auf die confuseste Weise zu Stande gebracht; worauf
es aber eigentlich angesehn ist, zeigt sich im Folgenden.

Durch diese Mischung der Farben sucht er ihre 25

specifische Wirkung endlich zu neutralisiren, und möchte gar zu gern aus ihnen Weiß hervorbringen; welches ihm zwar in der Erfahrung nicht geräth, ob er gleich mit Worten immer versichert, daß es mög=
5 lich und thulich sei.

Fünfte Proposition. Viertes Theorem.

Das Weiße und alle graue Farben, zwischen Weiß und Schwarz, können aus Farben zusammengesetzt werden, und die Weiße des
10 Sonnenlichts ist zusammengesetzt aus allen Urfarben (primary) in gehörigem Verhältniß vereinigt.

509.

Wie es sich mit dem ersten verhalte, haben wir in den Capiteln der realen und scheinbaren Mischung
15 genugsam dargelegt; und die zweite Hälfte der Proposition wissen unsre Leser auch zu schätzen. Wir wollen jedoch sehen, wie er das Vorgebrachte zu beweisen gedenkt.

Neunter Versuch.

510.

Die Sonne schien in eine dunkle Kammer durch eine kleine runde Oeffnung in dem Fensterladen, und warf das gefärbte Bild auf die entgegengesetzte Wand. Ich hielt ein weißes Papier an die Seite, auf die Art, daß es durch das vom Bild zurückgeworfene Licht erleuchtet wurde, ohne einen Theil des Lichtes auf seinem Wege vom Prisma zum Spectrum aufzufangen; und ich fand, wenn man das Papier näher zu einer Farbe als zu den übrigen hielt, so erschien es von dieser Farbe; wenn es aber gleich oder fast gleich von allen Farben entfernt war, so daß alle es erleuchteten, erschien es weiß.

511.

Man bedenke was bei dieser Operation vorgeht. Es ist nämlich eine unvollkommene Reflexion eines farbigen halbhellen Bildes, welche jedoch nach den Gesetzen der scheinbaren Mittheilung geschieht (S. 588—592). Wir wollen aber den Verfasser ausreden lassen, um alsdann das wahre Verhältniß im Zusammenhang vorzubringen.

512.

Wenn nun bei dieser letzten Lage des Papiers einige Farben aufgefangen wurden, verlor dasselbe seine weiße Farbe und erschien in der Farbe des übrigen Lichtes das nicht aufgefangen war. Auf diese Weise konnte man das Papier mit Lichtern von verschiedenen Farben erleuchten,

namentlich mit Roth, Gelb, Grün, Blau und Violett, und
jeder Theil des Lichts behielt seine eigene Farbe bis er
auf's Papier fiel und von da zum Auge zurückgeworfen
wurde, so daß er, wenn entweder die Farbe allein war,
5 und das übrige Licht aufgefangen, oder wenn sie prädomi-
nirte, dem Papier seine eigene Farbe gab; war sie aber
vermischt mit den übrigen Farben in gehörigem Verhältniß,
so erschien das Papier weiß, und brachte also diese Farbe
in Zusammensetzung mit den übrigen hervor. Die verschie-
10 denen Theile des farbigen Lichtes, welche das Spectrum
reflectirt, indem sie von daher durch die Luft fortgepflanzt
werden, behalten beständig ihre eigenen Farben: denn wie
sie auch auf die Augen des Zuschauers fallen, so erscheinen
die verschiedenen Theile des Spectrums unter ihren eigenen
15 Farben. Auf gleiche Weise behalten sie auch ihre eigenen
Farben, wenn sie auf das Papier fallen; aber dort machen
sie durch Verwirrung und vollkommene Mischung aller
Farben die Weiße des Lichts, welche von dorther zurückgeworfen wird.

513.

20 Die ganze Erscheinung ist, wie gesagt, nichts als
eine unvollkommene Reflexion. Denn erstlich bedenke
man, daß das Spectrum selbst ein dunkles aus lauter
Schattenlichtern zusammengesetztes Bild sei. Man
bringe ihm nah an die Seite eine zwar weiße aber
25 doch rauhe Oberfläche, wie das Papier ist, so wird
jede Farbe des Spectrums von derselben obgleich nur
schwach reflectiren, und der aufmerksame Beobachter
wird die Farben noch recht gut unterscheiden können.
Weil aber das Papier auf jedem seiner Puncte von

allen Farben zugleich erleuchtet ist, so neutralisiren
sie sich gewissermaßen einander und es entsteht ein
Dämmerschein, dem man keine eigentliche Farbe zu=
schreiben kann. Die Hellung dieses Dämmerscheins
verhält sich wie die Dämmerung des Spectrums selbst,   5
keineswegs aber wie die Hellung des weißen Lichtes,
ehe es Farben annahm und sich damit überzog. Und
dieses ist immer die Hauptsache welcher Newton aus=
weicht. Denn man kann freilich aus sehr hellen
Farben, auch wenn sie körperlich sind, ein Grau zu= 10
sammensetzen, das sich aber, von weißer Kreide z. B.,
schon genugsam unterscheidet. Alles dieß ist in der
Natur so einfach und so kurz, und nur durch diese
falschen Theorien und Sophistereien hat man die
Sache in's Weite, ja in's Unendliche gespielt.   15

514.

Will man diesen Versuch mit farbigen Papieren,
auf die man das Sonnenlicht gewaltig fallen und
von da auf eine im Dunkeln stehende Fläche reflec=
tiren läßt, anstellen, in dem Sinne wie unsere Capitel
von scheinbarer Mischung und Mittheilung der Sache   20
erwähnen; so wird man sich noch mehr von dem wah=
ren Verhältniß der Sache überzeugen, daß nämlich
durch Verbindung aller Farben ihre Specification zwar
aufgehoben, aber das was sie alle gemein haben, das
σκερόν, nicht beseitigt werden kann.   25

515.

In den drei folgenden Experimenten bringt Newton wieder neue Kunststückchen und Posseleien hervor, ohne das wahre Verhältniß seines Apparats und der daburch erzwungenen Erscheinung anzugeben. Nach gewohnter Weise ordnet er die drei Experimente falsch, indem er das complicirteste voransetzt, ein anderes das dieser Stelle gewissermaßen fremd ist, folgen läßt, und das einfachste zuletzt bringt. Wir werden daher, um uns und unsern Lesern die Sache zu erleichtern, die Ordnung umkehren, und wenden uns deßhalb sogleich zum

Zwölften Versuch.

516.

Das Licht der Sonne gehe durch ein großes Prisma durch, falle sodann auf eine weiße Tafel und bilde dort einen weißen Raum.

517.

Newton operirt also hier wieder in dem zwar refrangirten aber doch noch ungefärbten Lichte.

518.

Gleich hinter das Prisma setze man einen Kamm.

519.

Man gebe doch Acht, auf welche rohe Weise Newton sein weißes Licht zusammenkrämpeln und =filzen will.

520.

Die Breite der Zähne sei gleich ihren Zwischenräumen, und die sieben Zähne

521.

Doch als wenn für jeden Hauptlichtstrahl einer präparirt wäre.

522.

nehmen mit ihren Intervallen die Breite eines Zolles ₅ ein. Wenn nun das Papier zwei oder drei Zoll von dem Kamm entfernt stand, so zeichnete das Licht, das durch die verschiedenen Zwischenräume hindurchging, verschiedene Reihen Farben,

523.

Warum sagt er nicht die prismatischen Farben= ₁₀ reihen?

524.

die parallel unter sich waren und ohne eine Spur von Weiß.

525.

Und diese Erscheinung kam doch wohl bloß daher, weil jeder Zahn zwei Ränder machte, und das gebro= ₁₅ chene ungefärbte Licht sogleich an diesen Gränzen, durch diese Gränzen zur Farbe bestimmt wurde: wel= ches Newton in der ersten Proposition dieses Buchs so entschieden läugnete. Das ist eben das Unerhörte bei diesem Vortrag, daß erst die wahren Verhältnisse ₂₀ und Erscheinungen abgeläugnet werden, und daß, wenn sie zu irgend einem Zwecke brauchbar sind, man sie

ohne weiteres hereinführt, als wäre gar nichts geschehen
noch gesagt worden.

526.

Diese Farbenstreifen, wenn der Kamm auf= und ab=
wärts bewegt ward, stiegen auf= und abwärts.

527.

Keineswegs dieselben Farbenstreifen; sondern wie
der Kamm sich bewegte, entstunden an seinen Gränzen
immer neue Farbenerscheinungen, und es waren ewig
werdende Bilder.

528.

Wenn aber die Bewegung des Kamms so schnell war,
daß man die Farben nicht von einander unterscheiden konnte,
so erschien das ganze Papier durch ihre Verwirrung und
Mischung dem Sinne weiß.

529.

So karbätscht unser gewandter Naturforscher seine
homogenen Lichter dergestalt durcheinander, daß sie ihm
abermals ein Weiß hervorbringen, welches wir aber
auch nothwendig verkümmern müssen. Wir haben zu
diesem Versuche einen Apparat ersonnen, der seine
Verhältnisse sehr gut an den Tag legt. Die Vorrich=
tung einen Kamm auf= und abwärts sehr schnell zu
bewegen, ist unbequem und umständlich. Wir bedie=
nen uns daher eines Rades mit zarten Speichen, das
an die Walze unsers Schwungrades befestigt werden
kann. Dieses Rad stellen wir zwischen das erleuchtete

große Prisma und die weiße Tafel. Wir setzen es
langsam in Bewegung, und wie eine Speiche vor dem
weißen Raum des refrangirten Bildes vorbeigeht, so
bildet sie dort einen farbigen Stab in der bekannten
Folge: Blau, Purpur und Gelb. Wie eine andre 5
Speiche eintritt, so entstehen abermals diese farbigen
Erscheinungen, die sich geschwinder folgen, wenn man
das Rad schneller herumdreht. Gibt man nun dem
Rade den völligen Umschwung, so daß der Beobach=
tende wegen der Schnelligkeit die Speichen nicht mehr 10
unterscheiden kann, sondern daß eine runde Scheibe
dem Auge erscheint; so tritt der schöne Fall ein, daß
einmal das aus dem Prisma hervorkommende weiße,
an seinen Gränzen gefärbte Bild auf jener Scheibe
völlig deutlich erscheint, und zugleich, weil diese schein= 15
bare Scheibe doch noch immer als halbdurchsichtig an=
gesehen werden kann, auf der hinteren weißen Pappe
sich abbildet. Es ist dieses ein Versuch, der sogleich
das wahre Verhältniß vor Augen bringt, und welchen
jedermann mit Vergnügen ansehn wird. Denn hier 20
ist nicht von Krämpeln, Filzen und Karbätschen fer=
tiger Farbenlichter die Rede; sondern eben die Schnellig=
keit, welche auf der scheinbaren Scheibe das ganze Bild
auffängt, läßt es auch hindurch auf die weiße Tafel
fallen, wo eben wegen der Schnelligkeit der vorbei= 25
gehenden Speichen keine Farben für uns entstehen
können; und das hintre Bild auf der weißen Tafel
ist zwar in der Mitte weiß, doch etwas trüber und

dämmernder, weil es ja vermittelst der für halbburch=
sichtig anzunehmenden Scheibe gedämpft und gemäßigt
wird.

530.

Noch angenehmer zeigt sich der Versuch, wenn man
durch ein kleineres Prisma die Farbenerscheinung der=
gestalt hervorbringt, daß ein schon ganz fertiges Spec=
trum auf die Speichen des umzudrehenden Rades fällt.
Es steht in seiner völligen Kraft alsdann auf der
schnell umgetriebenen scheinbaren Scheibe, und eben
so unverwandt und unverändert auf der hintern wei=
ßen Tafel. Warum geht denn hier keine Mischung,
keine Confusion vor? warum quirlt denn das auf
das schnellste herumgedrehte Speichenrad die fertigen
Farben nicht zusammen? warum operirt denn dießmal
Newton nicht mit seinen fertigen Farben? warum
mit entstehenden? Doch bloß darum, daß er sagen
könne, sie seien fertig geworden und durch Mischung
in's Weiße verwandelt; da der Raum doch bloß da=
rum vor unsern Augen weiß bleibt, weil die vorüber=
eilenden Speichen ihre Gränze nicht bezeichnen und
deßhalb keine Farbe entstehn kann.

531.

Da nun der Verfasser einmal mit seinem Kamme
operirt, so häuft er noch einige Experimente, die er
aber nicht numerirt, deren Gehalt wir nun auch kürz=
lich würdigen wollen.

532.

Laßt nun den Kamm still stehn und das Papier sich weiter vom Prisma nach und nach entfernen, so werden die verschiedenen Farbenreihen sich verbreitern und eine über die andre mehr hinausrücken, und indem sie ihre Farben mit einander vermischen, einander verdünnen; und dieses 5 wird zuletzt so sehr geschehen, daß sie weiß werden.

533.

Was vorgeht, wenn schmale schwarze und weiße Streifen auf einer Tafel wechseln, kann man sich am besten durch einen subjectiven Versuch bekannt machen. Die Ränder entstehen nämlich gesetzmäßig an den 10 Gränzen sowohl des Schwarzen als des Weißen, die Säume verbreiten sich sowohl über das Weiße als das Schwarze, und so erreicht der gelbe Saum geschwind den blauen Rand und macht Grün, der violette Rand den gelbrothen und macht Purpur, so daß 15 wir sowohl das System des verrückten weißen, als des verrückten schwarzen Bildes zugleich gewahr werden. Entfernt man sich weiter von der Pappe, so greifen Ränder und Säume dergestalt in einander, vereinigen sich innigst, so daß man nur noch grüne 20 und purpurne Streifen übereinander sieht.

534.

Dieselbe Erscheinung kann man durch einen Kamm, mit dem man vor einem großen Prisma operirt, objectiv hervorbringen und die abwechselnden purpurnen

und grünen Streifen auf der weißen Tafel recht gut
gewahr werden.

535.

Es ist daher ganz falsch was Newton andeutet,
als wenn die sämmtlichen Farben in einander griffen,
5 da sich doch nur die Farben der entgegengesetzten Ränder vermischen können, und gerade, indem sie es thun,
die übrigen aus einander halten. Daß also diese
Farben, wenn man mit der Pappe sich weiter entfernt, indem es doch im Grunde lauter Halbschatten
10 sind, verdünnter erscheinen, entsteht daher, weil sie
sich mehr ausbreiten, weil sie schwächer wirken, weil
ihre Wirkung nach und nach fast aufhöret, weil jede
für sich unscheinbar wird, nicht aber weil sie sich vermischen und ein Weiß hervorbringen. Die Neutrali-
15 sation, die man bei andern Versuchen zugesteht, findet
hier nicht einmal statt.

536.

Ferner nehme man durch irgend ein Hinderniß

537.

Hier ist schon wieder ein Hinderniß, mit dem er
bei dem ersten Experiment des zweiten Theils so un-
20 glücklich operirt hat, und das er hier nicht besser anwendet.

538.

das Licht hinweg, das durch irgend einen der Zwischenräume der Kammzähne durchgefallen war, so daß die Reihe

Farben, welche daher entsprang, aufgehoben sei, und man
wird bemerken, daß das Licht der übrigen Reihen an die
Stelle der weggenommenen Reihe tritt und sich daselbst färbt.

539.

Keineswegs ist dieses das Factum, sondern ein
genauer Beobachter sieht ganz etwas anders. Wenn
man nämlich einen Zwischenraum des Kammes zu=
deckt, so erhält man nur einen breitern Zahn, der,
wenn die Intervalle und die Zähne gleich sind, drei=
mal so breit ist wie die übrigen. An den Gränzen
dieses breitern Zahns geht nun gerade das vor, was
an den Gränzen der schmäleren vorgeht: der violette
Saum erstreckt sich hereinwärts, der gelbrothe Rand
bezeichnet die andre Seite. Nun ist es möglich, daß
bei der gegebenen Distanz diese beiden Farben sich
über den breiten Zahn noch nicht erreichen, während
sie sich über die schmalen Zähne schon ergriffen haben;
wenn man also bei den übrigen Fällen schon Purpur
sieht, so wird man hier noch das Gelbrothe vom
Blaurothen getrennt sehen.

540.

Läßt man aber diese aufgefangene Reihe wieder wie
vorher auf das Papier fallen; so werden die Farben der=
selben in die Farben der übrigen Reihen einfallen, sich mit
ihnen vermischen und wieder das Weiße hervorbringen.

541.

Keineswegs; sondern, wie schon oben gedacht,
werden die durch die schmalen Kammöffnungen durch=
fallenden Farbenreihen in einer solchen Entfernung
nur unscheinbar, so daß ein zweideutiger, eher bunt
als farblos zu nennender Schein hervorgebracht wird.

542.

Biegt man nun die Tafel sehr schräg gegen die ein=
fallenden Strahlen, so daß die am stärksten refrangibeln
häufiger als die übrigen zurückgeworfen werden; so wird
die Weiße der Tafel, weil gedachte Strahlen häufiger zurück=
geworfen werden als die übrigen, sich in Blau und Violett
verwandeln. Wird das Papier aber im entgegengesetzten
Sinne gebeugt, daß die weniger refrangibeln Strahlen am
häufigsten zurückgeworfen werden, so wird das Weiße in
Gelb und Roth verwandelt.

543.

Dieses ist, wie man sieht, nur noch ein Septleva
auf das dritte Experiment des zweiten Theils.

Man kann, weil wir einmal diesen Spielausdruck
gebraucht haben, Newton einem falschen Spieler ver=
gleichen, der bei einem unaufmerksamen Banquier ein
Paroli in eine Karte biegt, die er nicht gewonnen
hat, und nachher, theils durch Glück theils durch List,
ein Ohr nach dem andern in die Karte knickt und
ihren Werth immer steigert. Dort operirt er in dem
weißen Lichte und hier nun wieder in einem durch

den Stamm gegangenen Lichte, in einer solchen Ent=
fernung, wo die Farbenwirkungen der Kammzähne
sehr geschwächt sind. Dieses Licht ist aber immer
noch ein refrangirtes Licht, und durch jedes Hinderniß
nahe an der Tafel kann man wieder Schatten und   5
Farbensäume hervorbringen. Und so kann man auch
das dritte Experiment hier wiederholen, indem die
Ränder, die Ungleichheit der Tafel selbst, entweder
Violett und Blau, oder Gelb und Gelbroth hervor=
bringen und mehr oder weniger über die Tafel ver=   10
breiten, je nachdem die Richtung ist, in welcher die
Tafel gehalten wird. Bewies also jenes Experiment
nichts, so wird auch gegenwärtiges nichts beweisen,
und wir erlassen unsern Lesern das ergo bibamus,
welches hier auf die gewöhnliche Weise hinzugefügt 15
wird.

Elfter Versuch.

544.

Hier bringt der Verfasser jenen Hauptversuch,
dessen wir so oft erwähnen, und den wir in dem
neunzehnten Capitel von Verbindung objectiver und 20
subjectiver Versuche (S. 350—355) vorgetragen haben.
Es ist nämlich derjenige, wo ein objectiv an die Wand
geworfenes Bild subjectiv heruntergezogen, entfärbt
und wieder umgekehrt gefärbt wird. Newton hütet

sich wohl dieses Versuchs an der rechten Stelle zu erwähnen: denn eigentlich gäbe es für denselben gar keine rechte Stelle in seinem Buche, indem seine Theorie vor diesem Versuch verschwindet. Seine fertigen, ewig unveränderlichen Farben werden hier vermindert, auf= gehoben, umgekehrt, und stellen uns das Werdende, immerfort Entstehende und ewig Bewegliche der pris= matischen Farben recht vor die Sinne. Nun bringt er diesen Versuch so nebenbei, als eine Gelegenheit sich weißes Licht zu verschaffen und in demselben mit Kämmen zu operiren. Er beschreibt den Versuch, wie wir ihn auch schon dargestellt, behauptet aber nach seiner Art, daß diese Weiße des subjectiv herunter= geführten Bildes aus der Vereinigung aller farbigen Lichter entstehe, da die völlige Weiße doch hier, wie bei allen prismatischen Versuchen, den Indifferenzpunct und die nahe Umwendung der begränzenden Farben in den Gegensatz andeutet. Nun operirt er in diesem subjectiv weiß gewordnen Bilde mit seinen Kamm= zähnen und bringt also, durch neue Hindernisse, neue Farbenstreifen von außen herbei, keineswegs von innen heraus.

Zehnter Versuch.

545.

Hier kommen wir nun an eine recht zerknickte Karte, an einen Versuch der aus nicht weniger als

fünf bis sechs Versuchen zusammengesetzt ist. Da wir
sie aber alle schon ihrem Werth nach kennen, da wir
schon überzeugt sind, daß sie einzeln nichts beweisen;
so werden sie uns auch in der gegenwärtigen Ver=
schränkung und Zusammensetzung keinesweges impo=
niren.

Anstatt also dem Verfasser hier, wie wir wohl
sonst gethan, Wort vor Wort zu folgen, so gedenken
wir die verschiedenen Versuche, aus denen der gegen=
wärtige zusammengesetzt ist, als Glieder dieses mon=
strosen Ganzen, nur kürzlich anzuzeigen, auf das was
schon einzeln gesagt ist, zurückzudeuten und auch so
über das gegenwärtige Experiment abzuschließen.

Glieder
des zehnten Versuchs.

546.

1) Ein Spectrum wird auf die bekannte Weise hervorgebracht.

2) Es wird auf eine Linse geworfen und von einer
weißen Tafel aufgefangen. Das farblose runde Bild ent=
steht im Focus.

3) Dieses wird subjectiv heruntergerückt und gefärbt.

4) Jene Tafel wird gebogen. Die Farben erscheinen
wie bei'm zweiten Versuch dieses zweiten Theils.

5) Ein Kamm wird angewendet. S. den zwölften Versuch dieses Theils.

547.

Wie Newton diesen complicirten Versuch beschreibt, auslegt und was er daraus folgert, werden diejenigen welche die Sache interessirt, bei ihm selbst nachsehen, so wie die welche sich in den Stand setzen, diese sämmtlichen Versuche nachzubilden, mit Verwunderung und Erstaunen das ganz Unnütze dieser Aufhäufungen und Verwicklungen von Versuchen erkennen werden. Da auch hier abermals Linsen und Prismen verbunden werden, so kommen wir ohnehin in unserer supplementaren Abhandlung auch auf gegenwärtigen Versuch zurück.

Dreizehnter Versuch.
Siehe Fig. 3. Taf. XIV.

548.

Bei den vorerwähnten Versuchen thun die verschiedenen Zwischenräume der Kammzähne den Dienst verschiedener Prismen, indem ein jeder Zwischenraum das Phänomen eines Prismas hervorbringt.

549.

Freilich wohl, aber warum? Weil innerhalb des weißen Raums, der sich im refrangirten Bilde des

großen Prismas zeigte, frische Gränzen hervorgebracht
werden, und zwar durch den Kamm oder Rechen wiederholte Gränzen, da denn das gesetzliche Farbenspiel
sein Wesen treibt.

550.

Wenn ich nun also, anstatt dieser Zwischenräume, verschiedene Prismen gebrauchen und, indem ich ihre Farben
vermischte, das Weiße hervorbringen wollte; so bediente ich
mich dreier Prismen, auch wohl nur zweier.

551.

Ohne uns weitläufig dabei aufzuhalten, bemerken
wir nur mit Wenigem, daß der Versuch mit mehreren Prismen und der Versuch mit dem Kamm keineswegs einerlei sind. Newton bedient sich, wie seine
Figur und deren Erklärung ausweis't, nur zweier
Prismen, und wir wollen sehen was durch dieselben,
oder vielmehr zwischen denselben hervorgebracht wird.

552.

Es mögen zwei Prismen A B C und a b c, deren brechende
Winkel B und b gleich sind, so parallel gegen einander gestellt sein, daß der brechende Winkel B des einen, den Winkel c an der Base des andern berühre, und ihre beiden
Seiten C B und c b, wo die Strahlen heraustreten, mögen
gleiche Richtung haben; dann mag das Licht, das durch sie
durchgehet, auf das Papier M N, etwa acht oder zwölf Zoll
von dem Prisma, hinfallen: alsdann werden die Farben,
welche an den innern Gränzen B und c der beiden Prismen entstehen, an der Stelle P T vermischt und daraus das
Weiße zusammengesetzt.

553.

Wir begegnen diesem Paragraphen, welcher man=
ches Bedenkliche enthält, indem wir ihn rückwärts
analysiren. Newton bekennt hier, auch wieder nach
seiner Art, im Vorbeigehen, daß die Farben an den
Gränzen entstehen: eine Wahrheit die er so oft und
hartnäckig geläugnet hat. Sobann fragen wir billig:
warum er denn dießmal so nahe an den Prismen
operire? die Tafel nur acht oder zwölf Zoll von
denselben entferne? Die verborgene Ursache ist aber
keine andere, als daß er das Weiß, das er erst her=
vorbringen will, in dieser Entfernung noch ursprüng=
lich hat, indem die Farbensäume an den Rändern noch
so schmal sind, daß sie nicht übereinander greifen und
kein Grün hervorbringen können. Fälschlich zeichnet
also Newton an den Winkeln B und c fünf Linien,
als wenn zwei ganze Systeme des Spectrums hervor=
träten, anstatt daß nur in c der blaue und blaurothe,
in B der gelbrothe und gelbe Rand entspringen kön=
nen. Was aber noch ein Hauptpunct ist, so ließe
sich sagen, daß, wenn man das Experiment nicht nach
der Newtonischen Figur, sondern nach seiner Beschrei=
bung anstellt, so nämlich daß die Winkel B und c
sich unmittelbar berühren, und die Seiten CB und cb
in Einer Linie liegen, daß alsbann an den Puncten
B und c keine Farben entspringen können, weil Glas
an Glas unmittelbar anstößt, Durchsichtiges sich mit

Durchsichtigem verbindet und also keine Gränze hervorgebracht wird.

554.

Da jedoch Newton in dem Folgenden behauptet,
was wir ihm auch zugeben können, daß das Phänomen statt finde, wenn die beiden Winkel B und c sich
einander nicht unmittelbar berühren; so müssen wir
nur genau erwägen, was alsdann vorgeht, weil hier
die Newtonische falsche Lehre sich der wahren annähert.
Die Erscheinung ist erst im Werden; an dem Puncte
c entspringt, wie schon gesagt, das Blaue und Blaurothe, an dem Puncte B das Gelbrothe und Gelbe.
Führt man diese nun auf der Tafel genau übereinander, so muß das Blaue das Gelbrothe und das
Blaurothe das Gelbe aufheben und neutralisiren, und
weil alsdann zwischen M und N, wo die andern
Farbensäume erscheinen, das Übrige noch weiß ist,
auch die Stelle wo jene farbigen Ränder über einander fallen, farblos wird; so muß der ganze Raum
weiß erscheinen.

555.

Man gehe nun mit der Tafel weiter zurück, so
daß das Spectrum sich vollendet und das Grüne in
der Mitte sich darstellt, und man wird sich vergebens
bemühen, durch Übereinanderwerfen der Theile oder
des Ganzen farblose Stellen hervorzubringen. Denn
das durch Verrückung des hellen Bildes hervorgebrachte
Spectrum kann weder für sich allein, noch durch ein

zweites gleiches Bild neutralisirt werden; wie sich
kürzlich darthun läßt. Man bringe das zweite Spec=
trum von oben herein über das erste; das Gelbrothe
mit dem Blaurothen verbunden bringt den Purpur
5 hervor; das Gelbrothe mit dem Blauen verbunden
sollte eine farblose Stelle hervorbringen: weil aber
das Blaue schon meistens auf das Grüne verwandt
ist, und das Überbliebene schon vom Violetten parti=
cipirt; so wird keine entschiedene Neutralisation mög=
10 lich. Das Gelbrothe über das Grüne geführt, hebt
dieses auch nicht auf, weil es allenfalls nur dem da=
rin enthaltenen Blauen widerstrebt, von dem Gelben
aber secundirt wird. Daß das Gelbrothe auf Gelb
und Gelbroth geführt, nur noch mächtiger werde, ver=
15 steht sich von selbst. Und hieraus ist also vollkommen
klar, in wiefern zwei solche vollendete Spectra sich
zusammen verhalten, wenn man sie theilweise oder
im Ganzen übereinander bringt.

556.

Will man aber in einem solchen vollendeten Spec=
20 trum die Mitte, d. h. das Grüne aufheben, so wird
dieß bloß dadurch möglich, daß man erst durch zwei
Prismen vollendete Spectra hervorbringt, durch Ver=
einigung von dem Gelbrothen des einen mit dem Vio=
letten des andern einen Purpur darstellt, und diesen
25 nunmehr mit dem Grünen eines dritten vollendeten
Spectrums auf Eine Stelle bringt. Diese Stelle wird

alsdann farblos, hell und, wenn man will, weiß er=
scheinen, weil auf derselben sich die wahre Farbento=
talität vereinigt, neutralisirt und jede Specification
aufhebt. Daß man an einer solchen Stelle das σκιερόν
nicht bemerken werde, liegt in der Natur, indem die
Farben welche auf diese Stelle fallen, drei Sonnen=
bilder und also eine dreifache Erleuchtung hinter sich
haben.

557.

Wir müssen bei dieser Gelegenheit des glücklichen
Gedankens erwähnen, wie man das Lampenlicht, wel=
ches gewöhnlich einen gelben Schein von sich wirft,
farblos zu machen gesucht hat, indem man die bei
der Argandischen Lampe angewendeten Glascylinder
mäßig mit einer violetten Farbe tingirte.

558.

Jenes ist also das Wahre an der Sache, jenes
ist die Erscheinung wie sie nicht geläugnet wird; aber
man halte unsere Erklärung, unsere Ableitung gegen
die Newtonische: die unsrige wird überall und voll=
kommen passen, jene nur unter kümmerlich erzwunge=
nen Bedingungen.

Vierzehnter Versuch.

559.

Bisher habe ich das Weiße hervorgebracht, indem ich die Prismen vermischte.

560.

In wiefern ihm dieses Weiße gerathen, haben wir umständlich ausgelegt.

561.

Nun kommen wir zur Mischung körperlicher Farben, und da laßt ein dünnes Seifenwasser dergestalt in Bewegung setzen, daß ein Schaum entstehe, und wenn der Schaum ein wenig gestanden hat, so wird derjenige der ihn recht genau ansieht, auf der Oberfläche der verschiedenen Blasen lebhafte Farben gewahr werden. Tritt er aber so weit davon, daß er die Farben nicht mehr unterscheiden kann, so wird der Schaum weiß sein und zwar ganz vollkommen.

562.

Wer sich diesen Übergang in ein ganz anderes Capitel gefallen läßt, von einem Refractionsfalle zu einem epoptischen, der ist freilich von einer Sinnes- und Verstandesart, die es auch mit dem Künftigen so genau nicht nehmen wird. Von dem Mannichfaltigen was sich gegen dieses Experiment sagen läßt, wollen wir nur bemerken, daß hier das Unterscheidbare dem Ununterscheidbaren entgegengesetzt ist, daß aber darum etwas noch nicht aufhört zu sein, nicht

aufhört innerhalb eines Dritten zu sein, wenn es dem
äußern Sinne unbemerkbar wird. Ein Kleid das
kleine Flecken hat, wird deßwegen nicht rein, weil ich
sie in einiger Entfernung nicht bemerke, das Papier
nicht weiß, weil ich kleine Schriftzüge darauf in der s
Entfernung nicht unterscheide. Der Chemiker bringt
aus den diluirtesten Infusionen durch seine Reagentien
Theile an den Tag, die der gerade gesunde Sinn darin
nicht entdeckte. Und bei Newton ist nicht einmal von
geradem gesunden Sinn die Rede, sondern von einem 10
verkünstelten, in Vorurtheilen befangenen, dem Auf=
stutzen gewisser Voraussetzungen gewidmeten Sinn,
wie wir bei'm folgenden Experiment sehen werden.

Funfzehnter Versuch.

563.

Wenn ich nun zuletzt aus farbigen Pulvern, deren sich 15
die Mahler bedienen, ein Weiß zusammenzusetzen versuchte;
so fand ich, daß alle diese farbigen Pulver einen großen
Theil des Lichts, wodurch sie erleuchtet werden, in sich ver=
schlingen und auslöschen.

564.

Hier kommt der Verfasser schon wieder mit seiner 20
Vorklage, die wir so wie die Nachklagen an ihm schon
lange gewohnt sind. Er muß die dunkle Natur der

Farbe anerkennen, er weiß jedoch nicht wie er sich
recht dagegen benehmen soll, und bringt nun seine
vorigen unreinen Versuche, seine falschen Folgerungen
wieder zu Markte, wodurch die Ansicht immer trüber
und unerfreulicher wird.

565.

Denn die farbigen Pulver erscheinen dadurch gefärbt,
daß sie das Licht der Farbe die ihnen eigen ist, häufiger
und das Licht aller andern Farben spärlicher zurückwerfen;
und doch werfen sie das Licht ihrer eigenen Farben nicht
so häufig zurück als weiße Körper thun. Wenn Mennige
z. B. und weißes Papier in das rothe Licht des farbigen
Spectrums in der dunklen Kammer gelegt werden; so wird
das Papier heller erscheinen als die rothe Mennige, und
deßwegen die rubrifiten Strahlen häufiger als die Mennige
zurückwerfen.

566.

Die letzte Folgerung ist nach Newtonischer Weise
wieder übereilt. Denn das Weiße ist ein heller Grund,
der von dem rothen Halblicht erleuchtet, durch dieses
zurückwirkt und das prismatische Roth in voller
Klarheit sehen läßt; die Mennige aber ist schon ein
dunkler Grund, von einer Farbe die dem prismatischen
Roth zwar ähnlich, aber nicht gleich specificirt ist.
Dieser wirkt nun, indem er von dem rothen prisma=
tischen Halblicht erleuchtet wird, durch dasselbe gleich=
falls zurück, aber auch schon als ein Halbdunkles.
Daß daraus eine verstärkte, verdoppelte, verdüsterte
Farbe hervorgehen müsse, ist natürlich.

567.

Und wenn man Papier und Mennige in das Licht anderer Farben hält, so wird das Licht das vom Papier
zurückstrahlt, das Licht das von der Mennige kommt, in
einem weit größern Verhältnisse übertreffen.

568.

Und dieses naturgemäß, wie wir oben genugsam
auseinandergesetzt haben. Denn die sämmtlichen Farben erscheinen auf dem weißen Papier, jede nach ihrer
eigenen Bestimmung, ohne gemischt, gestört, beschmutzt
zu sein, wie es durch die Mennige geschieht, wenn sie
nach dem Gelben, Grünen, Blauen, Violetten hin-
gerückt wird. Und daß sich die übrigen Farben eben
so verhalten, ist unsern Lesern schon früher deutlich
geworden. Die folgende Stelle kann sie daher nicht
mehr überraschen, ja das Lächerliche derselben muß
ihnen auffallend sein, wenn er verdrießlich, aber ent-
schlossen fortfährt:

569.

Und deßwegen, indem man solche Pulver vermischt, müssen wir nicht erwarten ein reines und vollkommenes Weiß
zu erzeugen, wie wir etwa am Papier sehen; sondern ein
gewisses düsteres dunkles Weiß, wie aus der Mischung von
Licht und Finsterniß entstehen möchte,

570.

Hier springt ihm endlich auch dieser so lang zu-
rückgehaltene Ausdruck durch die Zähne; so muß er

immer wie Bileam segnen, wenn er fluchen will, und alle seine Hartnäckigkeit hilft ihm nichts gegen den Dämon der Wahrheit, der sich ihm und seinem Esel so oft in den Weg stellt. Also aus Licht und Fin= sterniß! mehr wollten wir nicht. Wir haben die Entstehung der Farben aus Licht und Finsterniß ab= geleitet, und was jeder einzelnen, jeder besonders spe= cificirten als Hauptmerkmal, allen nebeneinander als gemeines Merkmal zukommt, wird auch der Mischung zukommen, in welcher die Specificationen verschwinden. Wir nehmen also recht gerne an, weil es uns dient, wenn er fortfährt:

571.

oder aus Weiß und Schwarz, nämlich ein graues, brau= nes, rothbraunes, dergleichen die Farbe der Menschennägel ist; oder mäusefarben, aschfarben, etwa steinfarben oder wie der Mörtel, Staub, oder Straßenkoth aussieht und derglei= chen. Und so ein dunkles Weiß habe ich oft hervorgebracht, wenn ich farbige Pulver zusammenmischte.

572.

Woran denn freilich niemand zweifeln wird, nur wünschte ich, daß die sämmtlichen Newtonianer der= gleichen Leibwäsche tragen müßten, damit man sie an diesem Abzeichen von andern vernünftigen Leuten un= terscheiden könnte.

573.

Daß ihm nun sein Kunststück gelingt, aus farbigen Pulvern ein Schwarzweiß zusammenzusetzen, daran

ift wohl kein Zweifel; doch wollen wir sehen, wie
er sich benimmt, um wenigstens ein so helles Grau
als nur möglich hervorzubringen.

574.

Denn so setzte ich z. B. aus einem Theil Mennige und
fünf Theilen Grünspan eine Art von Mäusegrau zusammen.   5

575.

Der Grünspan pulverisirt erscheint hell und mehlig,
deßhalb braucht ihn Newton gleich zuerst, so wie er
sich durchaus hütet, satte Farben anzuwenden.

576.

Denn diese zwei Farben sind aus allen andern zusammengesetzt, so daß sich in ihrer Mischung alle übrigen   10
befinden.

577.

Er will hier dem Vorwurf ausweichen, daß er
ja nicht aus allen Farben seine Unfarbe zusammen-
setze. Welcher Streit unter den späteren Naturforschern
über die Mischung der Farben überhaupt und über   15
die endliche Zusammensetzung der Unfarbe aus drei,
fünf oder sieben Farben entstanden, davon wird uns
die Geschichte Nachricht geben.

578.

Ferner mit einem Theil Mennige und vier Theilen
Bergblau setzte ich eine graue Farbe zusammen, die ein   20

wenig gegen den Purpur zog, und indem ich dazu eine
gewisse Mischung von Operment und Grünspan in schick-
lichem Maße hinzufügte, verlor die Mischung ihren Purpur-
schein und ward vollkommen grau. Aber der Versuch ge-
rieth am besten ohne Mennige folgendermaßen. Zum
Operment that ich nach und nach satten glänzenden Purpur hinzu, wie sich dessen die Mahler bedienen, bis das
Operment aufhörte gelb zu sein und blaßroth erschien.
Dann verdünnte ich das Roth, indem ich etwas Grünspan
und etwas mehr Bergblau als Grünspan hinzuthat, bis
die Mischung ein Grau oder blasses Weiß annahm, das
zu keiner Farbe mehr als zu der andern hinneigte. Und
so entstand eine Farbe an Weiße der Asche gleich, oder
frisch gehauenem Holze, oder der Menschenhaut.

579.

Auch in dieser Mischung sind Bergblau und Grünspan die Hauptingredienzien, welche beide ein mehliges
kreidenhaftes Ansehen haben. Ja Newton hätte nur
immer noch Kreide hinzumanschen können, um die
Farben immer mehr zu verdünnen, und ein helleres
Grau hervorzubringen, ohne daß dadurch in der Sache
im mindesten etwas gewonnen wäre.

580.

Betrachtete ich nun, daß diese grauen und dunklen
Farben ebenfalls hervorgebracht werden können, wenn man
Weiß und Schwarz zusammenmischt, und sie daher vom
vollkommenen Weißen nicht in der Art der Farbe, sondern
nur in dem Grade der Hellung verschieden sind:

581.

Hier liegt eine ganz eigene Tücke im Hinterhalt,
die sich auf eine Vorstellungsart bezieht, von der an
einem andern Orte gehandelt werden muß, und von
der wir gegenwärtig nur so viel sagen. Man kann
sich ein weißes Papier im völligen Lichte denken, man
kann es bei hellem Sonnenscheine in den Schatten
legen, man kann sich ferner denken, daß der Tag nach
und nach abnimmt, daß es Nacht wird, und daß das
weiße Papier vor unsern Augen zuletzt in der Finster=
niß verschwindet. Die Wirksamkeit des Lichtes wird
nach und nach gedämpft und so die Gegenwirkung
des Papieres, und wir können uns in diesem Sinne
vorstellen, daß das Weiße nach und nach in das
Schwarze übergehe. Man kann jedoch sagen, daß der
Gang des Phänomens dynamischer idealer Natur ist.

582.

Ganz entgegengesetzt ist der Fall, wenn wir uns
ein weißes Papier im Lichte denken und ziehen erst
eine dünne schwarze Tinctur darüber. Wir verdoppeln,
wir verdreifachen den Überzug, so daß das Papier
immer dunkler grau wird, bis wir es zuletzt so schwarz
als möglich färben, so daß von der weißen Unterlage
nichts mehr hindurchscheint. Wir haben hier auf dem
atomistischen technischen Weg eine reale Finsterniß
über das Papier verbreitet, welche durch auffallendes
Licht wohl einigermaßen bedingt und gemildert, keines=

weges aber aufgehoben werden kann. Nun sucht sich
aber unser Sophist zwischen diesen beiden Arten die
Sache darzustellen und zu denken einen Mittelstand,
wo er, je nachdem es ihm nützt, eine von den beiden
Arten braucht, oder vielmehr wo er sie beide über=
einander schiebt, wie wir gleich sehen werden.

583.

So ist offenbar, daß nichts weiter nöthig ist, um sie
vollkommen weiß zu machen, als ihr Licht hinlänglich zu
vermehren, und folglich, wenn man sie durch Vermehrung
ihres Lichtes zur vollkommnen Weiße bringen kann, so sind
sie von derselben Art Farbe, wie die besten Weißen, und
unterscheiden sich allein durch die Quantität des Lichtes.

584.

Es ist ein großes Unheil, das nicht allein durch die
Newtonische Optik, sondern durch mehrere Schriften,
besonders jener Zeit durchgeht, daß die Verfasser sich
nicht bewußt sind, auf welchem Standpunct sie stehen,
daß sie erst mitten in dem Realen stecken, auf ein=
mal sich zu einer idealen Vorstellungsart erheben,
und dann wieder in's Reale zurückfallen. Daher ent=
stehn die wunderlichsten Vorstellungs= und Erklä=
rungsweisen, denen man einen gewissen Gehalt nicht
absprechen kann, deren Form aber einen innern Wider=
spruch mit sich führt. Eben so ist es mit der Art,
wie Newton nunmehr sein Hellgrau zum Weißen er=
heben will.

585.

Ich nahm die dritte der oben gemeldeten grauen
Mischungen und strich sie dick auf den Fußboden meines
Zimmers, wohin die Sonne durch das offne Fenster schien,
und daneben legte ich ein Stück weißes Papier von der=
selbigen Größe in den Schatten.   5

586.

Was hat unser Ehrenmann denn nun gethan?
Um das reell dunkle Pulver weiß zu machen, muß er
das reell weiße Papier schwärzen; um zwei Dinge
mit einander vergleichen und sie gegen einander auf=
heben zu können, muß er den Unterschied, der zwischen 10
beiden obwaltet, wegnehmen. Es ist eben als wenn
man ein Kind auf den Tisch stellte, vor dem ein Mann
stünde, und behauptete nun, sie seien gleich groß.

587.

Das weiße Papier im Schatten ist nicht mehr
weiß: denn es ist verdunkelt, beschattet; das graue 15
Pulver in der Sonne ist doch nicht weiß: denn es
führt seine Finsterniß unauslöschlich bei sich. Die
lächerliche Vorrichtung kennt man nun; man sehe
wie sich der Beobachter dabei benimmt.

588.

Dann ging ich etwa zwölf oder achtzehn Fuß hinweg, 20
so daß ich die Unebenheiten auf der Oberfläche des Pulvers
nicht sehen konnte, noch die kleinen Schatten, die von den
einzelnen Theilen der Pulver etwa fallen mochten; da sah
das Pulver vollkommen weiß aus, so daß es gar noch das

Papier an Weiße übertraf, besonders wenn man von dem Papiere noch das Licht abhielt, das von einigen Wolken her darauf fiel. Dann erschien das Papier, mit dem Pulver verglichen, so grau als das Pulver vorher.

589.

Nichts ist natürlicher! Wenn man das Papier, womit das Pulver verglichen werden soll, durch einen immer mehr entschiedenen Schatten nach und nach verdunkelt, so muß es freilich immer grauer werden. Er lege doch aber das Papier neben das Pulver in die Sonne, oder streue sein Pulver auf ein weißes Papier das in der Sonne liegt, und das wahre Verhältniß wird hervortreten.

590.

Wir übergehen, was er noch weiter vorbringt, ohne daß seine Sache dadurch gebessert würde. Zuletzt kommt gar noch ein Freund herein, welcher auch das graue in der Sonne liegende Pulver für weiß anspricht, wie es einem jeden, der überrascht in Dingen welche zweideutig in die Sinne fallen, ein Zeugniß abgeben soll, gar leicht ergehen kann.

591.

Wir überschlagen gleichfalls sein triumphirendes ergo bibamus, indem für diejenigen, welche die wahre Ansicht zu fassen geneigt sind, schon im Vorhergehenden genugsam gesagt ist.

Sechste Proposition. Zweites Problem.

In einer Mischung von ursprünglichen Farben, bei gegebener Quantität und Qualität einer jeden, die Farbe der zusammengesetzten zu bestimmen.

592.

Daß ein Farbenschema sich bequem in einen Kreis einschließen lasse, daran zweifelt wohl niemand, und die erste Figur unserer ersten Tafel zeigt solches auf eine Weise welche wir für die vortheilhafteste hielten. Newton nimmt sich hier dasselbige vor; aber wie geht er zu Werke? Das flammenartig vorschreitende bekannte Spectrum soll in einen Kreis gebogen und die Räume, welche die Farben an der Peripherie einnehmen, sollen nach jenen Tonmaßen bestimmt werden, welche Newton in dem Spectrum gefunden haben will.

593.

Allein hier zeigt sich eine neue Unbequemlichkeit: denn zwischen seinem Violetten und Orange, indem alle Stufen von Roth angegeben werden müssen, ist er genöthigt das reine Roth, das ihm in seinem Spectrum fehlt, in seinen Urfarbenkreis mit einzuschalten. Es bedarf freilich nur einer kleinen Wendung nach seiner Art, um auch dieses Roth zu intercaliren, ein-

zuschwärzen, wie er es früher mit dem Grünen und
Weißen gethan. Nun sollen centra gravitatis ge=
funden, kleine Cirkelchen in gewissen Proportionen
beschrieben, Linien gezogen, und so auf diejenige Farbe
5 gedeutet werden, welche aus der Mischung mehrerer
gegebenen entspringt.

594.

Wir müssen einem jeden Leser überlassen diese neue
Quäkelei bei dem Verfasser selbst zu studiren. Wir
halten uns dabei nicht auf, weil uns nur zu deutlich
10 ist, daß die Raumeintheilung der Farben um gedachten
Kreis nicht naturgemäß sei, indem keine Vergleichung
des Spectrums mit den Tonintervallen statt findet;
wie denn auch die einander entgegenstehenden, sich
fordernden Farben aus dem Newtonischen Kreise
15 keineswegs entwickelt werden können. Übrigens nach=
dem er genug gemessen und gebuchstabt, sagt er ja
selbst: „Diese Regel finde ich genau genug für die
Praktik, obgleich nicht mathematisch vollkommen.“
Für die Ausübung hat dieses Schema und die Ope=
20 ration an demselben nicht den mindesten Nutzen; und
wie wollte es ihn haben, da ihm nichts theoretisch
Wahres zum Grunde liegt.

Siebente Proposition.   Fünftes Theorem.

Alle Farben des Universums, welche durch Licht hervorgebracht werden, und nicht von der Gewalt der Einbildungskraft abhängen, sind entweder die Farben homogener Lichter, oder aus diesen zusammengesetzt, und zwar entweder ganz genau oder doch sehr nahe der Regel des vorstehenden Problems gemäß.

595.

Unter dieser Rubrik recapitulirt Newton was er in dem gegenwärtigen zweiten Theile des ersten Buchs nach und nach vorgetragen, und schließt daraus, wie es die Proposition ausweif't: daß alle Farben der Körper eigentlich nur integrirende Theile des Lichts seien, welche auf mancherlei Weise aus dem Licht heraus gezwängt, geängstigt, geschieden und sodann auch wohl wieder gemischt worden. Da wir den Inhalt des zweiten Theils Schritt vor Schritt geprüft, so brauchen wir uns bei dieser Wiederholung nicht aufzuhalten.

596.

Zuletzt erwähnt er derjenigen Farben, welche wir unter der Rubrik der physiologischen und pathologischen bearbeitet haben. Diese sollen dem Lichte nicht

angehören, und er wird sie dadurch auf einmal los,
daß er sie der Einbildungskraft zuschreibt.

Achte Proposition. Drittes Problem.

Durch die entdeckten Eigenschaften des Lichts
5 die prismatischen Farben zu erklären.

597.

Sollte man nicht mit Verwunderung fragen, wie
denn eigentlich dieses Problem hieher komme? Vom
erſten Anfang ſeiner Optik an iſt Newton bemüht,
vermittelſt der prismatischen Farben, die Eigenſchaften
10 des Lichts zu entdecken. Wäre es ihm gelungen, ſo
würde nichts leichter ſein, als die Demonſtration um=
zukehren, und aus den offenbarten Eigenſchaften des
Lichts die prismatiſchen Farben herzuleiten.

598.

Allein es liegt dieſem Problem abermals eine
15 Tücke zum Grunde. In der hieher gehörigen Figur,
welche zu ſeinem zweiten Theil die zwölfte iſt, und
auf unſerer ſiebenten Tafel mit Nr. 9 bezeichnet wor=
den, bringt er zum erſtenmal das zwiſchen den beiden
farbigen Ränderſcheinungen unveränderte Weiß ent=
20 ſchieden vor, nachdem er ſolches früher mehrmals,
und zuletzt bei dem dreizehnten Verſuch, wo er zwei

Prismen anwendete, stillschweigend eingeführt hatte. Dort wie hier bezeichnet er jede der beiden Rand= erscheinungen mit fünf Linien, wodurch er anzudeuten scheinen möchte, daß an beiden Enden jedesmal das ganze Farbensystem hervortrete. Allein genau besehen, läßt er die uns wohlbekannten Randerscheinungen endlich einmal gelten; doch anstatt durch ihr einfaches Zusammenneigen das Grün hervorzubringen, läßt er, wunderlich genug, die Farben hintereinander aufmar= schiren, sich einander decken, sich mischen, und will nun durch diese Wort= und Zeichenmengerei das Weiß hervorgebracht haben, das freilich in der Erscheinung da ist, aber an und für sich, ohne erst durch jene farbigen Lichter zu entspringen, die er hypothetisch über einander schiebt.

599.

So sehr er sich nun auch bemüht, mit griechischen und lateinischen Buchstaben seine so falsche als un= gereimte und abstruse Vorstellungsart faßlich zu machen, so gelingt es ihm doch nicht, und seine treuen gläubigen Schüler sanden sich genöthigt, diese linea= rische Darstellung in eine tabellarische zu verwandeln.

600.

Gren in Halle hat, indem er sich unsern unschul= digen optischen Beiträgen mit pfäffischem Stolz und Heftigkeit widersetzte, eine solche tabellarische Dar= stellung mit Buchstaben ausgearbeitet, was die Ver=

rückung des hellen Bildes betrifft. Der Recensent
unserer Beiträge in der Jenaischen Literaturzeitung
hat die nämliche Bemühung wegen Verrückung eines
dunklen Bildes übernommen. Weil aber eine solche
Buchstabenkrämerei nicht von jedem an= und durch=
geschaut werden kann; so haben wir unsere neunte
und zehnte Tafel einer anschaulichen Darstellung ge=
widmet, wo man die prismatischen Farbensysteme
theils zusammen, theils in Divisionen und Detache=
ments, en échelon hinter einander als farbige Qua=
drate vertical aufmarschiren sieht, da man sie denn
horizontal mit den Augen sogleich zusammensummiren
und die lächerlichen Resultate, welche nach Newton
und seiner Schule auf diese Weise entspringen sollen,
mit bloßem Geradsinn beurtheilen kann.

601.

Wir haben auf denselbigen Tafeln noch andere
solche Farbenreihen aufgeführt, um zugleich des wun=
derlichen Wünsch seltsame Reduction der prismatischen
Farbenerscheinung deutlich zu machen, der, um die
Newtonische Darstellung zu retten, dieselbe epitomisirt,
und mit der wunderlichsten Intrigue, indem er das
Geschäft zu vereinfachen glaubte, noch mehr verun=
naturt hat.

602.

Wir versparen das Weitere hierüber bis zur Er=
klärung der Tafeln, da es uns denn mit Gunst unserer

Leser wohl erlaubt sein wird, uns über diese Gegner und Halbgegner sowohl als ihren Meister, zur Ent=schädigung für so viele Mühe, billigermaßen lustig zu machen.

Sechzehnter Versuch.

603.

Dieses aus der bloßen Empirie genommene und dem bisherigen hypothetischen Verfahren nur gleichsam angeklebte, durch eine ungeschickte Figur, die dreizehnte des zweiten Theils, keineswegs versinnlichte Phänomen müssen wir erst zum Versuch erheben, wenn wir ver=stehen wollen, worauf er eigentlich deute.

604.

Man stelle sich mit einem Prisma an ein offnes Fenster, wie gewöhnlich den brechenden Winkel unter sich gekehrt; man lehne sich so weit vor, daß nicht etwa ein oberes Fensterkreuz durch Refraction er=scheine: alsdann wird man oben am Prisma unter einem dunklen Rand einen gelben Bogen erblicken, der sich an dem hellen Himmel herzieht. Dieser dunkle Rand entspringt von dem äußern oberen Rande des Prismas, wie man sich sogleich überzeugen wird, wenn man ein Stückchen Wachs über denselben hinaus klebt; welches innerhalb des farbigen Bogens recht gut gesehen werden kann.

Unter diesem gelben Bogen erblickt man sodann
den klaren Himmel, tiefer den Horizont, er bestehe
nun aus Häusern oder Bergen, welche nach dem Gesetz
blau und blauroth gesäumt erscheinen.

5 Nun biege man das Prisma immer mehr nieder,
indem man immer fortfährt hineinzusehen. Nach und
nach werden die Gebäude, der Horizont, sich zurück=
legen, endlich ganz verschwinden und der gelbe und
gelbrothe Bogen, den man bisher gesehen, wird sich
10 sodann in einen blauen und blaurothen verwandeln,
welches derjenige ist, von dem Newton spricht ohne
des vorhergehenden und dieser Verwandlung zu er=
wähnen.

605.

Dieses ist aber auch noch kein Experiment, sondern
15 ein bloßes empirisches Phänomen. Die Vorrichtung
aber, welche wir vorschlagen, um von dieser Erschei=
nung das Zufällige wegzunehmen und sie in ihren
Bedingungen zugleich zu vermannichfaltigen und zu
befestigen, wollen wir sogleich angeben, wenn wir
20 vorher noch eine Bemerkung gemacht haben. Das
Phänomen, wie es sich uns am Fenster zeigt, ent=
springt indem der helle Himmel über der dunklen
Erde steht. Wir können es nicht leicht umkehren und
uns einen dunklen Himmel und eine helle Erde ver=
25 schaffen. Eben dieses gilt von Zimmern, in welchen
die Decken meistens hell und die Wände mehr oder
weniger dunkel sind.

606.

In diesem Sinne mache man in einem mäßig
großen und hohen Zimmer folgende Vorrichtung.
In dem Winkel, da wo die Wand sich von der Decke
scheidet, bringe man eine Bahn schwarzes Papier neben
einer Bahn weißen Papiers an; an der Decke dagegen 5
bringe man, in gedachtem Winkel zusammenstoßend,
über der schwarzen Bahn eine weiße, über der weißen
eine schwarze an, und betrachte nun diese Bahnen
neben und über einander auf die Weise wie man vor=
her zum Fenster hinaus sah. Der Bogen wird wieder 10
erscheinen, den man aber freilich von allen andern,
welche Ränder oder Leisten verursachen, unterscheiden
muß. Wo der Bogen über die weiße Bahn der Decke
geht, wird er wie vorher, als er über den weißen
Himmel zog, gelb, wo er sich über die schwarze Bahn 15
zieht, blau erscheinen. Senkt man nun wieder das
Prisma, so daß die Wand sich zurückzulegen scheint;
so wird der Bogen sich auf einmal umkehren, wenn
er über die umgekehrten Bahnen der Wand herläuft:
auf der weißen Bahn wird er auch hier gelb, und 20
auf der schwarzen blau erscheinen.

607.

Ist man hiervon unterrichtet, so kann man auch
in der zufälligen Empirie, bei'm Spazierengehn in
beschneiten Gegenden, bei hellen Sandwegen, die an
dunklen Rasenpartien herlaufen, dasselbige Phänomen 25

gewahr werden. Um diese Erscheinung, welche um=
ständlich auszulegen, ein größerer Aufsatz und eine
eigene Tafel erfordert würde, vorläufig zu erklären,
sagen wir nur soviel, daß bei diesem Refractionsfalle,
welcher die gerade vor uns stehenden Gegenstände her=
unterzieht, die über uns sich befindenden Gegenstände
oder Flächen, indem sich wahrscheinlich eine Reflexion
mit in das Spiel mischt, gegen den obern Rand des
Prismas getrieben und an demselben, je nachdem sie
hell oder dunkel sind, nach dem bekannten Gesetze ge=
färbt werden. Der Rand des Prismas erscheint als
Bogen, wie alle vor uns liegende horizontale Linien
durch das Prisma die Gestalt eines Bogens annehmen.

Neunte Proposition. Viertes Problem.

Durch die entdeckten Eigenschaften des Lichts die Farben des Regenbogens zu erklären.

608.

Daß alles was von den Prismen gilt, auch von
den Linsen gelte, ist natürlich; daß dasjenige was von
den Kugelschnitten gilt, auch von den Kugeln selbst
gelten werde, wenn auch einige andere Bestimmungen
und Bedingungen miteintreten sollten, läßt sich gleich=
falls erwarten. Wenn also Newton seine Lehre, die
er auf Prismen und Linsen angewandt, nunmehr auch

auf Kugeln und Tropfen anwendet, so ist dieses seinem theoretischen und hypothetischen Gange ganz gemäß.

609.

Haben wir aber bisher alles anders gefunden als er, so werden wir natürlicher Weise ihm auch hier zu widersprechen und das Phänomen des Regenbogens auf unsere Art auszulegen haben. Wir halten uns jedoch bei diesem in die angewandte Physik gehörigen Falle hier nicht auf, sondern werden was wir deß= halb zu sagen nöthig finden, in einer der supplemen= taren Abhandlungen nachbringen.

- - —

Zehnte Proposition.   Fünftes Problem.

Aus den entdeckten Eigenschaften des Lichtes die dauernden Farben der natürlichen Kör= per zu erklären.

610.

Diese Farben entstehen daher, daß einige natürliche Körper eine gewisse Art Strahlen häufiger als die übrigen Strahlen zurückwerfen, und daß andre natürliche Körper eben dieselbe Eigenschaft gegen andre Strahlen ausüben.

611.

Man merke hier gleich häufiger; also nicht etwa allein, oder ausschließlich, wie es doch sein müßte, wenigstens bei einigen ganz reinen Farben. Betrachtet man ein reines Gelb, so könnte man sich die Vorstellung gefallen lassen, daß dieses reine Gelb die gelben Strahlen allein von sich schickt; eben so mit ganz reinem Blau. Allein der Verfasser hütet sich wohl, dieses zu behaupten, weil er sich abermals eine Hinterthüre auflassen muß, um einem dringenden Gegner zu entgehen, wie man bald sehen wird.

612.

Mennige wirft die am wenigsten refrangiblen Strahlen am häufigsten zurück und erscheint deßwegen roth. Veilchen werfen die refrangibelsten Strahlen am häufigsten zurück und haben ihre Farbe daher; und so verhält es sich mit den übrigen Körpern. Jeder Körper wirft die Strahlen seiner eigenen Farbe häufiger zurück, als die übrigen Strahlen; und von ihrem Übermaße und Vorherrschaft im zurückgeworfenen Licht hat er seine Farbe.

613.

Die Newtonische Theorie hat das Eigene, daß sie sehr leicht zu lernen und sehr schwer anzuwenden ist. Man darf nur die erste Proposition, womit die Optik anfängt, gelten lassen oder gläubig in sich aufnehmen; so ist man auf ewig über das Farbenwesen beruhigt. Schreitet man aber zur nähern Untersuchung, will man die Hypothese auf die Phänomene anwenden; dann geht die Noth erst an; dann kommen Vor= und Nachklagen, Limitationen, Restrictionen, Reservationen kommen zum Vorschein, bis sich jede Proposition erst

im Einzelnen, und zuletzt die Lehre im Ganzen vor
dem Blick des scharfen Beobachters völlig neutrali=
sirt. Man gebe Acht, wie dieses hier abermals der
Fall ist.

— — — -·

Siebzehnter Versuch.

614.

Denn wenn ihr in die homogenen Lichter, welche ihr
durch die Auflösung des Problems, welches in der vierten
Proposition des ersten Theiles aufgestellt wurde, erhaltet,

615.

Daß wir auch dort durch alle Bemühung keine
homogeneren Lichter, als durch den gewöhnlichen pris=
matischen Versuch erhielten, ist seines Ortes dargethan
worden.

616.

Körper von verschiedenen Farben hineinbringt; so werdet
ihr finden, daß jeder Körper, in das Licht seiner eigenen
Farbe gebracht, glänzend und leuchtend erscheint.

617.

Dagegen ist nichts zu sagen, nur wird derselbe
Effect hervorgebracht, wenn man auch das ganz ge=
wöhnliche und ungequälte prismatische Bild bei diesem
Versuche anwendet. Und nichts ist natürlicher als

wenn man Gleiches zu Gleichem bringt, daß die Wirkung nicht vermindert werde, sondern vielmehr verstärkt, wenn das eine Homogene dem Grade nach wirksamer ist, als das andre. Man gieße concen-
5 trirten Essig zu gemeinem Essig und diese so verbundene Flüssigkeit wird stärker sein, als die gemeine. Ganz anders ist es, wenn man das Heterogene dazu mischt, wenn man Alkali in den gemeinen Essig wirft. Die Wirkung beider geht verloren bis zur Neutrali-
10 sation. Aber von diesem Gleichnamigen und Ungleichnamigen will und kann Newton nichts wissen. Er quält sich auf seinen Graden und Stufen herum, und muß doch zuletzt eine entgegengesetzte Wirkung gestehen.

618.

15 Zinnober glänzt am meisten im homogenen rothen Licht, weniger im grünen, und noch weniger im blauen.

619.

Wie schlecht ist hier das Phänomen ausgedrückt, indem er bloß auf den Zinnober und sein Glänzen Rücksicht nimmt, und die Mischung verschweigt, welche
20 die auffallende prismatische Farbe mit der unterliegenden körperlichen hervorbringt.

620.

Indig im veilchenblauen Licht glänzt am meisten.

18*

621.

Aber warum? Weil der Indig, der eigentlich nur eine dunkle, satte, blaue Farbe ist, durch das violette Licht einen Glanz, einen Schein, Hellung und Leben erhält; und sein Glanz wird stufenweise vermindert, wie man ihn gegen Grün, Gelb und Roth bewegt.   5

622.

Warum spricht denn der Verfasser nur vom Glanz der sich vermindern soll? warum spricht er nicht von der neuen gemischten Farbenerscheinung, welche auf diesem Wege entsteht? Freilich ist das Wahre zu natürlich, und man braucht das Falsche, Halbe, um   10 die Unnatur zu beschönigen, in die man die Sache gezogen hat.

623.

Ein Lauchblatt

624.

Und was soll nun der Knoblauch im Experimente und gleich auf die Pulver? Warum bleibt er nicht   15 bei gleichen Flächen, Papier oder aufgezogenem Seiden= zeug? Wahrscheinlich soll der Knoblauch hier nur so viel heißen, daß die Lehre auch von Pflanzen gelte.

625.

wirft das grüne Licht und das gelbe und blaue, woraus es zusammengesetzt ist, lebhafter zurück als es das rothe und   20 violette zurückwirft.

626.

Damit aber diese Versuche desto lebhafter erscheinen, so muß man solche Körper wählen, welche die vollsten und lebhaftesten Farben haben, und zwei solche Körper müssen mit einander verglichen werden. Z. B. wenn man Zinnober und Ultramarinblau

627.

Mit Pulvern sollte man, wie schon oft gesagt, nicht operiren; denn wie kann man hindern, daß ihre ungleichen Theile Schatten werfen?

628.

zusammen (neben einander) in rothes homogenes Licht hält, so werden sie beide roth erscheinen;

629.

Dieß sagt er hier auch nur, um es gleich wieder zurückzunehmen.

630.

aber der Zinnober wird von einem starken, leuchtenden und glänzenden Roth sein, und der Ultramarin von einem schwachen, dunklen und finstern Roth.

631.

Und das von Rechts wegen: denn Gelbroth erhebt das Gelbrothe und zerstört das Blaue.

632.

Dagegen wenn man sie zusammen in das blaue Licht hält, so werden sie beide blau erscheinen; nur wird der

Ultramarin mächtig leuchtend und glänzend sein, das Blau des Zinnobers aber schwach und finster.

633.

Und zwar auch, nach unserer Auslegung, von Rechts wegen.

Sehr ungern wiederholen wir diese Dinge, da sie oben schon so umständlich von uns ausgeführt wor= den. Doch muß man den Widerspruch wiederholen, da Newton das Falsche immer wiederholt, nur um es tiefer einzuprägen.

634.

Welches außer Streit setzt, daß der Zinnober das rothe Licht häufiger als der Ultramarin zurückwirft, und der Ultramarin das blaue Licht mehr als der Zinnober.

635.

Dieses ist die eigene Art etwas außer Streit zu setzen, nachdem man erst eine Meinung unbedingt ausgesprochen, und bei den Beobachtungen nur mit Worten und deren Stellung sich jener Behauptung genähert hat. Denn das ganze Newtonische Farben= wesen ist nur ein Wortkram, mit dem sich deßhalb so gut kramen läßt, weil man vor lauter Kram die Natur nicht mehr sieht.

636.

Dasselbe Experiment kann man nach und nach mit Mennige, Indig oder andern zwei Farben machen, um die verschiedene Stärke und Schwäche ihrer Farbe und ihres Lichtes einzusehen.

637.

Was dabei einzusehen ist, ist den Einsichtigen schon bekannt.

638.

Und da nun die Ursache der Farben an natürlichen Körpern durch diese Experimente klar ist;

639.

Es ist nichts klar, als daß er die Erscheinung unvollständig und ungeschickt ausspricht, um sie nach seiner Hypothese zu bequemen.

640.

so ist diese Ursache ferner bestätigt und außer allem Streit gesetzt, durch die zwei ersten Experimente des ersten Theils, da man an solchen Körpern bewies, daß die reflectirten Lichter, welche an Farbe verschieden sind, auch an Graden der Refrangibilität verschieden sind.

641.

Hier schließt sich nun das Ende an den Anfang künstlich an, und da man uns dort die körperlichen Farben schon auf Treu und Glauben für Lichter gab; so sind diese Lichter endlich hier völlig fertige Farben geworden und werden nun abermals zu Hülfe gerufen.

Da wir nun aber dort auf's umständlichste dargethan haben, daß jene Versuche gar nichts beweisen,

so werden sie auch hier weiter der Theorie nicht zu
statten kommen.

642.

Daher ist es also gewiß, daß einige Körper die mehr,
andre die weniger refrangiblen Strahlen häufiger zurückwerfen.

643.

Und uns ist gewiß, daß es weder mehr noch
weniger refrangible Strahlen gibt, sondern daß die
Naturerscheinungen auf eine echtere und bequemere
Weise ausgesprochen werden können.

644.

Und dieß ist nicht allein die wahre Ursache dieser Farben,
sondern auch die einzige, wenn man bedenkt, daß die Farben
des homogenen Lichtes nicht verändert werden können durch
die Reflexion von natürlichen Körpern.

645.

Wie sicher muß Newton von dem blinden Glauben
seiner Leser sein, daß er zu sagen wagt, die Farben
des homogenen Lichtes können durch Reflexion von
natürlichen Körpern nicht verändert werden, da er
doch auf der vorhergehenden Seite zugibt, daß das
rothe Licht ganz anders vom Zinnober als vom Ultramarin, das blaue Licht ganz anders vom Ultramarin
als vom Zinnober zurückgeworfen werde. Nun sieht
man aber wohl, warum er dort seine Redensarten
so künstlich stellt, warum er nur vom Glanz und

Hellen oder vom Matten und Dunklen der Farbe, keineswegs aber von ihrem andern Bedingtwerden durch Mischung reden mag. Es ist unmöglich ein so deutliches und einfaches Phänomen schiefer und un-
5 redlicher zu behandeln; aber freilich wenn er Recht haben wollte, so mußte er sich, ganz oder halb bewußt, mit Reineke Fuchs zurufen:

Aber ich sehe wohl, Lügen bedarf's, und über die Maßen!

10 Denn nachdem er oben die Veränderung der prismatischen Farben auf den verschiedenen Körpern ausdrücklich zugestanden, so fährt er hier fort:

646.

Denn wenn Körper durch Reflexion auch nicht im mindesten die Farbe irgend einer Art von Strahlen verändern
15 können; so können sie nicht auf andre Weise gefärbt erscheinen, als indem sie diejenigen zurückwerfen, welche entweder von ihrer eigenen Farbe sind, oder die durch Mischung sie hervorbringen können.

647.

Hier tritt auf einmal die Mischung hervor und
20 zwar dergestalt, daß man nicht recht weiß, was sie sagen will; aber das Gewissen regt sich bei ihm, es ist nur ein Übergang zum Folgenden, wo er wieder alles zurücknimmt, was er behauptet hat. Merke der

Leser auf, er wird den Verfasser bis zum Unglaub-
lichen unverschämt finden.

648.

Denn wenn man diese Versuche macht, so muß man sich
bemühen das Licht soviel als möglich homogen zu erhalten.

649.

Wie es mit den Bemühungen, die prismatischen
farbigen Lichter homogener zu machen, als sie bei dem
einfachen Versuch im Spectrum erscheinen, beschaffen
sei, haben wir oben umständlich dargethan, und wir
wiederholen es nicht. Nur erinnere sich der Leser, daß
Newton die schwierigsten, ja gewissermaßen unmög-
liche Vorrichtungen vorgeschrieben hat, um dieser be-
liebten Homogenität näher zu kommen. Nun bemerke
man, daß er uns die einfachen, einem jeden möglichen
Versuche verdächtig macht, indem er fortfährt:

650.

Denn wenn man Körper mit den gewöhnlichen prismatischen Farben erleuchtet, so werden sie weder in ihrer
eigenen Tageslichts-Farbe, noch in der Farbe erscheinen, die
man auf sie wirft, sondern in einer gewissen Mittelfarbe
zwischen beiden, wie ich durch Erfahrung gefunden habe.

651.

Es ist recht merkwürdig, wie er endlich einmal
eine Erfahrung eingesteht, die einzig mögliche, die

einzig nothwendige, und sie sogleich wieder verdächtig macht. Denn was von der einfachsten prismatischen Erscheinung, wenn sie auf körperliche Farben fällt, wahr ist, das bleibt wahr, man mag sie durch noch so viel Öffnungen, große und kleine, durch Linsen von nahem oder weitem Brennpunct quälen und bedingen: nie kann, nie wird etwas anders zum Vorschein kommen.

652.

Wie benimmt sich aber unser Autor, um diese Unsicherheit seiner Schüler zu vermehren? Auf die verschmißteste Weise. Und betrachtet man diese Kniffe mit redlichem Sinn, hat man ein lebendiges Gefühl für's Wahre, so kann man wohl sagen, der Autor benimmt sich schändlich: denn man höre nur:

653.

Denn die Mennige, wenn man sie mit dem gewöhnlichen prismatischen Grün erleuchtet, wird nicht roth oder grün, sondern orange oder gelb erscheinen, je nachdem das grüne Licht, wodurch sie erleuchtet wird, mehr oder weniger zusammengesetzt ist.

654.

Warum geht er denn hier nicht grad- oder stufenweise? Er werfe doch das ganz gewöhnliche prismatische Roth auf die Mennige, so wird sie eben so schön und glänzend roth erscheinen, als wenn er das gequälteste Spectrum dazu anwendete. Er werfe das

Grün des gequälteſten Spectrums auf die Mennige
und die Erſcheinung wird ſein, wie er ſie beſchreibt,
oder vielmehr wie wir ſie oben, da von der Sache
die Rede war, beſchrieben haben. Warum macht er
denn erſt die möglichen Verſuche verdächtig, warum
ſchiebt er alles in's Überfeine, und warum kehrt er
dann zuletzt immer wieder zu den erſten Verſuchen
zurück? Nur um die Menſchen zu verwirren und
ſich und ſeiner Heerde eine Hinterthür offen zu laſſen.

Mit Widerwillen überſetzen wir die fratzenhafte
Erklärungsart, wodurch er, nach ſeiner Weiſe, die
Zerſtörung der grünen prismatiſchen auf die Mennige
geworfenen Farbe auslegen will.

655.

Denn wie Mennige roth erſcheint, wenn ſie vom weißen
Licht erleuchtet wird, in welchem alle Arten Strahlen gleich
gemiſcht ſind; ſo muß bei Erleuchtung derſelben mit dem
grünen Licht, in welchem alle Arten von Strahlen ungleich
gemiſcht ſind, etwas anders vorgehen.

656.

Man bemerke, daß hier im Grünen alle Arten
von Strahlen enthalten ſein ſollen, welches jedoch
nicht zu ſeiner früheren Darſtellung der Heterogenität
der homogenen Strahlen paßt: denn indem er dort
die ſupponirten Cirkel auseinander zieht, ſo greifen
doch nur die nächſten Farben in einander; hier aber
geht jede Farbe durch's ganze Bild und man ſieht

also gar die Möglichkeit nicht ein, sie auf irgend eine Weise zu separiren. Es wird künftig zur Sprache kommen, was noch alles für Unsinn aus dieser Vor= stellungsart, in einem System fünf bis sieben Systeme en échelon aufmarschiren zu lassen, hervorspringt.

657.

Denn einmal wird das Übermaß der gelbmachenden, grünmachenden und blaumachenden Strahlen, das sich in dem auffallenden grünen Lichte befindet, Ursache sein, daß diese Strahlen auch in dem zurückgeworfenen Lichte sich so häufig befinden, daß sie die Farbe vom Rothen gegen ihre Farbe ziehen. Weil aber die Mennige dagegen die roth= machenden Strahlen häufiger in Rücksicht ihrer Anzahl zurückwirft, und zunächst die orangemachenden und gelb= machenden Strahlen, so werden diese in dem zurückgewor= fenen Licht häufiger sein, als sie es in dem einfallenden grünen Licht waren, und werden deßwegen das zurück= geworfene Licht vom Grünen gegen ihre Farbe ziehen; und deßwegen wird Mennige weder roth noch grün, son= dern von einer Farbe erscheinen, die zwischen beiden ist.

658.

Da das ganze Verhältniß der Sache oben um= ständlich dargethan worden, so bleibt uns weiter nichts übrig, als diesen baren Unsinn der Nachwelt zum Musterbilde einer solchen Behandlungsart zu empfehlen.

Er fügt nun noch vier Erfahrungen hinzu, die er auf seine Weise erklärt, und die wir nebst unsern Be= merkungen mittheilen wollen.

659.

In gefärbten durchsichtigen Liquoren läßt sich bemerken, daß die Farbe nach ihrer Masse sich verändert. Wenn man z. B. eine rothe Flüssigkeit in einem konischen Glase zwischen das Licht und das Auge hält; so scheint sie unten, wo sie weniger Masse hat, als ein blasses und verdünntes Gelb, etwas höher, wo das Glas weiter wird, erscheint sie orange, noch weiter hinauf roth, und ganz oben von dem tiefsten und dunkelsten Roth.

660.

Wir haben diese Erfahrung in Stufengefäßen dargestellt (S. 517, 518) und an ihnen die wichtige Lehre der Steigerung entwickelt, wie nämlich das Gelbe durch Verdichtung und Beschattung, eben so wie das Blaue, zum Rothen sich hinneigt, und dadurch die Eigenschaft bewähret, welche wir bei ihrem ersten Ursprung in trüben Mitteln gewahr wurden. Wir erkannten die Einfachheit, die Tiefe dieser Ur- und Grunderscheinungen; desto sonderbarer wird uns die Qual vorkommen, welche sich Newton macht, sie nach seiner Weise auszulegen.

661.

Hier muß man sich vorstellen, daß eine solche Feuchtig= keit die indigomachenden und violettmachenden Strahlen sehr leicht abhält, die blaumachenden schwerer, die grünmachenden noch schwerer und die rothmachenden am allerschwersten. Wenn nun die Masse der Feuchtigkeit nicht stärker ist, als daß sie nur eine hinlängliche Anzahl von violettmachenden und blaumachenden Strahlen abhält, ohne die Zahl der übrigen zu vermindern; so muß der Überrest (nach der sechsten Proposition des zweiten Theils) ein blasses Gelb machen: gewinnt aber die Feuchtigkeit so viel an Masse, daß sie eine große Anzahl von blaumachenden Strahlen und einige grünmachende abhalten kann, so muß aus der Zusammensetzung der übrigen ein Orange entstehen; und wenn die Feuchtigkeit noch breiter wird um eine große Anzahl von den grünmachenden und eine bedeutende Anzahl von den gelbmachenden abzuhalten, so muß der Überrest anfangen ein Roth zusammenzusetzen; und dieses Roth muß tiefer und dunkler werden, wenn die gelbmachenden und orangemachenden Strahlen mehr und mehr durch die wachsende Masse der Feuchtigkeit abgehalten werden, so daß wenig Strahlen außer den rothmachenden durchgelangen können.

662.

Ob wohl in der Geschichte der Wissenschaften etwas ähnlich Närrisches und Lächerliches von Erklärungsart zu finden sein möchte?

663.

Von derselben Art ist eine Erfahrung, die mir neulich Herr Halley erzählt hat; der, als er tief in die See in einer Taucherglocke hinabstieg, an einem klaren Sonnenscheinstag, bemerkte, daß wenn er mehrere Faden tief in's Wasser hinabkam, der obere Theil seiner Hand, worauf die Sonne gerade durch's Wasser und durch ein kleines Glasfenster in der Glocke schien, eine rothe Farbe hatte, wie eine Damascener Rose, so wie das Wasser unten und die untere Seite seiner Hand, die durch das von dem Wasser reflectirte Licht erleuchtet war, grün aussah.

664.

Wir haben dieses Versuchs unter den physiologi=
schen Farben, da wo er hingehört, schon erwähnt.
Das Wasser wirkt hier als ein trübes Mittel welches
die Sonnenstrahlen nach und nach mäßigt, bis sie
aus dem Gelben in's Rothe übergehen und endlich ⁵
purpurfarben erscheinen; dagegen denn die Schatten
in der geforderten grünen Farbe gesehen werden.
Man höre nun, wie seltsam sich Newton benimmt,
um dem Phänomen seine Terminologie anzupassen.

665.

Daraus läßt sich schließen, daß das Seewasser die vio= ¹⁰
lett= und blaumachenden Strahlen sehr leicht zurückwirft
und die rothmachenden Strahlen frei und häufig in große
Tiefen hinunter läßt; deßhalb das directe Sonnenlicht in
allen großen Tiefen, wegen der vorwaltenden rothmachenden
Strahlen, roth erscheinen muß, und je größer die Tiefe ist, ¹⁵
desto stärker und mächtiger muß das Roth werden. Und in
solchen Tiefen, wo die violettmachenden Strahlen kaum hin=
kommen, müssen die blaumachenden, grünmachenden, gelb=
machenden Strahlen von unten häufiger zurückgeworfen wer=
den als die rothmachenden, und ein Grün zusammensetzen. ²⁰

666.

Da uns nunmehr die wahre Ableitung dieses Phä=
nomens genugsam bekannt ist, so kann uns die New=
tonische Lehre nur zur Belustigung dienen, wobei denn
zugleich, indem wir die falsche Erklärungsart ein=
sehen, das ganze System unhaltbarer erscheint.   ²⁵

667.

Nimmt man zwei Flüssigkeiten von starker Farbe, z. B. Roth und Blau, und beide hinlänglich gesättigt; so wird man, wenn jede Flüssigkeit für sich noch durchsichtig ist, nicht durch beide hindurchsehen können, sobald sie zusammengestellt werden. Denn wenn durch die eine Flüssigkeit nur die rothmachenden Strahlen hindurchkönnen und nur die blaumachenden durch die andre, so kann kein Strahl durch beide hindurch. Dieses hat Herr Hooke zufällig mit keilförmigen Glasgefäßen, die mit rothen und blauen Liquoren gefüllt waren, versucht, und wunderte sich über die unerwartete Wirkung, da die Ursache damals noch unbekannt war. Ich aber habe alle Ursache an die Wahrheit dieses Experiments zu glauben, ob ich es gleich selbst nicht versucht habe. Wer es jedoch wiederholen will, muß sorgen, daß die Flüssigkeiten von sehr guter und starker Farbe seien.

668.

Worauf beruht nun dieser ganze Versuch? Er sagt weiter nichts aus, als daß ein noch allenfalls durchscheinendes Mittel, wenn es doppelt genommen wird, undurchsichtig werde; und dieses geschieht, man mag einerlei Farbe oder zwei verschiedene Farben, erst einzeln und dann an einander gerückt, betrachten.

669.

Um dieses Experiment, welches nun auch schon über hundert Jahre in der Geschichte der Farbenlehre spukt, los zu werden, verschaffe man sich mehrere, aus Glastafeln zusammengesetzte, keilförmige, aufrecht=

stehende Gefäße, die an einander geschoben Parallel=
epipeden bilden, wie sie sollen ausführlicher beschrieben
werden, wenn von unserm Apparat die Rede sein
wird. Man fülle sie erst mit reinem Wasser, und
gewöhne sich die Verrückung entgegengestellter Bilder ⁵
und die bekannten prismatischen Erscheinungen da=
durch zu beobachten; dann schiebe man zwei über
einander und tröpfle in jedes Tinte, nach und nach,
so lange bis endlich der Liquor undurchsichtig wird;
nun schiebe man die beiden Theile aus einander, und ¹⁰
jeder für sich wird noch genugsam durchscheinend sein.

670.

Dieselbe Operation mache man nunmehr mit far=
bigen Liquoren, und das Resultat wird immer dasselbe
bleiben, man mag sich nur Einer Farbe in den beiden
Gefäßen oder zweier bedienen. So lange die Flüssig= ¹⁵
keiten nicht übersättigt sind, wird man durch das
Parallelepipedon recht gut hindurchsehen können.

671.

Nun begreift man also wohl, warum Newton
wiederholt zu Anfang und zu Ende seines Perioden
auf gesättigte und reiche Farben dringt. Damit man ²⁰
aber sehe, daß die Farbe gar nichts zur Sache thut,
so bereite man mit Lackmus in zwei solchen Theil=
gläsern einen blauen Liquor dergestalt, daß man durch
das Parallelepipedon noch durchsehen kann. Man

lasse alsdann in das eine Gefäß, durch einen Ge=
hülfen, Essig tröpfeln, so wird sich die blaue Farbe
in eine rothe verwandeln, die Durchsichtigkeit aber
bleiben, wie vorher, ja wohl eher zunehmen, indem
5 durch die Säure dem Blauen von seinem σκιερόν
etwas entzogen wird. Bei Vermannichfaltigung des
Versuchs kann man auch alle die Versuche wieder=
holen, die sich auf scheinbare Farbenmischung beziehen.

672.

Will man diese Versuche sich und andern recht
10 anschaulich machen, so habe man vier bis sechs solcher
Gefäße zugleich bei der Hand, damit man nicht durch
Ausgießen und Umfüllen die Zeit verliere und keine
Unbequemlichkeit und Unreinlichkeit entstehe. Auch
lasse man sich diesen Apparat nicht reuen, weil man
15 mit demselben die objectiven und subjectiven prisma=
tischen Versuche, wie sie sich durch farbige Mittel
modificiren, mit einiger Übung vortheilhaft darstellen
kann. Wir sprechen also was wir oben gesagt, noch=
mals aus: ein Durchscheinendes doppelt oder mehrfach
20 genommen, wird undurchsichtig, wie man sich durch
farbige Fensterscheiben, Opalgläser, ja sogar durch
farblose Fensterscheiben überzeugen kann.

673.

Nun kommt Newton noch auf den Versuch mit
trüben Mitteln. Uns sind diese Urphänomene aus

dem Entwurf umständlich bekannt, und wir werden
deßhalb um desto leichter das Unzulängliche seiner
Erklärungsart einsehen können.

674.

Es gibt einige Feuchtigkeiten, wie die Tinctur des Lig-
num nephriticum, und einige Arten Glas, welche eine Art
Licht häufig durchlassen und eine andre zurückwerfen, und
deßwegen von verschiedener Farbe erscheinen, je nachdem die
Lage des Auges gegen das Licht ist. Aber wenn diese
Feuchtigkeiten oder Gläser so dick wären, so viel Masse
hätten, daß gar kein Licht hindurch könnte; so zweifle ich
nicht, sie würden andern dunklen Körpern gleich sein und
in allen Lagen des Auges dieselbe Farbe haben, ob ich es
gleich nicht durch Experimente beweisen kann.

675.

Und doch ist gerade in dem angeführten Falle das
Experiment sehr leicht. Wenn nämlich ein trübes
Mittel noch halbdurchsichtig ist, und man hält es
vor einen dunklen Grund, so erscheint es blau. Dieses
Blau wird aber keineswegs von der Oberfläche zurückgeworfen, sondern es kommt aus der Tiefe. Reflectirten solche Körper die blaue Farbe leichter als eine
andre von ihrer Oberfläche, so müßte man dieselbe
noch immer blau sehen, auch dann, wenn man die
Trübe auf den höchsten Grad, bis zur Undurchsichtig-
keit gebracht hat. Aber man sieht Weiß, aus den
von uns im Entwurf genugsam ausgeführten Ursachen. Newton macht sich aber hier ohne Noth

Schwierigkeiten, weil er wohl fühlt, daß der Boden, worauf er steht, nicht sicher ist.

676.

Denn durch alle farbigen Körper, so weit meine Bemerkung reicht, kann man hindurchsehen, wenn man sie dünn
5 genug macht; sie sind beßwegen gewissermaßen durchsichtig, und also nur in Graden der Durchsichtigkeit von gefärbten durchsichtigen Liquoren verschieden. Diese Feuchtigkeiten, so gut wie solche Körper, werden bei hinreichender Masse undurchsichtig. Ein durchsichtiger Körper, der in einer gewissen
10 Farbe erscheint wenn das Licht hindurchfällt, kann bei zurückgeworfenem Licht dieselbe Farbe haben, wenn das Licht dieser Farbe von der hinteren Fläche des Körpers zurückgeworfen wird, oder von der Luft die daran stößt. Dann kann aber die zurückgeworfene Farbe vermindert werden, ja
15 aufhören, wenn man den Körper sehr dick macht, oder ihn auf der Rückseite mit Pech überzieht, um die Reflexion der hinteren Fläche zu vermindern, so daß das von den färbenden Theilen zurückgeworfene Licht vorherrschen mag. In solchen Fällen wird die Farbe des zurückgeworfenen Lichtes
20 von der des durchfallenden Lichtes wohl abweichen können.

677.

Alles dieses Hin= und Wiederreden findet man unnütz, wenn man die Ableitung der körperlichen Farben kennt, wie wir solche im Entwurf versucht haben; besonders wenn man mit uns überzeugt ist, daß jede
25 Farbe, um gesehen zu werden, ein Licht im Hintergrunde haben müsse, und daß wir eigentlich alle körperliche Farbe mittelst eines durchfallenden Lichts

gewahr werden, es sei nun, daß das einfallende Licht
durch einen durchsichtigen Körper durchgehe, oder daß
es bei dem undurchsichtigen Körper auf seine helle
Grundlage dringe und von da wieder zurückkehre.

Das ergo bibamus des Autors übergehen wir und
eilen mit ihm zum Schlusse.

——————

Elfte Proposition. Sechstes Problem.

**Durch Mischung farbiger Lichter einen Lichtstrahl
zusammenzusetzen, von derselben Farbe und
Natur wie ein Strahl des directen Sonnen=
lichts, und dadurch die Wahrheit der vorher=
gehenden Propositionen zu bestätigen.**

678.

Hier verbindet Newton nochmals Prismen mit
Linsen, und es gehört deßhalb dieses Problem in
jenes supplementare Capitel, auf welches wir aber=
mals unsere Leser anweisen. Vorläufig gesagt, so
leistet er hier doch auch nichts: denn er bringt nur
die durch ein Prisma auf den höchsten Gipfel ge=
führte Farbenerscheinung durch eine Linse auf den
Nullpunct zurück; hinter diesem kehrt sie sich um,
das Blaue und Violette kommt nun unten, das Gelbe
und Gelbrothe oben hin. Dieses so gesäumte Bild

fällt abermals auf ein Prisma, das, weil es das umgekehrt anlangende Bild in die Höhe rückt, solches wieder umkehrt, die Ränder auf den Nullpunct bringt, wo denn abermals von einem dritten Prisma, das

5 den brechenden Winkel nach oben richtet, das farblose Bild aufgefangen wird und nach der Brechung wieder gefärbt erscheint.

679.

Hieran können wir nichts Merkwürdiges finden: denn daß man ein verrücktes und gefärbtes Bild auf

10 mancherlei Weise wieder zurecht rücken und farblos machen könne, ist uns kein Geheimniß. Daß ferner ein solches entfärbtes Bild auf mancherlei Weise durch neue Verrückung wieder von vorn anfange gefärbt zu werden, ohne daß diese neue Färbung mit der ersten

15 aufgehobenen auch nur in der mindesten Verbindung stehe, ist uns auch nicht verborgen, da wir, was gewisse Reflexionsfälle betrifft, unsere achte Tafel mit einer umständlichen Auslegung diesem Gegenstand gewidmet haben.

680.

20 So ist denn auch aufmerksamen Lesern und Experimentatoren keineswegs unbekannt, wann solche gefärbte, auf den Nullpunct entweder subjectiv oder objectiv zurückgebrachte Bilder, nach den Gesetzen des ersten Anstoßes, oder durch entgegengesetzte Determina-

25 tion, ihre Eigenschaften behaupten, fortsetzen, erneuern oder umkehren.

Abschluß.

Wir glauben nunmehr in polemischer Behandlung
des ersten Buches der Optik unsre Pflicht erfüllt und
in's Klare gesetzt zu haben, wie wenig Newtons hy=
pothetische Erklärung und Ableitung der Farben= 5
erscheinung bei'm Refractionsfall Stich halte. Die
folgenden Bücher lassen wir auf sich beruhen. Sie
beschäftigen sich mit den Erscheinungen, welche wir
die epoptischen und paroptischen genannt haben. Was
Newton gethan, um diese zu erklären und auszulegen, 10
hat eigentlich niemals großen Einfluß gehabt, ob man
gleich in allen Geschichten und Wörterbüchern der
Physik historische Rechenschaft davon gab. Gegen=
wärtig ist die naturforschende Welt, und mit ihr
sogar des Verfassers eigene Landsleute, völlig davon 15
zurückgekommen, und wir haben also nicht Ursache
uns weiter darauf einzulassen.

Will jemand ein Übriges thun, der vergleiche
unsere Darstellung der epoptischen Erscheinungen mit
der Newtonischen. Wir haben sie auf einfache Ele= 20
mente zurückgeführt; er hingegen bringt auch hier
wieder Nothwendiges und Zufälliges durch einander
vor, mißt und berechnet, erklärt und theoretisirt ein=

mit dem andern und alles durch einander, wie er es
bei dem Refractionsfalle gemacht hat; und ſo müßten
wir denn auch nur unſere Behandlung des erſten
Buches bei den folgenden wiederholen.

5   Blicken wir nun auf unſre Arbeit zurück, ſo
wünſchten wir wohl in dem Falle jenes Cardinals
zu ſein, der ſeine Schriften in's Concept drucken ließ.
Wir würden alsdann noch manches nachzuholen und
zu beſſern Urſache finden. Beſonders würden wir
10 vielleicht einige heftige Ausdrücke mildern, welche den
Gegner aufbringen, dem Gleichgültigen verdrießlich
ſind und die der Freund wenigſtens verzeihen muß.
Allein wir bedenken zu unſerer Beruhigung, daß dieſe
ganze Arbeit mitten in dem heftigſten Kriege der unſer
15 Vaterland erſchütterte, unternommen und vollendet
wurde. Das Gewaltſame der Zeit dringt leider bis
in die friedlichen Wohnungen der Muſen, und die
Sitten der Menſchen werden durch die nächſten Bei=
ſpiele, wo nicht beſtimmt, doch modificirt. Wir haben
20 mehrere Jahre erlebt und geſehen, daß es im Conflict
von Meinungen und Thaten nicht darauf ankommt
ſeinen Gegner zu ſchonen, ſondern ihn zu überwinden;
daß niemand ſich aus ſeinem Vortheil herausſchmei=
cheln oder herauscomplimentiren läßt, ſondern daß
25 er, wenn es ja nicht anders ſein kann, wenigſtens
herausgeworfen ſein will. Hartnäckiger als die New=
toniſche Partei hat ſich kaum eine in der Geſchichte

der Wissenschaften bewiesen. Sie hat manchem wahr=
heitsliebenden Manne das Leben verkümmert, sie hat
auch mir eine frohere und vortheilhaftere Benutzung
mehrerer Jahre geraubt: man verzeihe mir daher,
wenn ich von ihr und ihrem Urheber alles mögliche
Böse gesagt habe. Ich wünsche, daß es unsern Nach=
fahren zu Gute kommen möge.

Aber mit allem diesem sind wir noch nicht am
Ende. Denn der Streit wird in dem folgenden histo=
rischen Theile gewissermaßen wieder aufgenommen,
indem gezeigt werden muß, wie ein so außerordent=
licher Mann zu einem solchen Irrthum gekommen,
wie er bei demselben verharren und so viele vorzüg=
liche Menschen, ihm Beifall zu geben, verführen können.
Hierdurch muß mehr als durch alle Polemik geleistet,
auf diesem Wege muß der Urheber, die Schüler, das
einstimmende und beharrende Jahrhundert nicht so=
wohl angeklagt als entschuldigt werden. Zu dieser
milderen Behandlung also, welche zu Vollendung und
Abschluß des Ganzen nothwendig erfordert wird, laden
wir unsere Leser hiermit ein und wünschen, daß sie
einen freien Blick und guten Willen mitbringen mögen.

Tafeln.

Die sowohl auf die Farbenlehre überhaupt als
zunächst auf diesen ersten Band bezüglichen Tafeln
hat man, des bequemeren Gebrauchs wegen, in einem
besondern Heft gegeben und dazu eine Beschreibung
gefügt, welche bestimmt ist, den Hauptzweck derselben
noch mehr vor Augen zu bringen und sie mit dem
Werke selbst in nähere Verbindung zu setzen.

Die Linearzeichnungen welche sie enthalten, stellen
die Phänomene, wie es gewöhnlich ist, in so fern es
sich thun ließ, im Durchschnitte vor; in andern Fällen
hat man die aufrechte Ansicht gewählt. Sie haben
theils einen didaktischen, theils einen polemischen Zweck.
Über die didaktischen belehrt der Entwurf selbst; was
die polemischen betrifft, so stellen sie die unwahren
und captiosen Figuren Newtons und seiner Schule
theils wirklich nachgebildet dar, theils entwickeln sie
dieselben auf mannichfaltige Weise, um was in ihnen
verborgen liegt an den Tag zu bringen.

Man hat ferner die meisten Tafeln illuminirt,
weil bisher ein gar zu auffallender Schaden daraus
entsprang, daß man eine Erscheinung wie die Farbe,

die am nächsten durch sich selbst gegeben werden konnte,
durch bloße Linien und Buchstaben bezeichnen wollte.

Endlich sind auch einige Tafeln so eingerichtet,
daß sie als Glieder eines anzulegenden Apparats mit
Bequemlichkeit gebraucht werden können.   5

Lesarten.

Der vorliegende Band, bearbeitet von Salomon Ka-
lischer, enthält den Zweiten, Polemischen Theil der Farbenlehre und entspricht dem neunundfünfzigsten Bande der
Ausgabe letzter Hand, also dem neunzehnten Bande der
Nachgelassenen Werke. Es hat sich zu diesem erheblich
mehr Druckmanuscript erhalten als zu dem Didaktischen
Theil. In demselben Heft 23 wie letzteres geborgen, enthält es fol. 45—52 ausser dem Schmutztitel Enthüllung der
Theorie Newtons und dem Motto unbekannten Ursprungs
die Paragraphen 1—23, und fol. 53—115 § 80 von Folgerung ganz lächerlich (46, 5) bis § 221 gesetzmäßig (129, 13),
wo es plötzlich abbricht. Zumeist von Riemers Hand geschrieben, zeigt das Manuscript sehr zahlreiche eigenhändige
Correcturen. Die angegebene Foliirung ist eine neuere, die
ältere von Goethe herrührende geht zunächst von 1—5c,
worauf sofort 30 folgt, welche Ziffer also der 53 der neuen
Foliirung entspricht. Auf der Rückseite von fol. 47 der
letzteren, die mit § 113 schliesst, heisst es: „fol. 48 ist
ausgefallen". Fol. 49 fährt mit § 114 fort. Diese Handschrift ist im Folgenden mit H bezeichnet.

Ausserdem hat sich eine eigenhändig mit Bleistift ge-
schriebene Seite in einem „Physik" betitelten Heft vorge-
funden, welche einen Theil des § 6 bildet vom Anfang bis
barzuthun (3, 11 — 4, 1) und hier mit H^1 bezeichnet ist.

Das Interesse, das der polemische Theil der Farbenlehre
erweckt, liegt nicht zum kleinsten Theil darin, dass wir hier
Goethe als Übersetzer sehen. Es ist daher auch ein Blatt
von Riemers Hand als H^2 berücksichtigt worden, das, mit
der Aufschrift

Experimente,

womit Newton in seiner Optik seine Farbentheorie beweist,

auf der linken Seite die Theoreme und die Ordnungszahlen

der Versuche, auf der rechten eine kurze Inhaltsangabe
der Versuche selbst enthält.

Wir erachteten es ferner als unsere Aufgabe, auf die
sachlichen Abweichungen der Goethischen Übersetzung
von dem Newtonschen Texte hinzuweisen und die betreffen-
den Stellen des letzteren anzuführen, indem wir uns im
Übrigen auf Goethes Voraussetzung berufen, dass diejenigen,
welche bei der Sache wahrhaft interessirt sind, Newtons
Werk selbst zur Seite haben werden.

Weiteres liess sich aus dem handschriftlichen Material
für den vorliegenden Zweck nicht verwerthen. Es sei nur
noch erwähnt, dass sich auch manche Entwürfe zur Behandlung derjenigen Versuche erhalten haben, bei denen
Newton Prismen und Linsen zugleich anwendet, Vorarbeiten
für den beabsichtigten, aber nie erschienenen „Supplementaren Theil“.

Es bedeutet *H* Handschrift, *g* eigenhändig mit Tinte,
g¹ eigenhändig mit Bleistift, *g³* eigenhändig mit rother
Tinte Geschriebenes, Schwabacher Ausgestrichenes, *Cursiv-
druck* lateinisch Geschriebenes der Handschrift. In ⟨ ⟩ steht
Gestrichenes innerhalb Gestrichenem.

Lesarten.

Einleitung.

1, 6 jener nach gewissermaffen *H*   10 baß erst gestrichen *g³*
und bamit barüber geschrieben, dieses wieder gestrichen und
baß durch barunter gesetzte Puncte wieder hergestellt *H*
12 baß ferner über und bamit, baß *g³* gestrichen und durch
bamit ersetzt, dann wieder hergestellt *H*   14 um *g²* aR
neben und *H*   2, 4 fümmerlichen nach zwar vor doch *H*
Inhalts üdZ *H*   13 anders nach barin *H*   3, 6 benjenigen]
diejenigen barüber *g³* benen *H*   7 ein] einen *H* gesponnen sei *g³*
über finden mögen *H*   11 bei nach es *H* eß *H¹* ber aus
bem *H* bem *H¹*   12 bie Wahl habe *g³* über freysteht *H* ver=
gönnt sey *H¹*   17 aber nach sich *H¹* eine solche über biese *H¹*
gemischte Art nach Erlaubniß [?] zu seinem *H¹*   18. 19 miß=.
braucht] gemißbraucht *H¹*   19 eingeführt aus angeführt *H*

11—19 Daß — mißbraucht auf übergeklebtem Zettel von Riemers Hand; darunter die ursprüngliche Fassung: baß man irgenb eine Hauptibee an bie Spitze einer Abhanblung stelle unb in ber Ausführung alles folgenbe barauf beziehe, ist eine Methobe welche in gewissen Fällen ganz zulässig sein mag, die aber zugleich manches gefährliche hat. Newton bebiente sich berselben, unb unser gegenwärtiges ganzes Bemühen muß barauf hingehen, zu zeigen, wie er sie zu seinen Zwecken abvocatenmäßig gemißbraucht *H* 19—23 indem — passen fehlt *H¹* 23 passen, aus passen. *H* 24 bieß über Uns *H* uns *g³* aR *H* anschaulich *g³* über beutlich *H* liegt — machen] anschaulich zu machen liegt uns ob nach liegt uns ob beutlich zu machen *H¹* 24—4, 1 unb — barzuthun *g³* üdZ *H* 4, 5 zur *g³* über bie *H* 6 unabsehlichen *g³* aus unabsehliche *H* verpflichtete *g³* über aufbürden sollte *H* jene über die 9 wie] was *C* 21 weggewiesen aR für abgelehnt *H* 25 eine künstliche] bie synthetische *H* 5, 11 baß Vorige] Vorige *g³* über basjenige *H* unb nach was schon ba war *H* 19 ein *g³* aR *H* 21 brüdt] bruckt *H* 22 hanbelt aus hanbelte *H* 6, 2 so wirb *g³* über unb *H* bie nach wirb *H* 11 schon längst *g³* über sogar *H* 19—7, 22 gegenwärtig — Paragraphen überklebt über welchen wir gegenwärtig — behanbeln, worauf mit neuer Zeile:

Übrigens haben wir die Sätze, in welche unsre Arbeit sich theilen ließ, mit Nummern bezeichnet. Es geschieht dieses hier wie [wie *g³* über so wenig als] im Entwurf ber Farbenlehre, nicht [*g³* üdZ] um bem Werke einen Schein höherer Consequenz zu geben; sondern bloß um jeden Bezug, jede Hinweisung zu erleichtern, welches dem Freunde sowohl als dem Gegner angenehm sein kann. Wenn wir künftig den Entwurf citiren, so setzen wir ein E vor die Nummer des Paragraphen. *H*

Schließlich haben wir noch zu bemerken, daß der Newtonische Text ohne weitere Bezeichnung abgedruckt wird, unsere Bemerkungen aber mit Klammern eingeschlossen sind. Wir haben diese Art jener vorgezogen, Text und Noten durch die Verschiedenheit der Lettern zu unterscheiden.

Dieser ursprünglichen Absicht entspricht auch die äussere Gestalt des Manuscripts, doch ist gemäss der späteren Entschliessung oftmals Petit oder *Petit* eigenhändig an den Rand gesetzt.

Zwiſchenrede.

8, 20 überall] all über haupt H   9, 5 gar mancherlei über
unb aR für verſchiedene H   10, 4 dagegen g^3 mit Verwei-
ungszeichen aR H   5 bießmal aR H   17 keineswegeś] keines-
wegeś, nach uns, H   25 bunteln] bunklen H   11, 17 einge-
ſtanbenen] ein über zu H

Der Newtoniſchen Cptik erſtes Buch.
Erſter Theil.

13. 5 Lichter nach bie H^2 verſchieben] unterſchieben H^2
bieſelben fehlt H^2 6 an] in ben Graben ber H^2 verſchieben]
unterſchieben H^2 unb — grabweiſe fehlt H^2 14, 21. 22 hinter-
brein] hintenbrein C   18, 9 ſonbern — Willen fehlt C   23, 7 her]
hier E was offenbar corrumpirt iſt, cf. Z. 5   43, 21 aus —
Theorie fehlt C   44, 4 Betrachteten] Betrachten C   47, 2. 3
Strahlen — Refrangibilität] biverś refrangiblen Strahlen H^2
10 Lichte g^3 üdZ H   48, 11 Jedoch — Newtoniſchen darüber
Nun aber laßt uns ſehen H vgl. 18. 19.

Die ganze Partie § 82—85 war urſprünglich in folgenden
Paſſus zuſammengedrängt: bieſen Hauptſaß der chromatiſchen
[g^3 über newtoniſchen] Lehre ſucht ber Verfaſſer mit acht Experimenten zu beweiſen, indem er baś britte bis zum zehnten zu bieſem
Endzwecke aufſtellt. Wir wollen auch bieſe nunmehr ber Reihe
nach burchgehen H   Am Ende der schliesslichen Fassung g

Dritter Verſuch H

49, 13 alle urſprünglich getrichen dann durch darunter
geſetzte Puncte wiederhergeſtellt H   Theilnehmenbe g^3 über
biejenigen H   14 baśjenige — unś mit Verweisungszeichen g^3
aR ſtatt deś urſprünglichen das was wir H   17 worben
g über haben H   18 unſre g über die H   21 unb] ober H
50, 5 VI g^3 über 6 H   Es ist zu bemerken, dass eine
Tafel VIª nicht existirt und offenbar Taf. V und VI gemeint
ist.   11 wachſe g^3 über wächſt H   13 bis dahinter ſie H   ba
— eś üdZ H   feſt nach ba H   14 ungefähr nach wo es H
17 in nach ja H   51, 1 eine nach uns H   ſie g^3 über wir H

2 angenommenen nach von uns *H*   5 nichts weiter *g²* aus nicht *H*
6 falsch aus falschen *H*   6.7 dargestellten *g* üdZ *H*   9 pris=
matische *g* üdZ *H*   11 weißes nach reines *H*   20 vorkommende
aus vorkommenden *H*   23, 24 verschiedene Stärke der Prismen,
wodurch die Strahlen hindurchgehen, Goethe übersetzt Newtons
Ausdruck thickness of the Prism mit Stärke des Prismas
und versteht darunter die Größe des brechenden Winkels
(§ 91, 93). Dies ist ein arges Missverständniss, wie schon
aus Newtons Worten,.where the Rays passed through it,
hervorgeht; es bedeutet die Stelle des Prismas, durch
welche das Licht hindurchgeht. So lautet auch die lateinische Übersetzung: varia Prismatis, qua parte lumen
transmitteretur crassitudo. Das Missverständniss ist so
gross, dass Goethe an anderen Stellen richtig erkannt hat,
was Newton meint und ihn dennoch des Irrthums zeiht.
In dem handschriftlichen Material des Archivs findet sich
in dem „Anfang des 18. Jahrhunderts, früher geschrieben" betitelten Heft 11 eine Besprechung des in Rede stehenden
Versuchs unter der Überschrift „Prismatischer Versuch, Art den=
selben anzustellen der Descartes'schen entgegengesetzt". Auf fol. 104
beginnen im Zusammenhang Goethes Einwände und daselbst
heisst es:

    1) Inwiefern trägt die Dicke des Glases zu der
                Farbenerscheinung bey?

  Die Farbenerscheinung zeigt sich sehr verschieden, je nachdem
der brechende Winkel groß oder klein ist etc. etc.

  Newton hingegen scheint nur den Versuch an einem [*g²* aus
einen nach seinem darunter demselben] Prisma erst gegen die
Spitze des Winkels, dann gegen den breiteren Theil des Prismas ge=
macht zu haben, da denn die Erscheinung immer gleich ausfällt, wo=
durch er denn zum Irrthum über den ersten Punkt verleitet worden etc.

  Endlich in der Geschichte der Farbenlehre, zu welcher
offenbar die eben genannte Handschrift gehört, wird gleichfalls wie hier „thickness" nicht mit Stärke, sondern mit Dicke
übersetzt und geschlossen: Und Newton hatte also ganz Recht,
wenn er in diesem Sinne die Frage mit Nein beantwortet.
52,23 in über auf *H*   24 oben an über unten auf *H*   25 an=
stehen aus aufstehen *H*   53,5 an über auf *H*   6 anstehen
aus aufstehen *H*   10 Bilde.] Bilde, ja man kann es so weit

treiben, daß die Breite größer ist als die Länge. *H* 25 werde.
Da aus werde; da *H* nun über denn *H* 27 so wird über
und daß also *H* 54, 2 sein dahinter werde *H* 12 auf *g*² aR
statt in *H* Anfänge zurückgeführt *g*² über Elemente zerlegt *H*

Ursprünglich lautete 5—15 ohne neue Paragraphirung:
Vierter Versuch [über Viertes Experiment]. Der Beobachter blickt
nun durch das Prisma gegen das einfallende Sonnenbild, nachher
auch gegen die erleuchtete Öffnung und kehrt also den Versuch
in einen subjectiven um; wogegen nichts zu sagen ist, wodurch
aber auch weiter nichts bewiesen wird, indem hier der subjective
keineswegs wie es von uns in dem Entwurfe geschehen auf seine
Elemente zurückgeführt sondern in seiner höchsten Complication
betrachtet und zum Beweise genutzt wird.

Fünfter Versuch. *H*

17 einen Hauptpunct] eine Hauptsache *H* 55, 7. 8 entgegengesetzte
über umgekehrte *H* 9 auf aus aufs *H* ein *g*² üdZ *H* 10 das —
setzte *g*² zwischen die Zeilen geschrieben *H* 11 anstatt ihn
über ohne ihn eigentlich *H* 15—17 das — gefärbt über weil
das prismatische Bild überhaupt ewig werdend und beweglich
ist. Soweit ist dieser Paragraph zweimal vorhanden; in
der vorhergehenden ohne Numerirung an § 96 sich an-
schliessenden Fassung mit der Variante der letzgenannten
fünf Worte ein ewig werdendes und bewegliches bleibt. Hierauf folgt: Man kann Niemand zumuthen, daß wenn ein Prisma
in die Sonne gesetzt ist, und das Bild hinaufwärts an eine Tafel
geworfen wird, daß er sein Auge an die Stelle der Tafel setze
und dem ankommenden blendenden Bilde entgegensehe: denn bei
der heftigen Blendung wird eine reine Erfahrung unmöglich. Doch
es läßt sich eine Vorrichtung machen, wodurch der Versuch mit
einem Kerzenlicht angestellt werden kann. Man läßt nehmlich
das prisma= *H* 22 mittelst über durch *H* 56, 1. 2 in der
Entfernung über dergestalt *H* 2 daß erst gestrichen und
durch wo ersetzt dann durch darunter gesetzte Puncte wieder hergestellt *H* 7 sehen dahinter Nun trete man ein
wenig bei Seite *H* 14 trübe] trüb *H* 20 hinburch] hin über
da *g*² *H* 57, 15 das heißt jenes *g* aR und überschrieben
statt so nennt [darüber oder] man das *H* 58, 2—20 ist
keine wörtliche Übersetzung, sondern nur eine Zusammen-
fassung derjenigen Folgerungen, die sich an Newtons

Demonstration des Spectrums mittelst in einander greifend
gedachter Kreise anschliessen. Dem Inhalte dieses Paragraphen gehen die in § 104, 106, 108 übersetzten Stellen
voran. 6. 7 durch — Axe über parallel mit der Axe des zweiten
Prismas H 12 auf — beruhe] innerhalb der Eigenschaften des
Lichtes sich befinde H unb fehlt H 14 Einwirkung] zweyte
Wirkung H 19 Eigenheit] Eigenschaft H 59, 4 dieses erst
gestrichen dann durch darunter gesetzte Puncte wieder
hergestellt H gegenwärtigen g³ üdZ H 9 Verrückt] Verruckt H
subjectiv g üdZ H 13 kreuzweise] kreuzweis H 16 Gesetze
aus Naturgesetze H 20. 21 Verrückens] Verruckens H 25 unsern]
jenen H 28 Gewinn aus Gewinnste H 60, 2 bei Newton
selbst g³ üdZ H 3 Figuren] Tafeln H 7 habe fehlt H
16 um g³ über zu dem Zwecke H 25 habe nach halte fest an H
61, 16 hingegen über hat H

61, 1 beutlich — § 104 liegt noch in folgender gedrängter
Fassung vor: beständig im Auge, indem wir uns bemühen. Nun
[beständig — bemühen über Nun aber liegt uns ob] eine hypothetische Darstellung unsern Lesern deutlich zu machen, welche der
Verfasser bei dieser Gelegenheit einführt und seine Kunst im Er-
schleichen aufs neue bethätigt H Der Passus Nun — ob, der
dann durch beständig — bemühen ersetzt wurde, schloss sich
an ein fehlendes, offenbar auch eine ältere Fassung von
§ 103 enthaltendes Blatt an. 62, 19. 20 welche von g über wenn
sie H 20 gleicher Brechbarkeit aus gleich brechbar H 24 die über
gewisse H 25 verschieden über weniger H 26 wären dahinter
als andere H 26—63, 1 ob — derselben über von der ganzen H
63, 1 herkommen] kommen üdZ dahinter zurückbleiben H 2 zurückbleiben üdZ H 21 captiös] captios H 64, 7 bestehe hinter
sei H 14 stelle man sich vor dahinter (der lateinische Übersetzer sagt ganz Recht finge) H 15 die — unzähliger] welche
andre unzählige H 20 aus nach als unzählige gleiche Cirkel H
65, 4 Hier g³ aus hier nach Es ist H find g³ üdZ H 5 Kreise
g³ aus Kreisen nach von dahinter die Rede, H 6 kann bloß
entstehen g³ über entsteht blos dadurch H 8 farbigen nach verlängerten H eines] des g³ üdZ H Nebenbildes g³ aus Neben-
bilder H dahinter des wahren, H 11 Parallellinien g³ über
graden Linien H 12 bie über mit der H 16 parallelen] para-
lellen g³ über rechtwinklichen H 19 kann g³ nach ist H 21 sein

g^2 üdZ *H*   66, 1. 2 das — greifen g^2 über und unter und von
weiterem kann nichts die Rede sein *H*   7 stellt g^2 aR für separirt *H*   8 abgesondert von g^2 üdZ *H*   10 getrennt g^2 über
abgesondert *H*   11 seiner g über der *H*   12 15 nach fig. *H*
67, 5 sagte] sagt *H*   9 größere] größerer *H*   12 länglicht] länglich *H*
15 durchgegangenes] durchgegangnes *H*   gebrochenes] gebrochnes *H*
17 länglicht] länglich *H*   22 sehr] sehr *H*   24 zusammengesetztes
über heterogenes *H*   68, 16 übel behandelt] übelbehandelt *H*
19 hereinspringt] hineinspringt *C*   24 zu g^2 üdZ *H*   solchen g^2
aus solche *H*   69, 1 Versuchen g^2 aus Versuche *H*   berief g^2
über vorführte *H*   5 jenen g aR für den *H*   8 unter über
von *H*   10 wobei] wobey g^2 über durch welches *H*   11 um
aus und *H*   17 Sollte g^2 aus sollte nach und *H*   17. 18
darauf — Zeit g^2 über und unter dieß auch für den Augenblick *H*   19 Folge] Folgezeit *H*   20 mag;] mag. *H*   21. 22
wie — Freundin g aus Und wir finden uns gegenwärtig in dem
Fall unserer Freundin   70, 6 von g^2 über durch *H*   dem aus
den *H*   12 meldet g^2 üdZ, ursprünglich angiebt dann darüber gesteht *H*   20 diesen g über den *H*   wichtigen aus wichtigsten *H*   71, 7 Uns werden g^2 über Wir haben also hier *H*
8. 9 gegeben g^2 üdZ *H*   11 anzeigt] andeutet *H*   14 zu öffnen
nach öffnen seyn. Wir übergehen hier eine Stelle, weil wir
den Inhalt derselben bey Gelegenheit der Illustration wiederholen müßten *H*   22 Zu zwölfte Tafel ist zu bemerken, dass
dieselbe, welche betitelt ist „Newtonische Mucken und homogene Lichter" nicht hierher gehört. Goethe hat überhaupt
keine der Demonstration des experimentum crucis dienende
Tafel und keine Erklärung zu demselben veröffentlicht, obwohl er sich häufig darauf und auf einzelne Figuren, die
auf der zwölften Tafel Platz finden sollten, beruft (§ 132,
149).   72, 11 oben nach wir *H*   12 worden g^2 über haben *H*
angezeigt g^2 über bemerkt *H*   17 hervorbringt] hervorbringe *H*
18 geschähe] geschehe *C*   26 Newton g^2 über man *H*   73, 1 er
muß den über der *H*   den Schüler] den aus der *H*   im nach
muß *H*   2 erhalten aus gehalten dahinter werden *H*   7 da
nach sich, *H*   8 sehr darüber g^2 sich *H*   übereinander greifen
über verschränken *H*   20 bezeichnete g aus bemerkte *H*   24 indem über wenn *H*   28 gelangte g^2 über zog *H*   er über sie
dahinter sich *H*   einer über dem *H*   Stelle über Orte *H*

74, 2 gelangte derselbe g^3 über stieg es *H* einer über dem *H* 3 Stelle über Theile *H* 21 blieb] bleibe *H* 75, 2 bedeutende g^3 über allzu große *H* 4 gethan haben g^3 aus gegeben hat *H* 5 um nach hier *H* 19. 20 an — anzuknüpfen lautet in einer älteren Fassung: aus unsern früher begründeten Anfängen ab=zuleiten. *H* Daran schloss sich unmittelbar 76, 1—5 Die — Haupt= mit den Varianten: 4 hinlänglich] sehr wohl *H* 5 meist] alle *H* 12 abermals] fortschreitend *H* 13 in nach bei dem diesmal gegebenen Apparat, *H* 15 der durch Rasur aus den nach zwischen *H* 23 gelbrothen] gelb= üdZ *H* 25 ganze nach fertige *H* 77, 3 gelbrothen] gelb= üdZ *H* 16 mit einem Prisma üdZ *H* 19 ihre nach und *H* und üdZ *H* 20 als — Saum fehlt *H* 78, 8. 9 Verrückung] Verruckung *H* 15. 16 gelbrothen] gelb= üdZ *H* 17 recht] wohl *H* 18 vermeinte üdZ *H* 79, 2 121 fehlt *H* doch sind die Klammern und eine Lücke vorhanden. 3 bei erst gestr. dann darüber nach und schliesslich bey g^3 *H* daß nach den untern Theil des Bildes nach dem untern *H* 4 Bildchen g^3 aus Bild *H* 6 steht üdZ *H* 8 steigen nach stehen *H* 9 letzte nach erste *H* 10 Bild nach ganze *H* 18 könnte aus konnte *H* die Striche über o mit rother Tinte daher wahrscheinlich eigenhändig, da alle sonstigen Corr. mit rother Tinte eighdg. 20 einge=bildeten g^3 über Newtonischen *H* 80, 13 hart üdZ *H* 19 gelb=rothen] gelb= üdZ *H* 81, 4 gelbrothe anscheinend aus rothe *H* 81, 5—15 bekannt ist — anstellen kann geklebt über nun wäre der gelbe Saum der vorstrebende und der blaue Rand der zurück=bleibende. Alles was bisher vom violetten Theile prädicirt wor=den, gälte nunmehr vom gelben, was vom rothen gesagt worden, gälte vom blauen, und, bey jenem Versuch mit den zwey Öff=nungen nebeneinander, würde nach der zweyten Refraction das gelbe Bild vorstreben und das blaue zurückbleiben [bis hieher mit Bleistift durchstrichen].

Wie diese Versuche bequem anzustellen sind, werden wir künftig anzeigen, so wie noch manches hieher bezügliche, bey Ge=legenheit der Tafeln und sonst vorkommen wird. Überhaupt lassen sich die Versuche bis ins Unendliche vermannigfaltigen; wovon sich gewandte Experimentirende gar bald überzeugen wer=den. Überliefern aber schriftlich und [schriftlich und g^3 üdZ] durch den Druck läßt sich dergleichen nicht; es gehört dazu die Gegenwart des Apparats und mündlicher Unterhaltung. Uns sey genug hier anzumerken, daß die Vermannigfaltigung, besonders aber die Um-kehrung der Versuche, von der größten Bedeutung sey. Sowie man ein durchgearbeitetes Rechnungsexempel nur dadurch am besten [am besten g^2 aR] prüft, daß man die umgekehrte Rechnungs-weise darauf anwendet. H 16 eines nach gegen das Ende H 82,1 thun dahinter können H 2 operiren dahinter kön-nen H 3 operiren nach und H verrücken] verrucken H 8 müssen g^3 aus müsse H 11 gelbrothe] gelb üdZ H nehmen wir g^3 über entspringt H 12 seiner anscheinend aus seinem H Gränze über Theile H 16 kein — auch üdZ H 17 Das Gelbrothe g^3 über Es H 26 auch g^3 üdZ H 83,2 einer so] soeiner H 10 nebeneinander nach Prismen H 11 gestellte Prismen g^3 üdZ H 20 sich dahinter nehmlich H 84,9 suchen. aus suchen, danach ob es gleich für diejenigen Leser und Mit-arbeiter nicht nöthig seyn möchte, welche dasjenige wohl gefaßt haben, was von uns bey dem vorigen Versuche weitläuftig aus-geführt worden H 10 135 fehlt H, Klammern und Lücke vorhanden. 14 stehen nach neben einander H 17 verrückt] verruckt g^3 über aus der Stelle gerückt H 19 rückt] ruckt H 85,3 in die g^3 über am H Gängelbank] =bank g^2 über =bande H 3. 4 einzuzwängen g^3 über zu führen H 4 Schritt nach freyen H freier] freyer g über zur H 13 zuerst nach hier H 14 dessen aR neben den H 15 das Phänomen g^3 über er H 86,1—13 den — herabwärts dafür in erster Fassung (theils gestrichen, theils überklebt) stellt es neben das erste und sieht hindurch. Jenes Bild wird heruntergezogen und farblos. Man nimmt das Prisma auf und tritt weiter zurück und das subjectiv farblos gewordene Bild färbt sich im umgekehrten Sinne herabwärts H 23 werde dahinter mit neuer Zeile Aus dem Vorhergehenden folgt von selbst, daß je näher man mit dem zweiten Prisma vor den Augen zu dem farbigen Bilde hintritt, desto weniger es verändert erscheine. H 87,11 sehen g^3 über finden H 88,2 143 fehlt H, Klammern und Lücke vorhanden. 10 untern] unteren H 14 den] benen H 15 140 fehlt H, Klammern und Lücke vorhanden. Verrückung] Verrückung C und so öfter. 22. 23 und Entwicklung g üdZ H 89,1 stelle über bringe H 7 fallen; man] fallen. Man H 8. 9 Streifen: das] Streifen. Das H 13 tiefer unten nachträglich mit Bleistift

in Kommata eingeschlossen *H*   17 in *g²* aus im darüber
g³ der *H*   Laufbank] =bank *g³* über -ſtuhl *H*   21. 22 jebes zur
Hälfte] zur Hälfte jebes die ſchliessliche Wortfolge durch
darüber geſetzte Ziffern angedeutet *H*   23 ben Streifen
g³ über ihn *H*   24 der Bilder aus bes Bildes *H*   90, 5
einzelne *g³* über jeden *H*   Theile *g³* aus Theil *H*   5, 6
nach — Blauroth *g³* über welchen man wünſcht *H*   91, 2 jene
über ſie *H*   7 will über wird *H*   92, 1 — 15 liegt noch
in einer älteren Faſſung, ohne Numerirung, vor, überklebt
von dem Blatte, auf welchem ſich 91, 20 — 92, 15 bie — Ver=
ſuchen findet (die Correcturen bis auf eine, nach über in,
ſämmtlich *g³*): Wir verbinden nun auch bas [aus ben] Objec=
tive [aus objectiven] mit dem [mit dem über und] ſubjectiven [Ver=
ſuch] zu Beobachtung jenes nach [über in] der Diagonale zu ſich
bewegenden Farbenbildes, und geben folgende Vorrichtung bazu
an, welche ſowohl dieſen als die folgenden Verſuche erleichtert.

Man nehme zuerſt ein vertical ſtehendes Prisma und werfe
das verlängerte Sonnenbild ſeitwärts an die Wand, ſo baß die
Farben horizontal neben einander ſtehen. Man halte nunmehr
das zweyte Prisma horizontal wie gewöhnlich, vor die Augen; ſo
wird man eine wahrhaft wunderbare Erſcheinung ſehen: Denn
indem das untere rothe Ende bes Bildes an ſeinem Plaße ver=
harrt ſo verläßt bie violette [indem — bie über das Bild verläßt
wirklich mit der äußern violetten] Spiße ben Ort der Tafel,
worauf man ſie [ſie über es] mit bloßen Augen immerfort gewahr
wird, [immerfort — wird über ſieht] und neigt ſich in der Dia=
gonale herunter; worüber wir uns jedoch nicht wundern werden,
wenn wir bey dem vorigen Verſuche bemerkt haben, daß das
ganze ausgebreitete Bild ſeine Stelle wirklich verläßt, die es an
der Wand einnimmt, und an der umgekehrten erſcheint, wo wir
es mit bloßem Auge nicht ſehen.

So vorbereitet ſchreite man nunmehr zu den zwei von
Newton vorgeſchlagenen Verſuchen. *H*
92, 16 VII ᵃ nachträglich *g³ H*   verticalen über perpendi=
cularen *H*   17 verticales über perpendiculares *H*   18 läng=
lichte] längliche *H*   93, 1 VII ᵇ nachträglich *g³ H*   16 148
fehlt in den Klammern *H*   22 bie nach und *H*   22. 23 das —
ſcheinen mit Verweisungszeichen am Fuſſe der Seite *H*   24 149
fehlt; Klammern *g³* aR *H*   94, 4 ben nach bas *H*   12 bar=

über — 95, 6 geklebt über eine folgendermassen lautende
Stelle: Dieser Verſuch iſt theilweiſe was jener im Ganzen dar=
ſtellt, wo man ein objectives gerabſtehendes Spectrum durch ein
verticales Prisma ſubjectiv zur Seite biegt.

Alle dieſe nach der Anleitung Newtons hier nicht in der
beſten Folge [Folge g^3 über Ordnung] aufgeführten Verſuche
werden wir künftig naturgemäß zu ordnen wiſſen um [um aus
und] die Ableitung und Verwandtſchaft bequemer einſehen zu
können H   94, 19 objectiv mit Verweiſungszeichen aR H
95, vor 7 157] 155 H   vor 17 158] 156 H   22 dieſe aus dieſes
darüber g^3 lebhaftere Farbe H   24. 96, 1 ſubjective g^3 über
rothe H   2 erhöht aus erhöhter nach an H   an g^3 üdZ H
6 148, 149 fehlt in den Klammern H   15 Ein — VIIᵈ
fehlt H   Auf § 158 folgte mit der vermuthlich später dar=
über geſetzten Nummer 158 nachſtehende mit einem Roth-
ſtiftſtrich durchzogene Stelle: Nach allem dieſem bleibt uns nur
noch übrig, etwas über Verrückung chemiſch [üdZ g^3] wirklich
fixirt [g^3 aR] ſpecificirter farbiger Bilder zu ſagen, damit
ſchließlich entſchieden werde, was dabey vorgeht. Wir bedienen
uns hiezu jener Vorrichtung, welche wir ſchon früher (S. 284)
beſchrieben haben, und ſprechen hier umſtändlicher von ihrem
Gebrauch H   vor 16 159] 157 H   16 in] bey H   17 144 fehlt
in den Klammern H .   99,3 anzeigen g über beſchreiben H
5 indem g über wenn H   7 künftig nach indem dieſelbe H
vor 11 § 165 g nach 159 H   vor 24 § 166 g nach 160 H
100, 1 und chemiſch fixirt g^3 üdZ H   vor 6 § 167 g nach
161 H   18 blaue nach violette H   101,7 bräunlichem g^3 üdZ H
10 ferner g^3 über nunmehr H   11 auf] an g über auf H
12 ſo wie g üdZ H   13 an der untern g^3 aus unten H   14 kein
g^3 über das H   entſpringendes g^3 aus entſpringende H   15 ent=
ſtehen nach nicht H   vor 17 § 168 g nach 162 H   18 farbige
g über bunte H   Fenſterſcheiben] Glas= über Fenſter= H
102, vor 4 169 g H; überhaupt iſt im Folgenden die Numerirung der Paragraphen durchaus g und g^3.   21 parallel
nach wirklich H   103. 3 und] aber H   20 ſo über dieſer H
verſchiedener aus verſchiedenen H   22 deutlich. dahinter Die
Newtoniſche Vorrichtung zu dieſem Verſuche iſt höchſt unbequem.
104, 4 Züge dahinter Verweiſungszeichen auf Schnirkel aR H
10 zweite g aR H   11. 12 Ein ſolche g über Dieſe H   13 gleich=

stellt nach völlig *H*   14 darin *g* üdZ *H*   22 Ferner *g* über
So *H*   hier nach auch *H*   24 da über daß *H* doch aus
jedoch dahinter sehr *H*   105,1 ist *g* über sei dahinter ist
uns schon bekannt *H* hier üdZ *H*   2.3 erscheinende Bild
üdZ *H*   10 Die üdZ *H* Beleuchtung anscheinend aus Erleuchtung *H*   25 sich *g* üdZ *H*   106,6 das Abbild über die
Abbildung *H*   20 die Kreise nach sich *H*   22 auch nach sich *H*
24 ferner *g* über auch *H*   107,27 schmutzig nach kothig *H*
108,15 ohne daß *g* über wobei *H* Abbild dahinter nicht *H*
16 werde *g* nach wird *H*   18.19 helleren anscheinend aus
hellen *H*   109,1 beschienenen über bestrahlten *H* zu sehen
sind über erscheinen *H*   110,2 überall nach und *H*   10 va-
riegirten] variirenden *C*   18 dessen Beweis über den *H*   19 durch
üdZ *H*   23 nach der über wenn sie durch *H* Refraction dahinter durchgegangen *H*   111,1 die nach und *H*   2 hingegen
g üdZ *H* wird *g* üdZ *H*   8.9 Recapitulation — Versuche
g *H*   11 sind üdZ *H*   20 vielmehr] Vielmehr *g* über Er *H*
er nur *g* üdZ *H*   112,22 von uns üdZ *H*   113,10 im
Grunde über eigentlich *H*   13 vorigen aus vorige *H* Entfernungen über Distanz *H*   16.17 dasselbe aus dasselbige *H*
23 Hatte sich *g* über War *H*   26 solche nach nur *H*   114,15.16
Verfängliche aR *H*   16 und nach Captiose *H*   115,1 Seiten
g aR *H*   2 Was aus was nach Und *H* nach 5 mit neuer
Zeile Nach diesen rückschauenden Betrachtungen schreiten wir
auf dem einmal betretenen Wege fort und erklären zum Voraus,
daß wir künftig nichts gelten lassen, was Newton in diesen
acht Versuchen, auf die er sich oft beruft, bewiesen zu haben
glaubt *H*   10 am — reflexiblen] reflexibelsten *g* *H²*   13 wähnt
aR für glaubt *H*   18 das Licht üdZ *H*   116,2 bießmal] diesmal *g* aR *H*   6.7 nun dem Verfasser über ihm *H*   14—117,8
findet sich noch in einer älteren kürzeren Fassung, die
durchstrichen ist, vor, mit folgenden Varianten: 18 auf
eigenem Wege über mit Beihülfe unserer achten Tafel; 19 —
117,5 Wir — wird fehlt 5 Übrigens — leichteren] Wir haben zu
leichterer 7 Tafeln] einundzwanzigsten Figur auf seiner vierten
Tafel 7.8 sich bequem] bequem sich *H*   116,14 Wie nach Wir
haben zu diesem Zweck *H*   117,13 nunmehr *g* üdZ *H*   23 in
das] in über durch *H*   118,7 Prisma über Bild *H*   13 nach
— Figur *g* üdZ *H*   15 fasse mit einem über bringe ein *H*

zweiten vermuthlich aus zweites *H* 19 dahingegen *g* über wenn *H* 20 nur dann erst *g* üdZ *H* 119, 2 überredet] -redet über·zeugt *H* 8 nach nach gefärbt wird *H* 8. 9 in — wird üdZ *H* 11. 12 bis es,] und an Stelle von woraus man deutlich sieht, daß die Reflexion an sich gar keine Farbe hervorzubringen eigentlich im Stande ist. Denn *H* 12 wie uns üdZ *H* in üdZ nach uns, daß das Bild *H* 14 durch — Prisma über prismatisch *H* 15 der — Figur *g* über Nr. 4 *H* 17 (200) fehlt *H* so — was] welches *H* 19 eine] so ist das blos eine Spielerei und eine *H* 120, 7 umgekehrt nach daß *H* wo über den Rand *H* 8 das Bild aus des Bildes *H* den nach der *H* Rand aR für Saum des Bildes *G H* 9 das Bild aus er in nach wenn wenn es üdZ *H* 10 erzeuge: aus er- zeugt; *H* 17 falschen] falsche *H* 123, 15 mit — das üdZ *H* 18 gemein aus gemeines *H* 124, 25 Es aus es nach Denn *H* 125, 5 sein aus seinem *H* 10 es aus Es *H* 19 erst über aber *H* 128, 3. 4 wenn — hindurchgeht *g²* über überhaupt bei prismatischen Fällen *H* 137, 3 Lichtes] Lichtes *H²* ab- sondern dahinter Exp. 11.

Fünfte Proposition. Viertes Theorem.
Exp. 12—14 *H²*

Der ganze Passus 1—3 *g* auf einem über den ursprüng- lichen Text geklebten weissen Zettel. 138, 23 Verbreitert] Verbreitet *C* 139, 7 Grünen] Grün *C* 144, 6. 7 betrachtet] sieht *H²* 155, 2. 3 besondern Strahls] Strahls besonders *H²* 161, 13—15 die — Lichtstrahlen] daß die Fernröhre nicht auf alle Weise vollkommen gemacht werden können, daran ist die ver- schiedene Brechbarkeit des Lichtes schuld. *H²* 165, 8 in] im *C*

Der Newtonischen Optik erstes Buch.
Zweiter Theil.

174, 2 Farbenphänomene] Phänomene der Farben *H²* bei] beim *H²* gebrochenem] gebrochenen *H²* 3 zurückgeworfenem] zu- rückgeworfenen *H²* werden] entstehen *H²* 3. 4 durch neue] aus neuem *H²* 4 verursacht fehlt *H²* 5—7 welche — würden] die nach verschiedenen Gränzen des Lichtes und Schattens verschieden

gewirkt werden H^2 179 § 351 Goethes Einwände sind zumeist durch einen Fehler in Newtons Zeichnung hervorge-
rufen, indem die Buchstaben k l m n o und das Stäbchen
nicht vor, sondern hinter das Prisma gehören.   181, 2
H offenbar ein Druckfehler statt F., H ist die zweite Gränze
182, 18 einige Farben Newton sagt any one of them (sc. the
colours) und es bedeutet offenbar j e d e der Farben.   197, 2
feine] eine H^2 3. 4 die — entspricht] welche mit feiner Brechbarkeit zusammentrifft, H^2 4 weder fehlt H^2 4. 5 Reflexionen] keine
Reflexion H^2 5 noch Refractionen] und Refraction H^2 198, 1
Reihen Im Original steht der Singular; the spectrum ... did ...
appear tinged with this series of colours, violet etc.
Lateinische Übersetzung: Imago ... videbatur .. induta
coloribus ex ordine violaceo etc.   212, 2 Die] Man soll
bestimmen die H^2 3 den davor mit H^2 4 Arten fehlt H^2
entspricht, zu bestimmen] zusammentreffen H^2 215, 15 ver-
bessert] aufhebt E, im Druckfehlerverzeichniss von E corrigirt
17. 18 verbefferter] aufgehobener E, im Druckfehlerverzeichniss
von E corrigirt   221, 4 Farben durch Zusammensetzung] durch
Zusammensetzung Farben H^2 5 welche] die H^2 6 gleich davor
völlig H^2 bem darüber nehml. H^2 der Farben fehlt H^2
7 nach,] nach und insofern man es mit den Augen unterscheiden
kann, H^2 und insofern — kann findet sich bei Newton nicht.
aber — ihre] nicht aber bezüglich auf die H^2 8 und davor der
Farbe H^2 8. 9 Constitution — betrifft] Eigenschaft und Natur des
Lichtes: H^2 9. 10 Und — zusammensetzt] Denn dergleichen Farben je mehr sie zusammengesetzt sind H^2 10 bestoweniger] besto
weniger H^2 satt] kräftig H^2 11—17 ja — sind] bis endlich
durch allzu viele Zusammensetzung sie dünner und schwächer
werden, ja ganz verschwinden, indem sie sich in Weiß oder
fast Weiß verwandeln. Auch kann man durch Zusammensetzung Farben hervorbringen, welche keiner homogenen Farbe
völlig ähnlich sind H^2 229, 8 Weiß und Schwarz] Schwarz
und Weiß H^2 können] kann man H^2 9 zusammengesetzt wer-
den] zusammensetzen H^2 9. 10 die — Sonnenlichts] das weiße
Sonnenlicht H^2 10—12 zusammengesetzt — vereinigt] aus allen
den ersten Farben zusammengesetzt, die in gehörigem Maße zu-
sammengemischt sind H^2 233, 18 einen Kamm Im Original
heisst es: an instrument in fashion of a comb.   234, 2 die

fieben Zähne Der Artikel bie, welcher diesen Worten den Charakter des Gesuchten verleiht, den § 521 ihnen vorwirft, steht im Original nicht. Es heisst dort: The breadth of the Teeth ... and seven Teeth together with their interstices took up an inch in breadth. Im Ganzen hatte der Kamm sechzehn Zähne. 236, 13 hervorkommende) herkommende C 251, 2 bie Prismen vermischte. Es ist anzunehmen, dass es, dem Original entsprechend, by mixing the colours of prisms, die Farben der Prismen heissen sollte und die Worte „Farben ber" nur aus Versehen ausgefallen seien. 256, 20 eine graue Farbe Im Original steht dun colour, was Goethe sonst durch braun (§ 571) oder einfach mit bunkel (§ 580) übersetzt. Lateinisch: fuscus. 276, 4. 5 unb — bewegt ist eine Übersetzung des englischen Textes. 278, 22 — 279, 2 um — einzusehen Im Original lautet der Satz: if due allowance be made for the different strength or weakness of their colour and light. 282, 7. 8 beschaffen sei fehlt E, seit C ergänzt. 290 Nummer 270 überspringt E und numerirt 671 — 681 statt 670 — 680. 299, 3 Unter dem ersten Band ist der Didaktische und Polemische Theil zu verstehen.

Weimar. - Hof-Buchdruckerei.

31